文旅产业讲稿（三）

心旅游

——泛户外产业、健康休闲与中国式现代化

窦文章等 ◎ 著

旅游教育出版社
·北京·

目录 CONTENTS

序 / 01

第一篇　心旅游 / 001

　　旅游4.0，从心出发、心灵所归、拥抱文旅 / 002

　　泛户外·心旅游（第十六届丽江泛户外论坛对话录） / 008

第二篇　泛户外 / 017

　　泛户外产业与文化旅游融合发展大有可为 / 018

　　泛户外生活美学，场景革命与价值创新 / 031

　　二十年磨一剑：泛户外事业从梦想照进现实 / 037

　　后疫情时代，泛户外赛事怎么办 / 046

　　泛冰雪——后冬奥时代新突破 / 050

　　滨海旅游中的泛户外运动 / 055

　　马文化与大文旅 / 057

　　草木蔓发，青山可望——浅谈户外营地的开发设计 / 061

　　去徒步吧，与健康同行！ / 066

　　博采众长大咖谈：如何将文旅休闲与泛户外产业融合发展 / 078

第三篇　健康生活与户外休闲 / 085

　　建设世界级运动康养旅游目的地的若干思考——以重庆市长寿区为例 / 086

打造中心城区的"三生空间"——以吉安市为例 / 102

以国际化视野打造我国的国家公园城市 / 112

城市公园中的游憩休闲与户外运动 / 118

康养旅游已经成为文旅产业的"新蓝海" / 132

浅谈城市夜经济的创新发展策略 / 141

"鲜花"里开出的产业——赏花经济 / 146

体文旅产业融合发展路径及模式 / 153

乡村振兴视域下的产居融合有效模式 / 160

交通+旅游融合发展理念下的旅游公路规划设计探讨 / 165

第四篇 中国式现代化与韧性发展 / 171

全域旅游背景下旅游景区高质量创新发展 / 172

练好内功、创新突破，疫情过后文旅会更好 / 184

关于中国式文旅现代化的几个观点 / 187

推进疫后文旅消费需求的有效释放 / 193

发挥文化旅游在转型消费时代的口红效应 / 201

我国文旅数字经济发展现状、痛点及投资机会 / 207

休闲农业与乡村旅游进入"全面提质增效"阶段 / 215

农文旅高质量融合，绘就乡村振兴新画卷 / 221

黑龙江与吉林冰雪产业一体化发展刍议 / 230

借势旅发大会，推进地区文旅高质量发展——以邵阳为例 / 241

用"互联网+"思维提升旅游品牌影响力 / 247

长江国家文化公园——地理空间向文化空间的蜕变 / 252

参考文献 / 258

跋 / 262

序
PREFACE

2020年初突如其来的新型冠状病毒疫情，打乱了人们原有的工作节奏和既定的休闲计划，持续三年的常态化管控彻底改变了人们的日常生活轨迹。居民出游需求不足，平均出游距离和距目的地平均游憩半径均呈收缩趋势，国内跨省旅游被间断阻止，跨境旅游一夜间熔断——全球旅游产业受到严重冲击。2022年12月26日国家卫健委宣布防疫工作重心从严格防感染的"乙类甲管"转向防重症、高效统筹疫情防控和经济社会发展的"乙类乙管"，特别是2023年1月8日起不再需要入境隔离，有序恢复跨境旅游……一系列疫情防控政策的调整，使得文化和旅游产业逐步回到正常的轨道。

目前我国正处于前所未有之百年变局，国内外政治社会经济局势的复杂性、不确定因素进一步增加，但我国文化和旅游发展的基本面和大格局从未改变，文旅经济预期相对乐观。疫情以来，在国务院、文旅部、财政部等部委及各级政府、文旅主管部门的"纾困政策"扶持下，文化旅游产业及景区、旅行社等旅游相关企业韧性发展，产业要素、业态、产品顺势求变，文旅融合高质量转型升级，创新探索砥砺前行，叠加科技技术应用，催生出一系列新产品、新业态、新模式。文旅产业与农业、工业、教育、康养、体育、科技、娱乐、地产等融合发展，城市、文化、艺术与生活方式碰撞，生态、生产、生活与生命共鸣，非遗、文物、文明与数字化交融，形成一系列业态丰富的、层次多样的文旅产业生态圈、文旅业态集合、文旅产品创新谱系、文旅IP集群，这些都成为新时代文旅产业高质量发展的重要引擎。

疫情期间，文旅消费行为回归身边的小美好，微度假、周边游、本地游成为疫情下人们出游的主流方式。同时，文旅休闲融入日常生活方式，小众、深度、随性的出游方式深受出游人群的追捧。疫情影响与大健康需求的推拉，进一步促进"文化、旅游、体育、教育"等的融合发展，户外运动成为休闲度假的新选择，徒步、骑行、攀岩、滑雪、露营、潜水、帆船等项目吸引众多消费者参与其中。泛户外从

文旅产业讲稿（三）：心旅游——泛户外产业、健康休闲与中国式现代化

梦想照进现实，人们对泛户外生活方式有着更大范围和更加持久的需求。泛户外产业将向着更加多元化、专业化、标准化和精细化的方向发展，成为旅游市场新的增长点。而新一代科技创新应用引领新一轮产业变革，"科技+文旅"与"创新+文旅"融合发展，优化文旅体验方式，重塑文旅产业格局。数字旅游、元宇宙旅游、智慧旅游、云旅游等成为大势所趋，在城市、交通、生活、生命等多维度中重塑文旅的价值空间，塑造一个更加丰富饱满的文旅目的地环境。

在上述大背景下，我们认为当前旅游产业正在步入旅游4.0，即"心旅游"的发展阶段。所谓"心旅游"是从"心"出发，以"文化、艺术、美学、创新创意、时尚、科技"为基本构建，通过艺术、空间与环境的营造，让人们在文化艺术场景中，身心与文化产生共鸣，忘却自身，向更深层次的情感、精神和心灵的高级体验转变，徜徉在心灵所归的诗意状态。心旅游是泛文旅融合联动跨界一体化的重要形式，是文旅融合高质量发展的高级形式。心旅游是旅游4.0的基本特点，心旅游就是通过新式旅游产品的打造，构建一个"旅游场"以联系"生活场"和"心理场"，实现从物理空间到心理空间的有机转化，从而建立起游客从物理距离到心理距离的交叠转化，实现由物质到心理的时空穿越，达成心灵共鸣。

全书收录疫情三年来作者和博雅团队对"文化旅游韧性发展"的探索与思考，其中作者许多演讲都是在疫情防控平稳的间隙进行的，差旅过程中的重重困难和种种意想不到的防控场景令人终生难忘。全书收录论文以论坛或发言演讲稿为主，共分四个部分：第一部分主题是心旅游，收录了作者在第十六届中国国际（丽江）泛户外产业高峰论坛上的发言稿以及业界专家对旅游发展4.0——心旅游的一些看法和思考；第二部分聚焦泛户外，主要体现了第十六届中国国际（北京）泛户外产业高峰论坛（北京博雅方略文旅集团主办）12位专家学者的研究与实践成果；第三部分聚焦健康生活与户外休闲，收录疫情以来博雅方略研究院聚焦"健康、生活、户外休闲"的10篇相关研究成果；第四部分聚焦中国式文旅现代化与韧性发展，主要收录2022年第九届博雅旅游论坛中国式现代化之文旅发展专题研讨成果，后两部分也体现出博雅方略文旅集团推行"双导师制"——员工业务能力成长和个人职业成长的部分阶段性成果。

本书也是作者在文化和旅游方面系列讲稿的第三辑，延续了前两辑的一些基本观点，增加了许多最新的观察和思考。同时记录了博雅团队以及业界专家围绕泛户外、休闲健康、文旅产业韧性发展的所想所思，可以说本书是众人智慧的结晶。在

出版编辑过程中，博雅品牌传媒中心经理聂雯经理和研究院赵玲玲研究员参与了书稿的文字整理工作。在本书出版过程中，旅游教育出版社为全书的审阅、排版、出版付出了大量的精力和努力，特此表示诚挚的感谢！

最后，由于时间仓促，书中错误与不足在所难免，恳请文旅界同仁及广大读者批评指正。

2023年2月18日于北大燕园

第一篇
心旅游

　　伴随着经济社会发展，人们对于旅游的需求由最初的欣赏风景逐步演化为对心灵精神方面的需求与享受。2022年11月5日，以"泛户外 心旅游"为主题的第十六届中国国际（丽江）泛户外产业高峰论坛在丽江、北京、上海三地开设会场隆重举办。窦文章教授在大会上提出"心旅游"的概念，来自泛户外运动产业的专家学者、行业龙头企业家代表、文旅产业媒体人、文化艺术界名人等，从自己领域出发，围绕"心旅游"的概念以及疫情之后泛户外运动面临的新机遇与挑战，提出高屋建瓴的见解，现将精彩观点收录于此篇，以飨读者，望有启发。

旅游4.0，从心出发、心灵所归、拥抱文旅

窦文章

一、我国旅游产业发展从旅游1.0到旅游3.0

改革开放以来，我国旅游产业经过四十余年的快速发展，从20世纪70年代末的事业型到80年代国内旅游逐步兴起、到90年代的国内旅游规模化和出境游基本成型，再到21世纪初期休闲旅游，以及后期的全域旅游的不断创新发展。可以说，旅游业从跟团游的初级阶段走向个性化、自由行的大众旅游阶段，旅游产品从走马观花的观光游览发展为休闲体验度假的综合消费。我国旅游业砥砺前行、不断发展升级。

旅游1.0即观光旅游。依托优美瑰丽的自然生态风光和璀璨悠久的历史文化积淀，满足游客的视觉愉悦。观光旅游的主体是景、物，客体是大众游客，且主体（景）和客体（人）是完全分离的，出游方式是游客来到景区，看景色、拍照到此一游等。观光旅游常常会受到场地的限制，往往局限于以自然生态、历史文化等资源为依托的景区（点）。在产品供给层面，以观光旅游为主的景区开发模式单一，游览内容单一，表现为"靠山吃山、靠水吃水"的特征。景区的消费项目少，依赖门票经济，收入多由门票、车船票、索道票构成。观光游客受到当时交通条件限制，消费行为更多地表现为"慢走快游"，即来得慢、游得快，就是白天看庙（景）、晚上睡觉。

旅游2.0即休闲旅游。随着国民经济发展以及人均GDP增加，居民闲暇时间增多，出游需求特别是周末休闲需求增加，旅游消费从观光旅游（1.0）向周末休闲旅游（2.0）转变。休闲旅游产品主要依托地方自然、历史文化资源，叠加市场主体业态创新和服务创新，游客在工作之余的游憩需要得到满足，随之生理身心愉悦。旅游的主体（人）和客体（景）初步建立联系，同时伴有以独特的历史、文化、建筑等内容为支撑的深度体验。各类景区（点）充分发挥市场作用，在原有观光产品的基础上，拓展丰富多样的旅游服务内容，产品体系从单一走向多元，实现产品升级和产业转型，商业模式也实现了从单一门票经济向多元化的收入结构转变。周末休

闲旅游摆脱了传统旅游景区的封闭自循环发展特点，使文旅产业开始向组合型产品业态发展；有些景区（点）敞开大门，实现门票免费，以更加开放和包容的姿态迎接四方游客。服务模式摆脱粗放低效的组织方式逐步向精细高效的方式转变。在文化产业领域，通过产品升级场馆改造，把浅显熟知的大众文化内容向深度化延展、精细化打造，进一步提高文化内容的体验感、参与感、卷入感，给游客带来更好的"五官"感受。

  旅游3.0。随着现代旅游的成熟，旅游产品驱动从供给侧转变为需求侧，旅游者拥有更多的主动权，"以脚投票"，选择更丰富，对旅游产品的价值认识更加透明，即旅游3.0。旅游主体是人；客体是景、物，人与景、物之间关联趋向紧密，以人为本成为旅游的焦点。游客旅行的核心成为"人在哪儿、和谁在一起、在一起做什么"。旅游3.0是中国旅游产业发展成熟的一个具体表现，随着一系列旅游法律法规的出台，市场管理与市场行为逐步规范；原国家旅游局提出"旅游+""全域旅游"，后来中国文化部和旅游局合并，从体制机制上促进文化和旅游的深度融合。旅游消费行为跳出景区，"无聊发呆""粉丝经济""追求个性"成为年轻一代旅游者的特征；旅游产业跨界发展，供给侧改革深入开展，科技应用继续推动产品服务创新，"共享经济""平台经济""夜经济""沉浸体验"等商业模式已臻成熟，基于数字经济技术的5G相关的商用模式已开始显现。在近三年新冠疫情防控政策下，旅游3.0消费行为出现的新的变化：近距离的都市休闲游、近郊乡村游等周边游兴起，旅游回归身边的风景、日常的美好，小规模、自组织、家庭型、开放性的旅游方式迫使旅游供给侧不断创新，集"吃、住、游、购、娱、会、养、赛"于一体的微度假、慢休闲综合体备受追捧。

二、旅游4.0：心旅游

  据《辞海》（第七版），心是指精神的东西。所谓心旅游，即是从"心灵感知、动心到共鸣"的全过程，这一行为过程，往往以"文化、艺术、美学、创新创意、时尚、科技"为基本构建要素，通过艺术美学、空间环境营造、IP创意等手段，让人们在文化艺术场景中，身心与文化产生共鸣，忘却自我，由表象浅层的感官感受向更深层次的情感、精神和心灵的高级体验转变。旅游4.0使游客在体验过程中徜徉在心灵所归的诗意状态。因此，心旅游是旅游4.0的基本特点，心旅游就是通过新式旅游产品的打造，构建一个"旅游场"以联系"生活场"和"心理场"，实现从物理空间到心理空间的有机转化，从而建立起游客从物理距离到心理距离的交叠转化，实现由物质到心理的时空穿越，达成心灵共鸣（图1）。

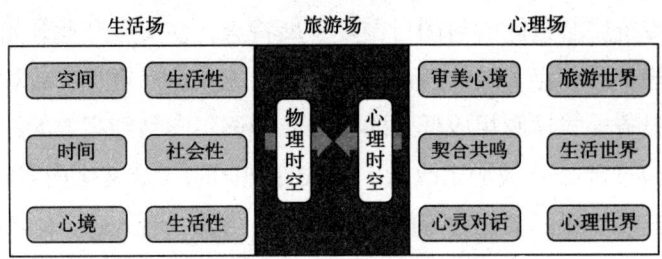

图1　旅游场与生活场、心理场的关系

参考：陶玉霞.旅游穿越时空的心灵对话.旅游学刊2018（08）：P18-132

心旅游是文旅融合高质量发展的高级形式，是泛文旅融合联动跨界一体化的重要产品业态表现。心旅游产品业态是文化艺术多元化和科技创新创意的碰撞，艺术、科学、影像、动态、哲学的汇聚，包括了"文、艺、美、创、时、学"六大构件。

"文"指文化，是智慧群族的一切群族社会现象与群族内在精神的既有、传承、创造、发展的总和，是精确提炼并展示出的中华优秀传统文化的精神标识。在旅游产品谱系中，历史文化产品是重要的组成部分，而区域内文物遗产、历史人物故事、地方风土人情等都是文化产品、旅游产品的基本素材和特色IP来源。心旅游中的"文"，就是强调要从历史文化、民族文化等出发，讲好文化故事，打造特色IP，进而形成系列化的心旅游"文"之产品（图2）。

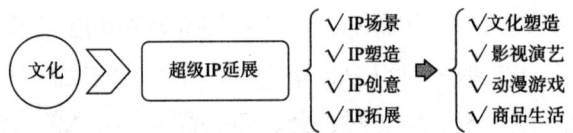

图2　心旅游从文化到IP到系列产品业态的转化

"艺"是艺术，前面指出，心旅游产品通过艺术、空间与环境的营造，让人们在文化艺术场景中，身心与文化产生共鸣，忘却自身，徜徉在心灵所归的诗意状态。以艺术形象存在方式为依据，包括时间艺术（音乐、文学等）、空间艺术（建筑、雕塑、绘画等）、时空艺术（戏剧、影视、舞蹈等）；以艺术作品的内容特征为依据，可以包括表现艺术（音乐、舞蹈、建筑、书法等）和再现艺术（绘画、雕塑、戏剧、电影）。

"美"是人类精神领域抽象物的再现，美学是人的一种以意象世界为对象的人生体验活动。中国古代的道家认为"天地有大美而不言"；古希腊哲学家柏拉图认为"美是理念"，中世纪思想家圣奥古斯丁觉得"美是上帝无上的荣耀与光辉"，俄国著名作家、哲学家车尔尼雪夫斯基说"美是生活"。根据美学理论，旅游美可以包括五种美感体验，即神话诗性、抒情诗性、畅爽诗性、狂欢诗性、梦幻诗性；从审美对象来划分，可以分为拟态景观、风景景观、环境景观、场所景观、旅游纪念品景观等；从游客的审美境界分，可以有五种，即象境、实境、艺境、场境、幻境。美在心旅游中起着极其重要的作用，无论是产品打造还是空间营造都离不开美学价值。如当下比较流行的民宿集群，其实就在通过美学手法，把传统的旅游要素——住，通过对客体的艺术设计造美景，将游客的审美境界拉升到梦幻般的层次，实现其心灵的美感体验。所以，若没有美学价值植入，则所有的宾馆、农家乐等业态都不能称之为民宿。

"创"，指创新。《广雅》谓创，始也，新，与旧相对。《魏书》指革弊创新，《周书》意创新改旧。因此，创新就是创造新的事物。按照经济学家约瑟夫·熊彼特的观点，创新内涵包括新产品、新技术、新市场、新模式、新组织。现在我论述的旅游4.0，即是一种新的旅游模式，是旅游产品的创新，创新的旅游消费行为。创新现象，在社会层面上，可以从发展型到共享型，再演进到服务型；产业结构由工业化进展到服务业，现在提出的"网络化、智能化、数字化"即是其创新进程的具体表征。在联接主客体的方式上，由过去的单向传播或者线下渠道到现在的共建线上线下融合平台；旅游生产水平由粗放式低端经营迈向高质量发展的高端阶段。

"时"，指时尚，这里的"尚"是指一种高度，是人们对社会某项事物一时的崇尚；是一种充满活力的艺术、灵感，能令人充满激情、充满幻想。（1）时尚是对某种生活方式的依从和追求。如歌曲、词语、服装、发型、礼仪、建筑风格、色彩等。（2）时尚是相当多的人依从和追求的某种生活方式，如流行风尚，当时的风气、习惯，价值观、审美观、伦理观和精神风貌。（3）时尚是一个时期的社会现象，过期后就不再流行。但是人类具有"追求冒险和新奇经验"的冲动，如果某个时尚流行的时间较长，就会转化成人们的习惯，成为社会传统，这时会有新的时尚出现。显然，时尚具有新奇性、时效性、周期性三大特征。

"学"是指科学和科技，科学解决理论问题，技术解决实际问题。科技是第一生产力，以5G、物联网、区块链、虚拟货币等为底层技术支撑，依靠智能可穿戴、AI算力、神经设备等前端设备平台，将游戏、社交、医疗、教育等内容和应用层串联沟通，重塑旅游要素配置方式、旅游生产方式、新产品新业态创新方式。

总而言之，旅游4.0的心旅游的核心是"四生融合、四位一体、四产联动、四科跨界"。四生指生态、生产、生活、生命。生态是自然生态和社会生态的总和；生产包括创业创新；生活既包括物质生活，也包括精神生活；生命包括健康、养生、养老。我多次强调在旅游开发中要按照"文化、创意、旅游、产业"的四位一体的理念，文化为基础，创意为核心，旅游为载体，产业为目的，由此强化文旅+和+文旅的关联、融通，推动旅游产业的转型升级。四产联动指"农业、工业、服务业+金融"的联动，金融回归实业盘活农业、工业、服务业的资源，推动大文旅产业体系的内生增长。四科跨界即"科技、艺术、哲学、旅游"的跨界一体化。

三、心旅游的六大形态

伴随着中国旅游走向4.0时代,"心旅游"新模式将成为新时期文旅产业发展的新潮流、新风向。基于"文、艺、美、创、时、学"六大构件,本文初步归纳总结了心旅游的六大业态。

1. 文化艺术节庆

文化艺术节庆立足当地文化艺术基底,由各级政府牵头组织和科学统筹,运用市场化运作方式,借助科技手段和现代传媒技术,使更多人参与进来,通过寓教于乐,使民族传统文化得以传承。同时高品质文化艺术节的举办可有效刺激当地消费,树立当地形象,扩大知名度,促进旅游业的发展,并进一步带动交通、住宿、饮食、娱乐、购物等相关产业的发展,形成规模经济。心旅游中所指的文化节庆,实际特指两类。一类是基于民族传统文化节日,如春节、上元节、端午节、七夕、中秋节、国庆节等,通过文化艺术创作创造,借助现代传媒和市场化运作,让人们在耳濡目染中追忆传统文化的五彩斑斓。例如河南卫视《奇妙夜》系列,以河南博物院镇馆之宝为吸睛点,以穿越时空、次元交汇为时间轴,将河南历史文化中的元素与歌舞、戏曲、武术等艺术表演结合起来,采用"传统文化+现代科技"的手段,展现河南的文化底蕴。另一类是基于文学、音乐、舞蹈、戏曲、书画的艺术盛典,如乌镇的戏曲节、潍坊的风筝节、丽江的雪山音乐节等。

2. 时尚潮玩

潮玩,即"潮流玩具""艺术玩具""设计玩具"。2021年,各大品牌在潮玩领域百花齐放,各种跨界应接不暇。IP、跨界设计,昭示着90后、00后的潮酷炫的世界。从"一墩难求"的北京冬奥会吉祥物冰墩墩,到卡塔尔世界杯期间火出圈的拉伊卜;从迪士尼、哆啦A梦等头部IP的衍生品,到泡泡玛特店内琳琅满目的盲盒……潮玩给人带来的不仅仅是感官上的满足,更是心灵上的治愈。时代引领、个性前卫、注重精神需求是潮玩最大的特点。

3. 科幻旅游

科幻旅游有两个类型。一类是基于AI、VR、元宇宙等科技元素的数字旅游,这类旅游体验突破了传统旅游"时"与"空"的局限,在虚拟性、沉浸式、连接性上超出以往的体验，重新定义和改变消费者既有消费习惯。另一类是基于科幻元素的太空旅行。随着人类航空航天技术的逐步商业化，亚轨道旅行、载人登月、火星探险等必将成为文旅高端定制项目的重要成员。

4. 教育研学

一般的教育研学是专业教育、研究性学习及旅行体验相结合的校外教育活动，通过教学做合一的理念、方法和模式，根据学生的成长规律和特点，设计实施不同阶段的研学课程，从自然、地理、历史、人文、科技、体验六大类别选择和确定研学主题，在动手做、做中学的过程中，主动获取知识、应用知识、解决问题的集体学习活动。心旅游中的教育研学，是指具有心灵启迪的特种研学产品，如围绕上下五千年历史文化的研学活动、传承红色精神的红色研学旅行等。

5. 宗教禅修

宗教禅修是通过禅修仪式，净化身心，提升生命的层次，追求解脱、自在与幸福，把心灵中的良好状态培育出来。宗教禅修涉及康养产品。身体健康方面的，诸如医学疗养、中医养生、体育健养、温泉疗养、食品膳养等；精神健康方面的，诸如文化修养、禅修、道修等。随着文化水平、教育素养的提高，人们对文化类、哲学类、历史类等类别的认知体系追求会越来越高，这类心旅游产品是未来发展的重点。

6. 泛户外产业

泛户外是新时代满足人们美好生活向往的重要选择。泛户外指任何一项走出家门的休闲活动，以户外运动为参与方式，以户外休闲为最终目的，本质是大健康理念下"文化、旅游、体育、教育"的融合发展模式。泛户外成为休闲度假的新选择，徒步、骑行、攀岩、滑雪、露营、潜水、帆船等项目吸引众多消费者参与其中。有关泛户外产业的内容将另文详细展开，此不赘述。

由于时间关系，今天就讲这么多，更多的观点和思考，留给与会的其他专家嘉宾们，最后祝2022丽江雪山音乐节暨第十六届国际（丽江）泛户外产业高峰论坛圆满成功！

谢谢大家！

本文系窦文章在2022丽江雪山音乐节暨第十六届中国国际（丽江）泛户外产业高峰论坛的讲稿整理。

文旅产业讲稿（三）：**心旅游**——泛户外产业、健康休闲与中国式现代化

泛户外·心旅游
（第十六届丽江泛户外论坛对话录）

【编者按】2022年11月5日，以"泛户外 心旅游"为主题的第十六届中国国际（丽江）泛户外产业高峰论坛于丽江雪山音乐节期间，在丽江、北京、上海三地开设会场隆重举办。论坛期间，来自文旅产业链的知名专家、学者，体育产业端的实战企业家代表，泛户外领域实战操盘手以及知名艺术家等共同汇聚，在三大会场通过"线上+线下"的形式出席活动，共襄盛举，共话"心旅游"。以下为部分专家对话。

主持人：张媛（奕沃瑞〈北京〉咨询有限公司CEO）

论坛进入下一环节，我们将邀请从事户外运动各个领域的嘉宾一同分享各自领域的心得，以及对于从观光游到心旅游这一路见证的体会和感触。

专家：王德全（北京兴创奥悦冰壶馆市场总监）

我认为泛户外运动能够使人们的感情能够很自然地链接到一起，在我们生命中是非常重要的时刻，运动体验的每一个瞬间都成为幸福生活中的一部分。追求生活中的宁静以及内心的愉悦这是当下每个人都需要的，也是能为大家带来生生不息的活力的根源所在。希望有更多人走出来，参与泛户外体验，做各种泛户外运动，在运动的过程中，可以有助于与家人朋友增强互动与情感交流。

主持人：您说的这些感受我也感同身受。冰壶项目在我们没有了解之前感觉是一个比较枯燥的贵族运动，有很强的距离感，但是当我们参与到体验中会发现，通过运动调动身体的协调性，会激发出一股专注力，从而内心会产生一种喜悦感，我想这就是运动给人们带来的魅力，和很强的黏性。冰壶这样的运动我也希望在德全总团队的带领下，在未来疫情时代结束，在心旅游这样一个大的发展趋势之下，泛户外运动能与旅游产生更多元化的结合形式。比如：与艺术的结合、社交场景的结合，通过与各种科技的结合可能会擦出更多的火花。王总认为未来冰壶与旅游产业相结合还有哪些创新的做法？

王德全：我们常说的文体旅包括艺术都是融合在一起的，包括冰壶、滑雪，即

将到雪季，很多雪场都在推出各种活动。尤其在北京2022年冬奥会之后，滑雪是很多家长以及运动爱好者首选的运动。周末北京各大雪场都在进行活动的筹备和招募。冰雪运动作为十大泛户外运动之一，有着很旺盛的生命力，商业的发展前景也会非常好。随着科技的不断进步，一些新技术层出不穷，冰雪运动在未来也不会仅仅受限于传统雪场，例如模拟滑雪机的应用也会给人们增加一些体验上的便利。此外，在室内的滑雪馆、北京还有冰雪嘉年华，还有一些大型商场综合体都会利用空间引入冰雪体验项目。所以说冰雪运动会越来越贴近人们的生活，不再是那么得遥不可及，冰雪运动会给人们带来更多快乐。

主持人：感谢德全总，也希望在未来德全总的团队能够给大家带来更多冰雪运动体验。接下来有请天津财经大学商学院梁强教授为我们带来心旅游概念的相关心得体会。

专家：梁强（天津财经大学商学院教授、博观致远户外休闲研究院院长）

非常高兴的是我们今天共同见证了泛户外非常好的时机，特别是窦教授提出了"心旅游"这个概念，还有发布了一系列宣言。我简单谈一下学习体会。首先我认为窦教授提到的心旅游实际上是我们经济社会发展到新阶段，特别是旅游发展到新阶段的一个新的判断。这个判断特别是在我们新时代的背景之下人们对美好生活的期待，再加上疫情倒逼提升我们对健康的关注，对微度假、心旅游的需求十分迫切。所以，心旅游这个概念对指导行业的发展，包括泛户外产业的发展是有特别意义的。

其次，我主要谈谈对心旅游的看法。心旅游是一个新的提法，同时又是老的命题。旅游本身、户外本身是有初心的，心旅游的发展就是一个发展目标，目标由遥不可及到触手可及到现在的梦想照进现实，经济社会发展有这样一个演进的逻辑。从窦教授的发言中看到，旅游的这种需求也是不断地演进的，当下的经济社会的发展条件使得旅游的梦想可以照进现实了，可谓是回归了初心。内外部因素的交织使得心旅游得到了重视，越来越多的人在这种大变局之下去关照自己的内心，真正地用心去对待生活、对待旅游。这里面有几个辩证的关系，心旅游很显然是一个目标，也是一种精神的感受，但事实上离不开身体的参与，所以就不得不谈到泛户外和心旅游之间的关系。户外运动最大的是特点是亲身参与，在挑战极限的同时感受心灵的旅行，所以我们看到很多登山家有这样的感慨：当脚步至于山巅，心灵的旅游才刚刚开始。所以我们说户外的参与是我们实现心旅游目标的坚实基础，它们之间是身心合一的统一。有了泛户外业态、场景、生活，我们才能真正地实现心旅游梦想和目标，二者是这样的辩证关系。刚刚庄总谈到的一句话也让我印象深刻，"在没有房子之前人类就有爱情了"。这让我想到了心旅游与爱情的共同特征就是爱，总结起来泛户外与心旅游之间最好的连接点就是"爱"。关键词就是身、心、爱，传统意义

文旅产业讲稿（三）：心旅游——泛户外产业、健康休闲与中国式现代化

上有个说法就是旅行的长度由时间来决定，旅行的宽度由金钱来决定，旅行的深度由心灵来决定，所以说这就是心旅游特征所在。今天我很高兴能见证心旅游宣言的对外发布，对指导行业发展有着非常重要的意义，显然它也是符合时代背景的。回归户外来说，当下生态文明时代山野最值钱，所以像雪山艺术节是非常能够体现产业融合的成功案例，在雪山这样的环境下，在丽江我们去打造艺术+音乐+健康的交融项目，就是我们泛户外生活重要的场景体现。

最后，心旅游按照窦教授演讲总结起来就是"四生"——从生产到生活，从生态再到生命。原来，我们去健身的目的更多是为了提升生产力，现在我们关注的不仅是生产，还要回归生活。泛户外既有原来的欣赏美丽风景，同时还有现在的关照美好生活，进而我们还要考虑对绿水青山承担的责任与生态伦理，所以说我们还要关照生态。然而这一切都离不开对生命的关照，所以心旅游的本质是回归到生命的价值。结合当下时代特征，人们对美好生活的追求，心旅游就有了极强的时代价值和现实意义。今天的研讨具有非常重要的意义，除了提出了新论断之外，未来我们围绕窦教授提出的心旅游、新业态一定是会助推泛户外产业的，在加持赋能身心的同时，使得我们在诗和远方中获得更多产业发展的空间。

主持人：在未来的旅游时代，人们会更多地追求对自然的探索，心旅游与泛户外是人们探索生命价值的过程。比如路程网CEO丁宏波先生所从事的房车行业，据我了解他们正在尝试一种新的房车体验业态，正在搭建房车超市，这样的新业态能够让我们近距离感受房车超市不同凡响的体验。下一位请穷游网目的地营销负责人张博先生来分享：心旅游是从心出发的旅游新时代，一起探讨游客在选择目的地时有哪些新的尝试。

专家：张博（穷游网国内目的地营销负责人）

此次的主题是心旅游，心旅游这个概念与丽江市发布的"舍不得的丽江"的概念相结合是相当吻合的。在疫情期间，我前后在丽江待了半年时间，所以对丽江有比较深刻的了解。一直以来我都在号召我们站内的自由行旅行者用心去感受丽江的三大自然遗产，用心去体会丽江的文化和风土人情，用心来享受丽江的蓝天白云。因为只有用心去感受才会有更多层次的心动，也是因为有太多的心动才会对丽江产生舍不得的情怀，所以我认为选择在丽江发布"心旅游"这个概念是非常合适的。

关于穷游网本身，已经成立17年，一直以来都是自由行旅行者的阵地，拥有上亿的自由行用户。之前行业内评价我们为"（服务于）在中国有护照的1亿人"，那是因为在疫情前我们更多投身于海外自由行方面。在疫情之后清华大学文化创意发展研究院胡钰院长评价我们为"服务于4亿新中产和4亿Z世代人的自由行旅行平台"。

因为从2020年疫情暴发以来有较长一段时间，我们平台上亿的用户没有办法出境旅行了，但是他们仍要释放自己的旅行需求，对于我们平台的用户来讲大众旅行地不是他们的首选目标，他们还是热衷寻找小众的、有意思的、待开发的旅游目的地作为出行选择。从文旅内容上来讲，我们从用户数据分析上来看，发现越来越多的人开始更加注重户外项目了，开始更加重视旅行当中的安全性和私密性。比如说夏季潜水、冬季滑雪、春季露营、秋季徒步，是他们一年四季中最关注的几个文旅户外项目。同时他们对住宿标准要求也越来越高，单次旅行综合的消费能力不降反升，因为在大环境影响下他们不得不降低旅行频次，但与此同时在不断提升自己的旅行质量。这是我们的用户这几年显著的变化。另一个变化是因为这三十余年间，我国经济发展日新月异，老百姓生活水准已经从生存层面过渡到生活层面了。生存和生活对应到文旅里我认为是旅游观光和休闲度假。在生存状况下旅游观光属于一个奢侈品，生活状况里休闲度假属于一个必需品，越来越多的人已经把目的地旅游的概念转向目的性旅游。比如，人们会因为一顿火锅去成都或重庆，越来越多的人会为了滑雪去张家口或长白山，越来越多的人会为了潜水去三亚，越来越多的人如果喜欢一家酒店会去丽江，这些都是目的性旅游，是遵从自己内心作出的旅行决策。

在今年9月份穷游网年度最重磅的活动——TOP50年度旅行者大会是在丽江举办的，主题是"原点看世界·舍不得的丽江"，这个活动是与丽江市委市政府有着共同的想法，能够让游客回归到原点心态，重新从心去溯源原点生态、原点文化，倡导在本源上寻找丽江文旅内涵，去探索文旅的核心。因为太多人来丽江只会去雪山和古城，认为这就是丽江的全部，但这是非常片面的。虽然雪山和古城是丽江享誉世界的两张文旅名片，但是除了雪山和古城之外，其实还包括东巴谷、白沙古镇、玉湖村、荒野之国、扶摇城诸多能够让人流连忘返的景观景点，这些都是不容错过的。这也是国内其他旅游目的地普遍存在的问题，人们的认知还比较片面，遗漏了很多目的地细节，缺少对它们的关注。我再来解释一下穷游网的"穷"字，它已经不是传统意义的穷了，而是代表旅途无穷无尽，发自内心地去寻找旅行的意义。同时，我们也一直在从事负责任的旅行。今年我们与丽江市委市政府发布了丽江负责任旅行倡议，号召旅行者在旅行的同时也要尊重目的地的人文历史、保护目的地的自然生态。最后，很高兴参加这次大会连线，我谨代表穷游网预祝论坛圆满成功，并预祝雪山音乐节顺利举办，谢谢大家。

主持人： 感谢张博总非常走心的一段分享，也很敬仰穷游网在旅行者的社会责任方面的贡献。这也反映出心旅游这个阶段除了在享受大自然的同时，如何将我们的爱反馈给大自然也是值得思考的。

文旅产业讲稿（三）：心旅游——泛户外产业、健康休闲与中国式现代化

下一位受访嘉宾是国家一级乒乓球运动员，又身兼演员、歌手、电竞队员的祖丽，她来自美丽的呼伦贝尔大草原。刚刚发布的心旅游这个概念，未来将会指导我们业内对产品的研发、策划、推广，以及能够预见到在不远的未来，游客消费行为的变化。我知道您之前是一名乒乓球职业运动员，获得了非常高的荣誉。现在又投身到运动休闲、运动教育领域。我想问您的是心旅游，重新出发，未来游客更多地追求精神愉悦，注重内心探索。您认为乒乓球运动与旅游在未来会有哪些创新结合方式？

嘉宾：祖丽（世界乒乓球冠军、北京冠星体育文化有限公司总经理）

据我了解，目前很多地方会把文化、体育、旅游局合并，说明一定是有一些可以结合的方面。我来自呼伦贝尔一个旅游城市，也深知国内经济发展已经到达了一个新的高度，大众对体育、文化、旅游的需求会更高。我近些年在做儿童体育培训，主要以参加比赛的方式在不同城市带领孩子旅游，这也是体育教育与旅游相结合的方式。体育也是一种教育方式，它不同于传统应试教育，更多地是让孩子们享受在户外的运动，吸收大自然带来的能量，户外运动也是旅游当中的一个重要部分。

主持人： 户外运动是心旅游当中的一类以教育为主导，走进自然，探索自然，同时能够从自然当中去感受大自然的力量。在此我也祝福祖丽的体育教育事业能够更上一层楼。下面邀请今年网红营地多布创始人王吉生先生分享他对心旅游的一些心得。

嘉宾：王吉生（多布营地创始人）

我也是深度的户外爱好者和从业者，在户外生活方式领域做了一个实践——营地。下面我就来对这方面谈谈心得，看是否能对户外领域发展提供新的思路。我的营地在北京怀柔青龙峡4A级景区里，占地大概200亩，最早我做的是团建活动公司，后来也做过水上运动俱乐部，我的本职工作是政法大学的体育老师，这些年也是一直从事着户外相关的工作。多布营地是我在2020年与景区取得联系，用时1年多做了规划，最终投入运营。目前多布营地最为特色的体验项目有动力冲浪、洞穴咖啡、马车帐篷。营地的主题是以冲浪为主的营地，在北京算是首家，还有洞穴咖啡是借助场地内山崖下的一个洞穴，经过改造后营业，迅速成为北京的网红打卡点。另外一个特色是在住宿产品上，近些年露营场地越来越多，同质化的产品也越来越多，在住宿的体验感上我们做了创新。我的灵感来源于前些年去美国参观考察营地时看到的马车营地，马车营地从外形、到住宿的体验感上是比较有特色的。目前多布已经建成了7个马车营地，还计划再投入7个营地。

目前多布营地在水上运动方面开发了皮划艇、脚踏划水板、sup桨板、电动冲浪

板、水上赛事、休闲脚踏船等项目。此外利用营地的场地还做了很多品牌活动，越来越多一线品牌都把品牌发布会活动选在有特色的营地举办，音乐节也将举办场地选择在多布营地，引起行业内外很多关注，大概每月会举办百场活动。随着我们营地的热度不断上升，也吸引各种媒体前来采访报道。

我认为多布营地是一个户外生活综合的展示平台，可以做赛事、音乐节、户外品牌产品售卖等等。未来多布营地计划在一二线城市、500万人口以上的城市周边建设更多营地，以满足更多市民在周末和假期的休闲需求，对于自驾车爱好者的需求，多布的草原营地、海岛营地、雪山营地等都是可以实现的。当前发展营地是一个很好的机会，国内目前来看成体量的营地还有很大的发展空间。我们对标美国的KOA营地、ClubMed俱乐部的模式，为有着综合性休闲度假消费需求的群体提供全方位的服务。

主持人：听完您的分享，我已经迫不及待地想在假期去多布营地体验一番。看来营地经营的成功所在不单单是露营本身，还包括场景营造、美学生活、社交与之相结合。这样使得我们营地的定位不仅仅是在C端，还可以做B端的品牌营销场景。我认为这些是基于您早期从事的户外运动方面积累的职业经验，在做团队建设上也积累了更多商业思维，这样的结合恰恰是心旅游提出的很重要的方向——旅游不再是简单的游山玩水，旅游也不仅仅是附着在产品单纯的形式上，它将附加在很多元的变化中，旅游会通过社交、生活方式、与大自然的链接，促进人与外界关系上亲密度的营造。这样的探索是您成功的关键驱动。期待多布营地有更好的发展，实现连锁经营的愿景。下面有请鲸舟冰雪创始人刘猛先生为我们带来他的分享。

嘉宾：刘猛（鲸舟冰雪创始人）

很高兴被邀请参与今天的线上讨论，我跟今天的几位嘉宾都比较熟。鲸舟也是属于冰雪运动领域，我们跟传统的冰壶项目有相同之处，不同在于我们将冰壶项目做成了旱地化，也就是解决了冰壶运动必须要在冰面上进行，有场地局限性的痛点。目前已经在全国11个城市进行了落地推广，把冰上的运动推进到陆地上，带入到了社区、景区，像红旗渠、华蓥山、乐活城等这些国内知名景区都采购了我们的器材。还有很多露营地、民宿用我们的冰壶打造成了社交产品。举例来说，传统民宿缺乏社交产品，自身场地又有局限，我们的桌上冰壶就可以让入住的客人感受冰壶乐趣。总结起来，我们产品的优势是不受季节、场地、年龄、人群的限制，能够让参与者比较方便地享受冰壶体验的乐趣。陆地冰壶的规则与传统冰壶是一脉相承的，陆地冰壶主要是作为大众冰雪运动普及和冰雪文化普及的基础，陆地冰壶的出现可以把这个地基做得比较宽广，受众群体不断扩大，从而延伸出鲸舟冰雪第二款产品——与地方合作，为他们投资建设一些冰雪场馆。我们对场馆的定位是冰雪文体教育中心，一个目标是推动青少年冰雪运动的普及，为后续选拔运动员上真冰打下基础。另一个目标是为各地推广冰雪运动提供硬件设施，包括国家"十四五"大的战略所倡导的补文体短板工程，也把冰雪运动在全国的普及推向新高度。目前我们合作的地方包括保定、通辽、石家庄，还有为包头打造冰雪形象的城市名片做了一系列工作。从简单的陆地冰壶再到现在相对多元化的服务，鲸舟未来还有很长的路要走。

主持人：听完刘总的介绍，我有一个问题，请问项目的总投资和占地规模是多少？在我们的直播间有政府、景区的负责人对此关注。

刘猛：从产品属性来讲大概分了几类：第一是在教育系统上的应用，目前在北京中小学比赛中使用的是简易款产品，材质是PVC，标准尺寸是11m×2m，这是一条赛道的占地面积。第二种是高分子合成冰，是用高密度板压缩而成的，上面可以上冰刀也可以打冰球，它是由1m×1m的板材经模块化组合而成，最后形成一个仿真冰场。第三款是在国际上首发的高分子合成冰，用11种化学材料研发而成，用浇冰的方式形成冰面，在冰面上可以进行花滑、短道速滑之类的各种冰上项目。像冰壶可以做到标准尺寸15m×2.5m。第四款专业冰制造，可以完成国际标准5m×45.72m国际标准尺寸冰面制造。第五种就是桌面冰壶，长2.2m×0.7m，规则与传统冰壶一样，场地和费用要求不高，比较亲民，适合投入到线下民宿、酒店等场景，它另外的优点是社交属性，也是符合当下心旅游的趋势，已在相亲等社交活动中使用过。

主持人：感谢刘总的详细介绍，感谢您对新的运动娱乐方式的探索，让我们可以跨越季节，突破场地的限制，随时随地地享受冰上运动的快乐。预祝您的项目在中国有更好的发展。下面我们有请另外一位嘉宾，是一位媒体人，他是《冰壶派》的主编姜博，看到您的简介，我非常有兴趣想了解您是怎样走到了运动领域的？从您个人角度能分享您的创业经历及对心旅游的看法吗？

嘉宾：（姜博《冰壶派》主编）

首先非常感谢德全总邀请我来参加论坛，我是《冰壶派》的主编姜博，我实际上不是在创业，而是在推广冰壶这项运动，这么多年由爱好发展成为事业。《冰壶派》主要活跃于微博这个平台，现在有70多万的粉丝量。我个人除了在做《冰壶派》这个媒体平台以外，还在做冰壶俱乐部相关的工作，比如北京冰壶成年人的市场，我们现在做的一个俱乐部是北京唯一一个每周都在举办活动的俱乐部。从2015年至今都在坚持做，将冰壶爱好者不断聚集起来。

冰壶与"泛户外·心旅游"这个概念之间的关联性，我认为冰壶是属于户外运动起源的一项运动，它起源于14世纪的苏格兰，是贵族之间在户外河面上用石头投掷的一项运动，随着人们对冰面的要求越来越高，它才逐步演化到在室内进行。虽然冰壶经过长久演变，但它依然保持着户外运动的特质，像著名的巴黎塞纳河、北京大学未名湖都举行过冰壶运动，冰壶这项运动也为这些地标性场地带来新活力。从心旅游的感受来讲，我也去过丽江，它带给人的感受是能够激发自我的认知，冰壶这项运动也如此。我曾经说过冰壶这项运动就是自我博弈和与对手之间较量的运动，我觉得这是冰壶运动与"泛户外·心旅游"之间比较显性的结合。冰壶运动的魅力在于体验，可以感受到冰上滑行与冰壶撞击之间的激情，这是参与者能够体会的，对于观看者而言，投入地观看一场冰壶比赛，会带给自己深层次的思考，并且产生与生活的共鸣。

主持人：通过您的介绍我理解，通过冰壶运动乃至于户外运动可以带给人投入感，从而让心灵进入一种放松状态。休闲运动的实践在放松神经的同时，也会促进思考，通过运动缓解焦虑，进而得到身心放松，从而提升对事物的专注度。

不知不觉我们北京分论坛接近尾声了，本次论坛汇聚了户外行业先锋、佼佼者，"泛户外"这个概念最早由梁强教授于20年前提出，通过国家经济不断发展，当时的愿景已经逐步实现，并且逐步促生"心旅游"这个概念。在一百多年前美国经济学家凡勃伦写了一本名叫《有闲阶级论》的书籍，凡勃伦要表达的是，在历史进程中，有闲阶级对整个人类社会所塑造的观念——攀比心，其实已经贯穿进人的本能之中，但我们绝不是要反人性，适当的攀比心，对社会是有进步意义的。但我们要注意到，当一个社会攀比心泛滥，整个社会就会进入无效空转，资源极度浪费，这是"不经济"的，因此我们不仅要从制度上采取一些有效措施进行约束，还要在思想上进行反思。

今天发布的"心旅游"恰好是顺应人们对幸福生活的向往，从而达到身心合一的追求。"泛户外·心旅游第16届丽江泛户外论坛"到此顺利结束，感谢大家的观看。

第二篇
泛户外

后疫情时代，人们对于自然的渴望益发强烈，对健康的重视日益加深，以露营、自驾、低空飞行、骑行、游艇、马术、高尔夫、登山徒步、马拉松、冰雪等为代表的泛户外运动产业迎来大好的发展机遇。2022年6月18日，以"复苏·向阳·共生"为主题的2022第九届博雅旅游论坛暨第十六届中国国际（北京）泛户外产业高峰论坛在京成功举办。窦文章教授和与会嘉宾分别围绕泛户外产业与文化旅游融合发展大有可为、泛户外生活美学——场景革命与价值创新、滨海旅游中的泛户外运动、后疫情时代的邮轮游艇经济、自驾与泛户外旅游等话题展开讨论。现将嘉宾重点观点摘录于此，为国内泛户外运动产业发展抛砖引玉。

泛户外产业与文化旅游融合发展大有可为

窦文章

近年来,户外运动成为休闲度假的新选择,徒步、骑行、攀岩、滑雪、露营、潜水、帆船等项目吸引众多消费者参与其中。据统计,截至2021年底,全国户外运动参与人数已超过4亿人。户外运动与文化旅游融合发展,进一步激发旅游消费和户外运动消费,成为旅游市场新的增长点。

一、泛户外与旅游孪生同源

户外与旅游孪生同源,早期表现为古代文明国家的皇权宗教旅行,如中国《史记封禅书》记载从舜开始历代帝王祭祀泰山;《礼记·王制》"天子祭天下名山大川,五岳视三公,四渎视诸侯,诸侯祭其疆内名山大川"。古希腊宙斯神庙的祭祀庆典期间,举行赛马、赛车、赛跑、角斗等运动,这种运动后来发展为奥林匹克运动。

现代户外运动与旅游起源于18世纪产业革命,火车、轮船等新式交通工具的出现,使得远距离大规模人员流动第一次成为可能。1841年,英国商人托马斯·库克在英国正式创办了通济隆旅行社,专门经营旅游业务,标志着近代旅游业的诞生。同年,库克组织500多人包租火车从莱斯特到洛勃罗赫参加禁酒大会;而传教士以传教为目的、科学家以自然生态研究为目的、实业家追求冒险刺激商业获利等,开启现代户外运动。如法国著名科学家德·索修尔为探索高山植物资源,于1760年5月在阿尔卑斯山脚下的夏木尼镇贴出一则登顶悬赏告示。直到26年后的1786年6月,巴卡罗的医生揭下了告示,于8月6日首次登上了勃朗峰。

从劳动与休闲的关系角度看,户外运动与旅游皆是休闲的表现方式,其中在活动进行方式上有很大的重叠(图1)。休闲是一门囊括哲学、美学、社会学、行为学、人类学、日常生活方式所衍生的一项沟通精神空间,且因地而异、因人而异的学问。在参与者体验过程中充实精神意识,获得积累的经验和人生的愉快和幸福。户外与旅游的融合发展使参与者从身体层面到精神层面得以转化,实现生命丰富度内向扩展,实现从养身、养心到养性的提升和突破。

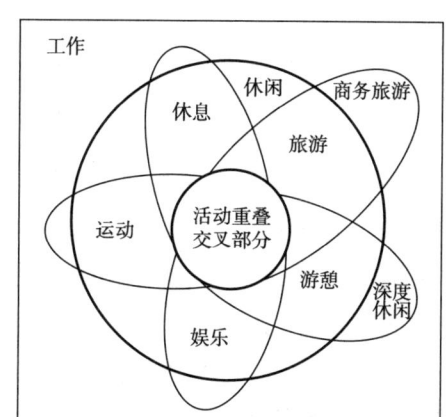

图1 户外运动与旅游休闲关系

二、当下户外休闲的热点与趋势

进入疫情常态化时代,旅游休闲呈现出极高的热度和需求,展现出一些独特的特点,表现在:(1)回归身边的"风景"、日常的"美好"。受疫情影响,近年来游客平均出游距离和目的地平均游憩半径呈现双收缩趋势。一方面是近距离的都市休闲游、近郊乡村游等周边游的兴起,社区公园、城市公园、郊野公园、主题公园、古镇村落等贴近客源日常生活的景区景点成为老百姓的首选。另一方面,顺应大众对健康的普遍需求,户外、旅游活动方面的需求上升,踢毽子、抖空竹、打太极、广场舞等成为短期近郊休闲游的热门项目。(2)小规模、自组织、家庭型、开放性的旅游方式受到广泛青睐。随着疫情形势好转、旅游熔断机制的调整,小规模、自组织、家庭型、开放性的旅游方式受到欢迎,私密、回归家庭、户外休闲、个性化定制、小团深度游受到关注。更多的人愿意根据自己的需求来制定旅游的主题,如摄影之旅、蜜月之旅、亲子之旅等。中高端旅游需求回流国内,一单一团专车专导的私家团引领跟团市场复苏增长。小包团成为现在比较常见的形式。许多游客以家庭为单位报团,带上爷爷奶奶、外公外婆一家六七个人组团;或三四个认识、不认识的家庭约团或拼团。更多的是三五好友(旅游)一起来一场"说走就走的出游"。(3)微度假、慢休闲的旅游模式成为越来越多人的消费选择。受疫情影响,微度假成为众多游客出行首选模式,并成为文旅消费的重要组成部分。微度假是集"吃、住、游、购、娱、会、养、赛"为一体,距离市区半小时车程左右的一站式休闲度假综合体,呈现出行半径缩短、出行频次增多、出行意向模糊化、游玩场景多样化、旅游消费本地化等特点。度假区盘活闲置旅游资源,深入挖掘文化内涵、人文风俗,活化历史，讲好故事，布局酒店、SPA、温泉、美食、商业与高尔夫训练及比赛场地及研学与教育的内容，构建有品质、有趣味、有深度、有创新的微旅行产品供给体系，在微旅游中更好地融入本地的建筑、美食、娱乐、技艺、购物等日常生活元素，让人们能够在有限的时间内获得最优的体验。

与此同时，户外运动正逐渐成为提升人民生活品质的重要方式。本质上，户外运动是文体与休闲活动的分支，是人们消遣、节日度假以及外出旅游的主要选择之一，也是一种生活方式。后疫情时代，全球范围内的户外休闲活动增加，野营、徒步等户外运动在全球市场出现明显增长趋势。

户外运动在国外有悠久的历史，虽然在中国国内也呈现出越来越高的热度，但相对于欧美国家中国户外运动人口比例仍有较大提升空间。由于体育产业利好政策推出、体育服务业迅速发展、居民体育消费能力逐步提升等因素，体育运动及户外旅游行业成长加速。据国家统计局数据，2017—2020年中国体育产业产出值由21 988亿元增长至27 372亿元，根据国务院《全民健身计划》，预计至2025年，中国体育产业总规模将达到5万亿元，2020—2025年均复合增长率将达到12.8%，高于GDP增速。据中国户外联盟统计（截至2019年），目前我国每年有1.3亿人参与徒步旅行、休闲户外等运动，占总人口的9.5%，有6000万人参与登山、攀岩、徒步等运动，占总人口的4.38%，这个比例与美国50%的户外运动参与率差距较大。从人均消费看，我国户外活动年度人均消费额不足20元，而欧美和亚洲发达国家的人均消费额是300~800元。因此，虽然中国泛户外经济还处于市场导入期和产业培育期，但是无论从人口占比还是从人均消费计算，中国户外产业都有极大的发展潜力和发展空间。泛户外产业融合文化、旅游与体育产业，是一个巨大的市场，市场前景大有可为，万亿级规模指日可待。

国家促进体育运动政策出炉，体育旅游行业成长加速。国家颁布各项各类系列政策文件，如《山地户外运动产业发展》《水上运动产业发展规划》《冰雪运动发展规划（2016—2025年）》《户外运动产业发展规划（2022—2025年）》等；按照《健康中国2030规划纲要》，国务院颁布《全民健身计划（2021—2025）》，要求经常参加体育锻炼人数比例达到38.5%；三级公共健身设施和社区15分钟健身圈实现全覆盖；每千人拥有社会体育指导员2.16名。同时，为促进"体育+旅游"融合发展，国家提出《关于推进体育旅游融合发展的合作协议》以及《关于大力发展体育旅游的指导意见》。在场馆建设用地方面，要求落实《关于体育场馆房产税和城镇土地使用税政策的通知》。这些政策都极大地推动了体育旅游行业加速成长，对促进体育与旅游产业融合发展、扩大体育消费市场、激发大众体育消费需求、拓展体育旅游经济产业规模、打造体育旅游消费新业态都具有强烈的政策导向作用，必将带动体育消费领域和旅游消费领域产业经济的新一轮增长。

三、户外运动与文旅的融合发展

1. 泛户外及其与文旅融合的天然属性

泛户外是新时代满足人们对美好生活向往的重要选择。什么是泛户外？顾名思义就是更加广泛的户外运动，包括走出家门所有的户外运动形式，比如登山徒步、自行车、骑马、冰雪，甚至私人飞机、游艇、房车露营、高尔夫等。泛户外分为四个层级，最初级是大众户外，任何人都可以参与的户外运动形式，比如公园遛弯；第二级指休闲户外，年轻人更喜欢的户外运动形式，比如滑雪、滑草、骑自行车等；第三级是高端户外，成功人士更喜欢的户外运动形式，比如私人飞机、游艇、房车等；最高级是指极限户外，超级成功人士所热爱的户外运动形式，比如登山运动追求"7+2"，"7"是指世界7座最高峰，"2"是指南极点和北极点。

通俗理解，泛户外指任何一项走出家门的休闲活动，以户外运动为参与方式，以户外休闲为最终目的，本质是大健康理念下"文化、旅游、体育、教育"的融合发展模式。从起源、缘起到理论架构到市场的表现，户外运动与文旅实现了非常多的融合，主要表现在以下四个维度：一是泛户外运动的专业化，包括国际体育运动赛事、全国体育运动赛事、全民体育运动赛事等；二是竞技向大众的转变，表现为大众型户外运动、专业型户外运动等；三是与人们相关的健康教育、经济社会、公共安全等的融合发展，如运动健身、运动康养等；四是户外游憩与户外教育（图2），等等。

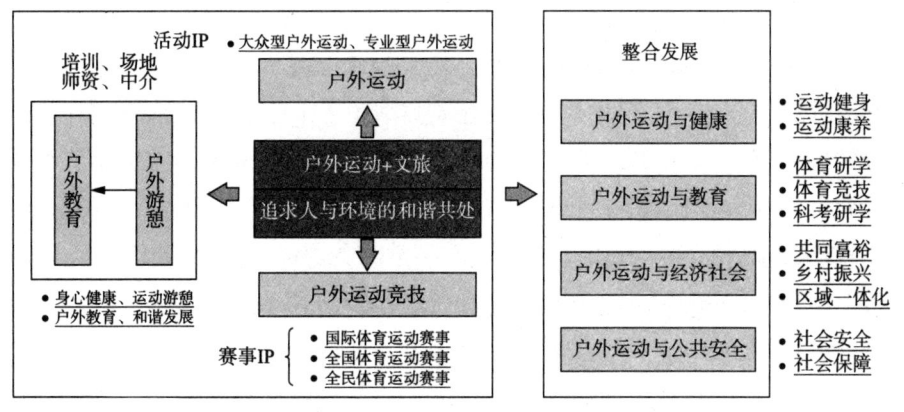

图2 泛户外运动与文旅融合

以"体育+"融合发展为例，在产业链上表现为赛事、赛事IP、旅游、餐饮、酒店、文创产品、运动娱乐等。（1）作为体育赛事本身，是整个产业链的核心，可以直接带动旅游、酒店、餐饮、购物等消费，提升经济活力。（2）体育场馆是赛事空间，有面向社会公众开放提供各类服务的体育场、体育馆、游泳馆；有体育教学训练所需的田径棚、风雨操场、运动场及其他各类的室内外场地；有群众体育健身娱乐休闲活动所需的体育俱乐部、健身房、体操房和其他简易的健身娱乐场地，同时作为体育产业的主场地，可以直接承接休闲旅游、运动体验、研学培训、商务会展等消费，延展经济业态。（3）体育中介服务是体育市场重要组成部分，促进体育市场主体间的交易活动。业态表现为经纪代理、咨询代理、监督规制等。其功能作用也是明显的，包括降低市场运作成本、提高市场效率、推动体育市场各类资源有序流动、保护市场主体的合法权益、维护市场公平竞争的秩序。

2. 泛户外与文旅融合发展类型

根据活动环境与场景，可以将户外活动分为四类：（1）户外空中活动，包括飞机、飞行玩具和一些极其令人振奋的空中体验。（2）户外陆地活动，这类活动清单比较庞大，如健身、山野乐趣、放松创意爱好、个人挑战、学习新技能和户外娱乐活动等。（3）水上活动，指在水中、水上或水下开展的户外活动。（4）户外冬季活动，主要是指在冰雪上耍酷的运动。根据市场消费偏好与户外休闲活动特点，泛户外活动又可以分为五类：（1）放松型户外活动，只是为了放松身心，轻松一下，提高幸福感。（2）娱乐型户外活动，有趣的户外活动，完美的共享体验，所有的一切都是为了和朋友共享乐趣。（3）刺激型户外活动，提供冒险和挑战的户外体能获得，可以获得肾上腺素的刺激或个人的成长。（4）极限探险型运动，为寻求刺激的人提供的极限户外活动，让人肾上腺素飙升，需要高超的技巧。（5）团队竞技型体育活动，需要多人参加的户外运动，具有竞争性。

结合上述分类，我们可以把泛户外与文旅融合发展类型分为户外休闲、户外娱乐、户外挑战、户外极限、团体竞技等五大类型（表1）。其中，（1）户外休闲和户外娱乐难度系数低，以徒步、露营、登山、自驾、采摘、篝火、广场舞等大众性活动项目为主，一般自然生态环境优越。（2）户外挑战难度系数中等，以越野、攀岩、潜水、骑行等兴趣爱好型活动项目为主，有一定的"奇特"特殊环境要求。（3）户外极限是户外挑战的升级版，难度系数提高，以跳伞滑翔、滑雪攀登、冲浪、瀑降桥降等专业型活动项目为主，一般对操作技术有一定的要求，甚至有一些特殊的技术准入规则。如著名的户外活动天堂新西兰皇后镇，凭借险峻美丽又富刺激性的地势，从充满传奇色彩的蹦极到喷射快艇，从漂流到山地自行车，以极限运动为主题形成"极限猎奇+康养度假"综合体。（4）团体竞技难度系数高，以足球、篮球等专业型活动项目为主，对场馆有特殊要求。如德国慕尼黑凭借承办奥运会（1972）、世界杯、欧锦赛、欧冠赛等大型体育赛事打造泛户外产业集群，带动旅游、酒店、餐饮、购物等消费，提升经济活力，承接休闲旅游、运动体验、研学培训、商务会展等消费延展经济业态。

表1　户外游憩的五种类型

类别	活动项目	难易程度	户外环境	范围
户外休闲	轻装徒步、露营野炊、健身登山、休闲自驾、赏花采摘	大众型 难度系数低	自然景观优良	区域
户外娱乐	篝火舞、广场舞等	大众型 难度系数底	人文或仿自然	区域
户外挑战	野外越野、攀岩、潜水、山地越野、溯溪、单车骑行	兴趣爱好型 难度系数中等	个别要求特殊环境	全国
户外极限	滑翔跳伞、雪山攀登、桥降瀑降、冲浪、探洞、攀冰	专业型 难度系数高	要求特殊环境	全球
团体竞技	足球、篮球、排球、橄榄球等	专业型 难度系数高	要求特殊场馆	全球/洲/全国

3. 泛户外项目体系及产业链

目前我国泛户外产业文旅项目有一定的规模和产业基础，已形成七大典型项目体系（表2）。

表2　七大运动与对应的项目

类型	名称
水面运动及航海活动	潜水、水下定向、水下摄影、游泳、跳水、水球、漂流、冲浪、滑水、风帆、舢板、游艇、摩托艇、水上摩托、漂流等
陆地运动及单车活动	跑酷、散步、行军、跑步、暴走、定向越野、公路车长途、山地车越野、小轮车机动、山地速降等
山地运动及山下活动	徒步、山地穿越、攀爬登山、攀登雪山、滑雪、滑梯、滑草、岩降、溪降、滑降、攀岩、攀石、器械攀登、探洞等
野营活动及猎捕饮食	野营露营、打猎野炊、模拟野战、拓展训练、荒野生存、钓鱼（塘钓、海钓、钓虾）、捕鱼捉鳖、摄影写生、地质考察、采集矿石、调查民俗、考察古迹、采访奇闻等
机动车船及航空运动	山地越野、公路竞赛、长途旅途、赛车、越野、探险、独家、滑雪、滑冰、旱冰、滑板、蹦极、岩跳、跳伞、滑翔伞、动力伞、热气球、滑翔机、超轻型飞机等
娱乐休闲及军体运动	老鹰捉小鸡、丢手绢、跳格子、斗鸡、群马混战、打弹子、跳皮筋、刷陀螺、耍空竹、放风筝、皮球、篮球、排球、足球、羽毛球、网球、沙袋、骑马、自行车、独轮车、气枪、打猎、射箭、彩弹野战等
冬季运动休闲及竞技	雪橇、卡丁车、直升机滑雪、雪地摩托、滑雪运动、冰上曲棍球、冰壶、攀冰、雪地漂流、冰雪漂流、打雪仗、雪地风筝、空中滑板、雪地滑行等

（1）水面运动及航海活动包括潜水、水下摄影、游泳、跳水、漂流、冲浪、舢板、游艇、摩托艇等。如舟山通过帆船运动将体育和旅游相结合，充分整合海岛户外、文化、旅游等资源，以登山、徒步、自行车、皮划艇等运动项目，把特色岛屿

串联在一起,让户外运动爱好者们既能获取运动的快乐,又能同步欣赏特色民俗表演、品尝当地传统美食、感受农耕渔作文化,一站式体验舟山旅游资源,领略到自然的瑰丽、历史的厚重。(2)陆地运动及单车活动包括跑酷、徒步、暴走、越野、公路长途、山地越野等。如北京徒步大会,100公里徒步路线途经中国历史文化名村爨底下村、汉代遗址"白羊石虎"、明长城"七座楼"等,将户外体育运动与自然文化完美融合。(3)山地运动及山下活动包括攀爬登山、滑雪、滑梯、滑草、攀岩、探洞等。如贵州的紫云格凸河攀岩,凭借独特的喀斯特地貌奇观和独特原始秘境景观成为攀岩爱好者的胜地,多次举办山地极限挑战赛、攀岩挑战赛及世界攀岩交流大会。(4)野营活动及猎捕活动包括露营野炊、模拟野战、拓展训练、荒野生存、钓鱼捉鳖、地质勘探等。(5)机动车船及航空运动包括公路竞赛、赛车、探险、滑雪、滑冰、蹦极、岩跳、跳伞、滑翔伞、热气球、超轻型飞机等。(6)娱乐休闲及军体运动包括跳格子、斗鸡、耍空竹、放风筝、篮球、排球、羽毛球、骑马、自行车、独轮车、气枪打猎、彩弹野战等。如湖南郴州高椅岭,凭借我国最大丹霞地貌景观,打造集山水户外运动、低空飞行、乡村体验、休闲度假于一体的国际化丹霞山地运动体验区(5A)。(7)冬季运动休闲及竞技包括雪橇、卡丁车、直升机滑雪、雪地摩托、滑雪运动、冰上曲棍球、冰壶、雪地漂流、冰雪漂流、打雪仗、雪地滑行等。

我国泛户外文旅融合发展尚处于市场导入期和产业培育期。具体地讲,泛户外装备产业在中高端领域空缺较大,需要凭借中国制造实力完成户外装备器械、户外配件等全产业链布局优化;泛户外培训领域规模不足且参差不齐亟需引入社会力量丰富产业规模和提升品质;泛户外赛事领域凭借奥运及冬奥的成功经验,在观赛服务、赛事运营、赛事周边创新等方面尚需发力;泛户外服务及公共服务方面,立足5G服务,打造数字泛户外尚需努力(图3)。

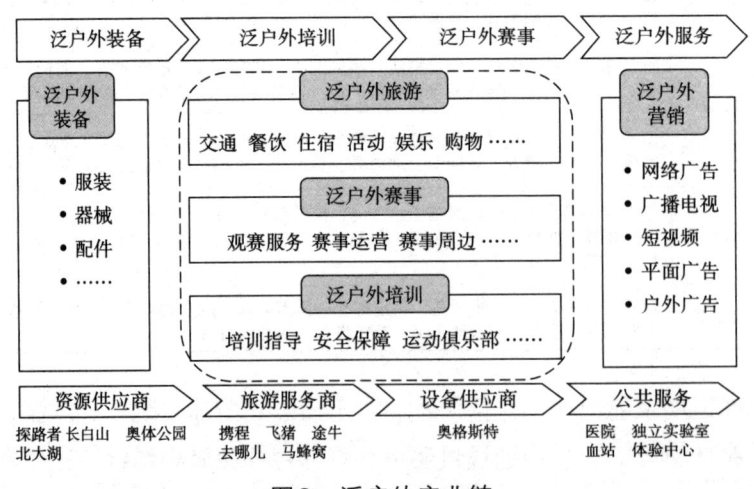

图3 泛户外产业链

四、泛户外运动十大流行业态

美国的户外基金会和英国的英格兰体育每年都会公布一份最受欢迎的户外活动清单，排名前十的名单每年都相当一致。随着新的运动和活动的发展以及环境变化，某项户外运动排名也有一些变化，并在一段时间内变得流行。2019年最受欢迎的户外活动包括：跑步、慢跑和越野跑（Running, jogging and trail running）、徒步旅行和步行健身（Hiking and walking for fitness）、露营和房车露营（Camping and RV Camping）、公路自行车、山地自行车和 BMX 自行车（Road biking, mountain biking and BMX）、淡水、咸水和干钓鱼（Freshwater, saltwater and fly fishing）、高尔夫（Golf）、野生动物观赏（Wildlife watching）、无板篮球和篮球（Netball and basketball）、网球和乒乓球（Tennis and table tennis）、足球（Soccer）。当然，报告也指出，最受欢迎的户外活动是大多数参与者喜欢在离家不到一英里的地方寻找冒险。下面结合我国实践，列举十大流行户外运动并对其特征进行分析。

1. 露营

露营是一种短时的户外生活方式，最初是为了工程、军事、测绘、旅游等而特设临时的户外驻扎区，包括营帐、草棚、车房等简易形式的短时户外居住营所。军事露营往往有复杂的构造，细分为生活区、食宿区、通信区、指挥区等等，而旅游上多采用更方便小巧的户外装备，达到户外休整娱乐的目的。本文中"露营"特指户外休闲旅游露营，是一种跨界融合的消费新业态新模式，能够极大地满足消费者情感和心理的需求。露营给不能远行的人们带来"微度假"的满足感，露营日益成为人们亲近自然、享受惬意生活的新选择。2011—2019 年作为国内露营发展初期，发展缓慢；2020 年在疫情暴发导致跨省与出境游受限的背景下，露营成为本地游市场的焦点。据艾媒咨询数据，2014—2020 年我国露营营地市场规模由 77.1 亿元稳步增长至 168 亿元，复合年均增长率（CAGR）为 13.9%，而 2021—2025 年 CAGR 预计可达 17.1%。2021 年中国露营营地市场规模同比增长 78.6% 达 300 亿元，整个行业仍处于发展初期。

2. 自驾

自驾游简单地说就是自己驾驶汽车出游。2006 年首届中国自驾游高峰论坛的定义："自驾游是有组织、有计划，以自驾车为主要交通手段的旅游形式。"中国经济发展的提升，民众小汽车保有数量的激增，中国公路网的逐年完善为自驾游带来巨大的市场。自驾游的兴起，满足了年轻一代游客自主化、个性化、定制化的旅游需求，因而成为近年来备受市场宠爱的文旅业态之一。一方面疫情期间，随着省内游、周边游持续火热，自驾游凭借其出行更自由、更安全的特点受到越来越多游客的青睐；另一方面受疫情影响，游客出游半径大幅缩小，也极大地推动自驾游方式的兴起。据不完全统计，2021年自驾游人数占总旅游人数的比重为70.29%，途牛旅游网《2022年上半年度自驾游报告》显示，自驾游是2022年上半年出游人次最多的出游方式之一，近九成自驾游用户选择本地游或周边游。因此，自驾游领域将面临更成熟的发展机遇。作为旅游行业的细分领域，自驾游市场的发展潜力不断被挖掘。

3. 低空飞行

低空旅游即通用航空旅游，是指人们在低空空域（在我国原则上是指真高1000米以下的垂直范围），依托通用航空运输、通用航空器和低空飞行器，所从事的旅游、娱乐和运动。据国务院办公厅《关于促进通用航空业发展的指导意见》，2020年，我国已建成500个以上通用机场，基本实现地级以上城市拥有通用机场或兼顾通用航空服务的运输机场，覆盖农产品主产区、主要林区、50%以上的5A级旅游景区。中央空管委办公室在已批准海南、四川、湖南、江西等省开展低空空域管理改革试点的基础上，2021年新批准安徽省加入低空空域管理改革拓展试点的行列，使全国参与低空空域管理改革的省增加到5个。

低空飞行也是一个非常有潜力的市场。目前，我国初步形成一批以城市及景区空中观光为核心的低空旅游示范项目。比较有代表性的项目是北京密云机场低空旅游示范基地，2014年被国家旅游局授牌成为全国首个低空旅游示范基地，开通7条观光航线。天津、西安、武汉、株洲、三亚、海口、中卫等旅游城市也开通了以观光为主的低空旅游项目。海南省率先启动全国唯一的"低空空域空管服务保障示范区"建设，低空飞行旅游业态领跑全国，目前开通了20多条低空旅游路线。

4. 骑行运动

一般来说，户外骑行有相对明确的定义：以公路车为主，在市区或近郊的一些合适路段开展的健身活动。距离少则数十公里，多则上百公里，骑行时间多数在两三个小时以上。一辆单车、一个背包即可出行，简单又环保。骑行是一种健康自然的运动旅游方式，能充分享受旅行过程之美。在不断而来的困难当中体验挑战，在旅途的终点体验成功。自行车从单一的代步功能属性拓展为了多元的爱好、运动、娱乐、社交、竞技等属性，骑行运动已经成为了一项既健康又环保的时尚休闲运动。

2020年我国自行车产量为4436.8万辆，2021年中国自行车产量稳定在4827.1万辆。国内与国际有多项专业的自行车赛事，也为骑行产业带来极大的发展空间。目前国际知名的骑行赛事包括山地车世界杯、世界山地自行车越野及障碍锦标赛、南非山地马拉松赛、红牛坠山赛、新西兰先锋山地车赛、瑞士 Swiss Epic 山地车多日赛、Crankworx 山地车节、Epic Israel、世界耐力系列赛、中国山地自行车公开赛等。在中国活动热度比较高的还有云南格兰芬多、环千岛湖、环青海湖、四姑娘山赛等。

5. 游艇运动

游艇，是一种水上娱乐用高级耐用消费品。它集航海、运动、娱乐、休闲等功能于一体，满足个人及家庭享受生活的需要。在发达国家游艇像轿车一样多为私人拥有。在中国伴随着国民经济水平的提升，人们开始追求更高品位、更高质量的生活方式，游艇运动渐为国人所认识。作为一种典型的舶来品，这种新式潮流不仅引起部分高收入人群的关注，也为许多城市发展新型服务性产业带来前所未有的契机。

当前，我国游艇业从奢侈化走向大众化，将迎来新一轮发展高峰期。预计2022年我国国内共销售进口游艇45艘、国产游艇300艘，其中海南销售进口游艇25艘、国产游艇40艘，国内游艇总量达1万艘，现有游艇泊位数约1.3万个。随着市场需求不断增加，游艇业产品向适用和大众需求的方向转化，生产和销售联系更为密切，消费服务随之也会进行创新。客群随需求而细分，例如亲子、体育、派对、巡游、商务等，各类细分市场所要求的产品配置和服务模式有所不同，产业价值也会有所差别。

6. 马术运动

首先，马业是农牧业的重要组成部分，马业的发展繁荣与农牧民利益及牧业产业发展息息相关，政府部门的相关政策目的是通过马产业提升现代化经营水平，从而为马术行业发展奠定坚实基础。其次，马术是一项现代体育运动项目。古代为了做到战车在战场上精确移动，常对马匹进行各种技巧和协调性的训练，由此发展成为马术比赛。马术比赛需要骑师和马匹配合默契，考验马匹技巧、速度、耐力和跨越障碍的能力。马术比赛1900年首次进入奥运会，当时只设障碍赛一个项目。1912年，马术比赛增加到三项：盛装舞步赛、障碍赛和三日赛。每项均设团体和个人金牌，共产生6枚金牌。从1952年起，女骑师被允许参加奥运会的马术比赛，马术也成为奥运会中唯一一个男女同场竞技的比赛项目，并且作为一个团队，马匹和选手将共同获得奖牌和名次。马术的最高组织机构为国际马术联合会，成立于1921年，总部设在瑞士洛桑。中国马术的最高组织机构为中国马术协会，成立于1979年，总部设在北京。

马术是与马有关的所有活动的总称，其产业链包括上游繁育养殖、马术装备，中游马术培训、马术赛事，下游消费群体、马术周边等。随着社会经济不断发展，中国马术产业将全面繁荣，行业格局也将初步形成。一方面产业化程度提升，这是中国马术行业供给侧改革和市场需求共同作用的结果，有利于中国马术行业提升经营效益，增强国际竞争力；另一方面，科技与马术行业的融合发展趋势明显，跨界融合优势突出。科技创新成果广泛应用于马术行业，深刻影响马术赛事、马术装备及马术文化传播等方面。2019年全国马术行业市场规模约为人民币138.3亿元（俱乐部平均产值约690万元），2020年市场规模153.5亿元，较上年增加15.2亿元，同比增长10.99%；2021年市场规模将达到170.4亿元。2017—2019年度马术运动参加总人数从972 840人上升至1 195 130人（其中经常参与马术运动的人口占比高达52%），复合增长率为10.8%。保守预测，2030年左右，我国马术运动参加人数会超过千万，一二三线城市平均渗透率会达10%。

7. 高尔夫运动

高尔夫球运动是利用不同的高尔夫球杆将高尔夫球打进球洞的一项运动项目。高尔夫球运动是一项具有特殊魅力的运动，让人们在优美的自然环境中锻炼身体、陶冶情操、修身养性、交流技巧，被誉为"时尚优雅的运动"。高尔夫球起源于15世纪的苏格兰，早期的高尔夫球多在王公贵族中进行。随着高尔夫球具的普及发展，高尔夫运动开始在中产阶级流行。至20世纪，高尔夫球的比赛规则与制度建立，国际性的高尔夫赛事得以广泛开展。19世纪20年代，高尔夫运动传入亚洲，高尔夫球传入中国则是在1896年，其标志是中国上海高尔夫球俱乐部的成立。2015年，第21届沃尔沃中国公开赛在上海落幕，吴阿顺获得冠军，这是中国内地球手第一次获得欧巡赛月份最佳球手的奖项。美国高尔夫球协会和英国圣安德鲁斯皇家古代高尔夫球俱乐部被公认是解释和修订高尔夫球规则的权威机构。世界性较重要的高尔夫球比赛有世界杯赛、美国公开赛等赛事。

随着我国居民收入的不断增长，已经有相当一部分消费者具备了参与高尔夫球运动的经济实力，高尔夫球运动产业规模也随之增长。据不完全统计，2019年我国高尔夫球场数量从2018年的482家下降到478家，到2020年我国高尔夫球场数量降至449家，2021年球场数量约为445家。2019年中国高尔夫球运动人数约为34.94万人，2020年规模有小幅增长，达到34.99万人，2021年将达到35.15万人。在我国高尔夫运动正从高阶消费向大众消费转变，随着高尔夫旅游、高尔夫培训等业务的不断创新升级，高尔夫经营主体业务逐步多元化综合化，高尔夫产业规模开始稳中有升。

8. 登山徒步

登山运动（Mountaineering）是在特定要求下，从低海拔地形向高海拔山峰进行攀登的一项体育活动。登山运动可分为登山探险（也称高山探险）、竞技攀登（包括攀岩、攀冰等）和健身性登山。在我国民间还流传着许多登山的传统习俗，如九月九重阳节登高等。徒步（Tramp），是指有目的的在城市的郊区、农村或者山野间进行中长距离的走路锻炼，徒步是户外运动最为典型和最为普遍的一种。由于短距离徒步活动比较简单，不需要太讲究技巧和装备，经常也被认为是一种流行时尚的休闲活动（图4）。目前在国内，专门做登山服务的俱乐部有100家左右，但是比较大规模、有高海拔登山经验的商业探险公司，只有10多家。其中，具有珠峰北坡登山经营资质的公司仅有西藏圣山探险公司。

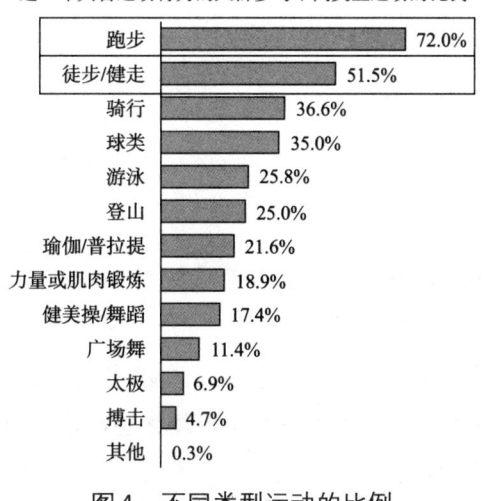

图4　不同类型运动的比例

9. 马拉松

马拉松（Marathon）长跑是国际上非常普及的长跑比赛项目，全程距离26英里385码，折合为42.195公里（也有说法为42.193公里）。分全程马拉松（Full Marathon）、半程马拉松（Half Marathon）和四分马拉松（Quarter Marathon）三种。以全程马拉松比赛最为普及，一般提及马拉松，即指全程马拉松。与其他赛事相比，马拉松独具特色的"开放与包容"为其带来极大的魅力。开放，即比赛场地的开放。马拉松赛事场地多从城市道路选取，对参赛者来说，每跑一步、每过一段都是不同的风景。包容，对参赛者的包容。无论是专业运动员还是业余爱好者，大家可以一起参加比赛，共享长跑乐趣，所谓"跑一次马，识一座城"。当人均GDP超过5000美元之后，一个国家的多个城市以"马拉松赛事"为依托，进入全民路跑的体育消费黄金周期，即"马拉松周期"。可以说，"奔跑"的马拉松经济，背后暗藏千亿产业链。所谓马拉松经济，包括赛事本身产生的赞助商投资、报名费等收入、基于比赛所产生的主场馆租赁和酒店住宿等载体经济、出售赛事转播权所带来的媒体收入、外延出的涵盖"吃、住、行、游、购、娱"等各个方面的文化旅游消费。所谓"泛马经济",包括运动装备,年轻人在装备上的选择更偏爱时尚,如跑鞋、运动套装、运动手表、运动耳机等(装备购买5000~50 000元);去一个城市来回机票、住宿费(3000~5000元),加上报名费、餐饮、游览、娱乐、购物等。

目前中国马拉松形成了以跑者、赛事和城市为核心的成熟的产业链。国内知名的马拉松赛事包括北京马拉松、上海国际马拉松、大连国际马拉松、杭州马拉松、厦门马拉松等。据《2019中国马拉松产业研究与用户分析报告》分析,2020年马拉松产业总产值突破1000亿元。当然,在产业快速发展的同时,也带来了赛事开发混乱、市场运营投入不高、医疗及硬件设施不足等弊病。未来,中国马拉松产业链将继续走向精细化,增强设施投入,提升配套服务水平,"马拉松+旅游"等新兴业态也将持续发力。

10. 冰雪运动

冰雪产业是在冰雪资源开发的基础上形成的特殊资源型产业,覆盖范围广,产业链庞大。冰雪运动在欧美较为盛行,发展较为成熟;对中国来说,冰雪产业仍处于发展的初级阶段。在冰雪资源丰富的东北、新疆等地,冰雪产业较为发达;伴随着各种制冰技术的不断提升,国内尤其是南方地区也出现了众多大型室内冰雪场馆,冰雪运动开始向全国各地扩散分布。近年来,随着"体育强国"与"健康中国"国家战略实施,尤其是北京冬奥会的成功举办,不仅向国际社会兑现了"带动3亿人参与冰雪运动"的庄严承诺,取得了北京冬奥会竞赛成绩历史性突破。冬奥会还为中国带来了冰雪运动热。竞技体育中的冰雪项目主要包括滑冰、冰球、冰壶、滑雪、冬季两项、雪车、雪橇共7大项,15个分项,每个分项下面又包含若干小项。在此基础上,又发展出很多群众类冰雪项目,像滑雪橇、冰上自行车、滑爬犁、雪地摩托、雪地拔河、雪地足球等。

后冬奥时代,中国冰雪运动产业驶入快车道。2019年我国冰雪产业市场规模突破5000亿元,2022年我国冰雪产业总规模预计将突破8000亿元,2025年预计达到1万亿元。在"冰雪场景营造、文化引领、科技赋能"全新的冰雪旅游产品及业态创新不断涌现下,冰雪旅游成为了地方全域旅游发展的新热点、新增长点。

最后,祝我国泛户外文旅产业蒸蒸日上,祝2022第九届博雅旅游论坛暨第十六届中国国际(北京)泛户外产业高峰论坛圆满成功!

泛户外生活美学，场景革命与价值创新

梁强

一、顺天时：泛户外生活美学时代的来临

泛户外生活美学发展有它特定的时代契机。中国特色社会主义进入新时代，我国社会主要矛盾已经转化为人民日益增长的美好生活需要和不平衡不充分的发展之间的矛盾。同时，党的"十九大"报告也为国家下一步的发展提出了新的目标：到本世纪中叶，把我国建成富强民主文明和谐美丽的社会主义现代化强国。

当实现"人民对美好生活的向往"成为新时代的主旋律和最强音时，以生活为本体和内容，以发现现实生活中的审美价值为出发点，以增进民众的幸福指数为根本目标的生活美学备受瞩目、大有可为。"生活美学"是助力美好生活的重要途径，发现生活之美，提升美好生活，是"生活美学"的终极目标。

今天，泛户外产业已经迎来了一个生活美学的时代。经过检索统计（2022年3月22日），在主流自媒体平台小红书APP上，关于泛户外产业的相关关键词都有巨大的搜索量和流量。比如，关于"生活"的笔记内容达到2500万+的浏览量，关于"户外"关键词内容的浏览量达到171万+，搜索"露营"相关笔记90万+，搜索"生活美学"相关笔记也达到了35万+。从这个角度来说，泛户外生活的美好图景已经从梦想照进了现实，呈现在我们面前。

首先要提到几个概念。

休闲：指人们利用非工作时间，将自己从工作、家庭、城市生活环境中摆脱出来，为了放松心情、转换工作压力、开拓视野，参与可以自由发挥创造力的任何社会活动的总称。

户外休闲：指以休闲为目的，以乡野空间和荒野空间为主要活动场所，以非竞技性的户外运动形式和内容而进行的休闲活动。户外休闲亲山近水，可以满足个体回归自然的愿望和寻根情结。户外休闲不是一种简单的体育运动，是一种融休闲、娱乐及健身于一体的集体项目群；也不同于中国传统的旅游方式，而是一种把旅游、

运动、教育、文化、人际交流紧密结合起来的生活方式。

生活美学：是一种艺术审美的消费观、生活观和生命观；消费体验、生活追求、生命价值和审美判断不再是"功能实用化"，而是"艺术生活化"（美即生活）、"生活艺术化"（生活是美）、"生命空灵化"（里外一体）三化的结合。

户外休闲生活美学：与生活美学很像，从字面意思来看，就是在户外感受自然与生命的融合，将生活之美延伸至户外，提高户外休闲生活的质感，承载了一种全新的生活方式与态度。

我们在2005年最早提出了"泛户外"的概念。当时的户外运动是一种小众运动，户外用品、户外产业受众较少，无法把规模做大。为了拓宽产业规模，所以提出了面向更广泛人群的"泛户外"的概念，旨在扩大户外运动参与人口，提供、覆盖更广泛的产品和服务，提升户外运动产业空间。当时的概念提出其实是从供给侧带动需求端发展的角度提出。

但是现在，泛户外发展的环境已经发生了翻天覆地的变化。泛户外产业已经从供给侧走向需求侧，成为我们美好生活品质的重要组成部分。当我们从生活美学的角度去审视泛户外运动，就会发现其存在的重要美学价值。从美学角度来说，泛户外运动就是将自然和生命的融合之美延伸到户外场景，提高户外运动的质感，从而承载和传递一种全新的户外生活方式和生活的态度。

户外运动产业是经济和社会发展到一定历史阶段的经济现象和社会现象。从20世纪50年代开始，我国的山地户外运动经历了五个发展阶段：科考探险阶段（始于20世纪50年代）、专业赛事阶段（20世纪80年代）、全民健身阶段（20世纪90年代）、融合发展阶段（21世纪第一个十年）、泛户外高质量发展阶段（"十九大"以来）。户外运动从早期的科幻探险，到现在的高质量发展，休闲的属性越来越强，探险的属性有所下降。从探险到休闲，户外运动逐渐形成了从小众到不同梯次的消费空间。

到今天，泛户外已经形成了一个赛道足够多、坡度足够长、黏性足够大和韧性足够强的产业发展群。户外运动不再是一个单独的项目，而是一个项目群，涵盖了水陆空以及冰雪等气候资源所承载的形形色色、非常丰富的运动游憩机会。泛户外运动业态跟经济社会的发展阶段有严密的对应关系，经济社会发展的不同阶段伴随着户外生活的业态是不一样的（图1）。

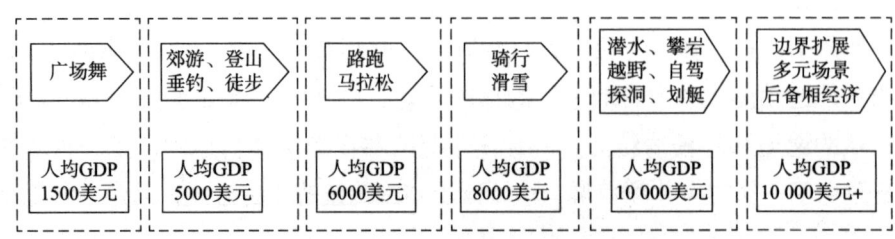

图1 户外运动业态演进与经济发展关系

当下中国进入到一个非常重要的发展阶段，即人均GDP已经突破了10 000美元，已经形成涵盖滑雪、潜水、攀岩、越野、探洞、划艇、自驾等多种业态在内的，"多元边界、多元场景"户外运动方式。特别是随着疫情影响，游客出行的"后备箱经济"为泛户外发展提供了非常好的人群对接，即中国的自驾游人群就是中国中产阶级的一个精准群体，而这些人群所对应的恰恰就是泛户外运动的主要人群。从这个业态的角度来看，它已经形成了一个体育产业，或者说泛户外产业的谱系。

二、谋地利：泛户外休闲生活美学的场景革命

景观的外部特征，或者水体、陆地的任一特定区域的特征，都不能成为户外游憩资源。正是自然特征和人运用自然特征的能力与欲望的结合，才构成一种户外游憩资源，否则所谓的资源只不过是无意义的岩石、土壤和树木的叠加（Clawson and Knetsch，1966）。正是我们拥有的自然资源和运用资源的欲望和能力的叠加，才形成了当下我们的整个泛户外生活。中国的传统文化中有动静结合、天人合一的说法，这也是一种人与自然和谐相处的非常好的生活方式，这里就可以用"场景"的概念来体现它。

场景的本质就是对用户时间的占有。场景时代的来临，新的户外运动业态，伴随着新链接的洞察；新的户外运动体验，伴随着新场景的创造；新的体育生活方式，伴随着新品类的流行。从这个角度看，户外运动的空间是非常广阔的。基于陆地、水域和空域三大户外运动载体空间，引入时间、交通工具和参与动机等细分标准，可开发出丰富多样的户外游憩机会及其对应的产品服务，给户外运动目的地和利益相关者提供广阔的技术创新和产品开发空间。在国内已经形成了"3亿人参与冰雪运动""三纵四横"山地运动布局、"五方三点"水上运动布局、"三圈三线"汽车摩托车运动布局、"200公里航空体育飞行圈"航空运动布局——国内泛户外矩阵空间非常广阔。

人们喜欢户外运动并不仅仅是喜欢运动本身，而是户外运动所创设的场景，以及在场景中自己浸润的情感和意志，投射的人格和品位。未来，户外运动不再仅仅用场地标识，甚至不以开展的项目定义，而是由一个又一个鲜活的运动场景来定义。泛户外运动的场景营造要把对的内容放到对的场景里，去产生对的效果。内在的场景除了原生态的情况之外，还要强调它的载体性、防御性、多元性、主题性、自在性、疗愈性、共享性和国际性。这样一些元素，是未来我们长期打造的非常重要的一个趋势。

三、求人和：泛户外休闲生活美学的需求画像

从大数据的搜索量中可以看到，在五大户外运动项目中，冰雪运动的声量是最高的，这跟2022年中国冬奥会成功举办有关。其次是水上运动，夏季玩水成为非常重要的户外运动项目，像皮划艇这些是需要我们去关注的（图2）。

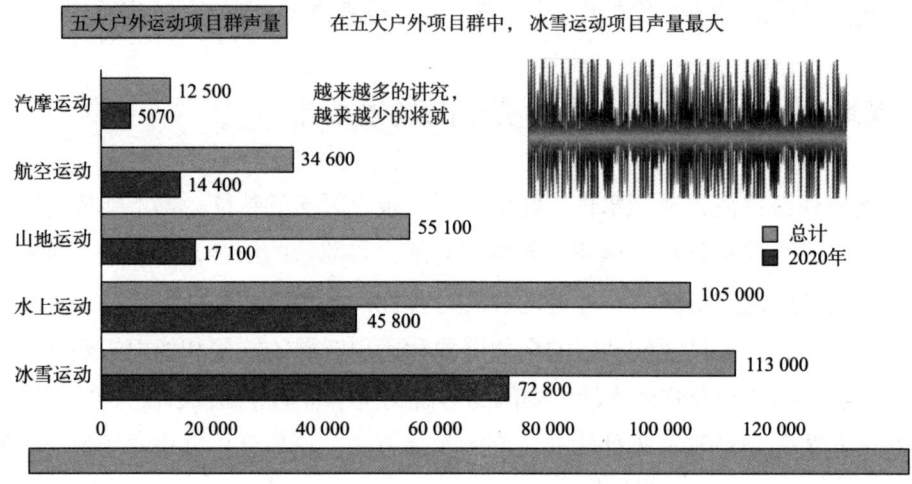

图2　五大户外运动项目网络声量

从泛户外运动的动机来看，排在第一位的就是健康适能。新冠疫情唤醒户外运动内生需求，"泛户外场景是最佳的疗愈空间，泛户外运动是最好的防护疫苗"成基本共识。健康已经上升为美满生活的同义词（图3）。

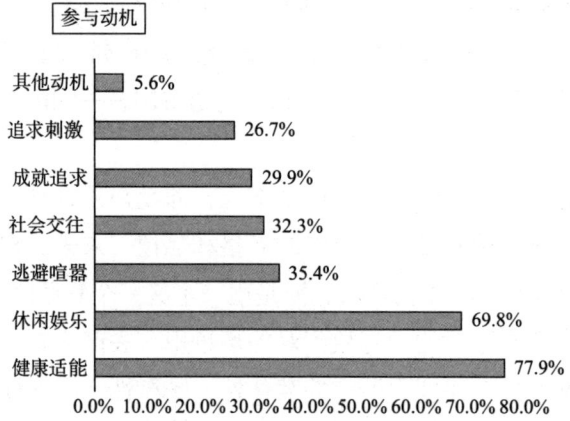

图3-1　户外运动参与动机

泛户外生活美学，场景革命与价值创新

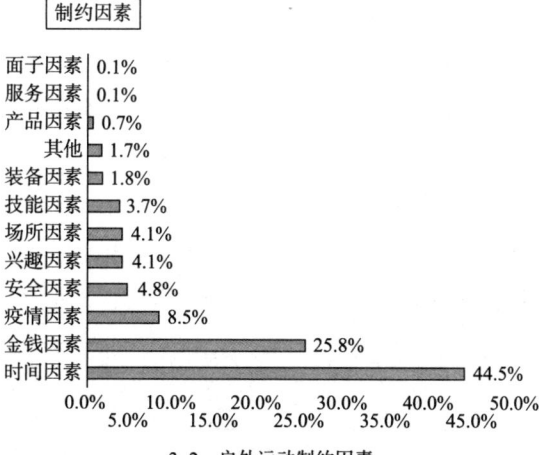

■ 健康已经上升为美满生活的同义词。运动型的身体+健康的头脑需要通过长期自我优化获得，既不能用钱买也不能从其他人身上继承

图3 户外运动参与动机与制约因素

运动型的身体+健康的头脑需要通过长期自我优化获得，既不能用钱买也不能从其他人身上继承，只能去切身参与到户外运动中，去获得这样一种健康适能，逃避喧嚣，去进行社会交往，去追求成就，乐于探索，已经成为一种内生的需求。

四、促发展：泛户外休闲生活美学的价值创新

泛户外生活美学产业是生活美学价值转化的结果，包括生活美学首端的生活及末端的美学，涉及各行各业生产消费众多领域，其实质是文化产业高端能量和价值的制高点，具有动态多维的关联性、丰富性、发展性特质。

泛户外生活美学产业建立在美学经济理论基础上，但不能简单地定性为生活消费性产业，它是以美学价值的创造与增值为核心，为消费者提供具有深度体验与高感知力的产品与服务的新型产业形式与商业模式。

泛户外生活美学产业是以与人们日常生活密切相关的"衣、食、住、行、育、乐"等产业为基础，整合一二三产业的美学经济价值链体系，已经在体育、旅游、民宿、茶道、花道、公共艺术、建筑设计，甚至城市顶层设计领域铺展开来。发展泛户外生活美学产业是对"两山理论""美丽中国""美丽乡村""美好生活""城市更新"等一系列国家重大战略的具体应用和落实，它跟幸福产业的每一个产业业态之间都有非常好的串联接口。在这样的背景之下，泛户外产业发展的空间是非常庞大的。

首先从运动最本质的功能来说，它有自然质功能，就是强身健体；它有结构质

功能，它带来的相关场景的改变，营造出来的原生场景、网生场景和工程场景，能够带给我们跟传统的休闲旅游不一样的体验，它会成为深度休闲、沉浸式体验的最佳载体，成为教育"双减"背景之下的一个教育端口，一条新的赛道，成为城市更新之后营造城空间、营造城市美学、营造美好型文化型城市的一个端口，也将成为生态文明时代，文化旅游发展的非常重要的生态道具。所以，泛户外成为诗和远方的空间，成为身心赋能的平台，成为资源整合的载体，成为幸福产业的赛道。它从一种生活的、生产的工具，到生活的玩具，到生产的道具，形成了一个完美的闭环。

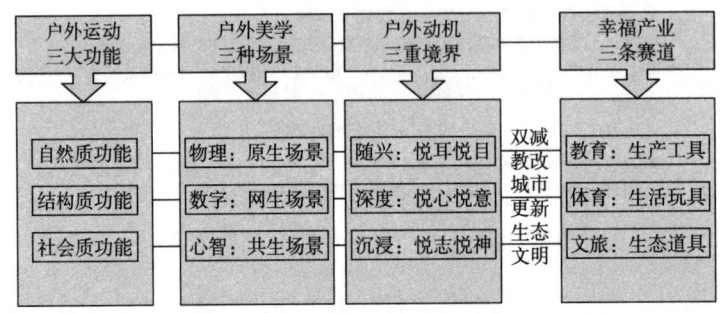

图4 户外运动功能与场景逻辑

总结起来，泛户外运动具有三大功能、三种场景、三重境界和三条赛道。在这样的背景之下展望，会发现泛户外发展需要我们从天时地利人和的角度去做进一步的顶层设计和微观的落地。从顺天时的角度，我们要与时俱进主动融入经济社会新格局；从谋地利的角度，我们要审慎包容构建泛户外休闲空间新基建；从求人和的角度，我们要因势利导培育泛户外休闲人口新需求；从促发展的角度，我们要提质增效，升华泛户外休闲产业新能级。最终通过泛户外运动，构建泛户外友好型家庭、泛户外友好型社区、泛户外友好型城市、泛户外友好型社会，真正地把田园变成花园，把劳动变成运动，把空气变成人气，把节事变成故事，把青山变成金山，把颜值变成市值！

注：梁强系天津财经大学教授、博观致远户外休闲研究院院长。

二十年磨一剑：泛户外事业从梦想照进现实

李辉　吴春玲

泛户外是指更加广泛的户外运动，包括走出家门所有的户外运动形式。泛户外产业以"绿色、低碳、健康、环保"为核心宗旨，主张"热爱保护大自然，尽享泛户外生活"。通过近二十年的努力，泛户外产业发展完善了"大众户外、休闲户外、高端户外和极限户外"的理论体系，从单一的论坛、活动延展到更具实际商业价值和社会效益且可常态化运营的学院、基地，在后疫情时代，人们对泛户外生活方式有着更大范围和更加持久的需求，泛户外概念已经从梦想照进了现实，泛户外产业将向着更加多元化、专业化、标准化和精细化的方向发展。

从2005年创业至今，已有将近二十年的时光，我从意气风发、壮志凌云的少年步入成熟稳重、从容自如的中年，虽然时过境迁、沧海桑田，但是我依然不忘初心，多年来一步步实现泛户外梦想，并在2022年初与北京博雅方略文旅集团结缘，共同创建了博雅华辉泛户外公司，共同将泛户外梦想加快照进现实。这些年，我始终怀揣梦想，与过百位泛户外产业领域领军人物相关人士交流经验，探讨产业发展趋势，资源整合，策划组织了数百次泛户外产业论坛、沙龙、活动，在中国泛户外产业发展中起到了桥梁作用，联通彼此，推进产业发展。

随着后疫情时代的来临，一个充满希望、阳光、时尚、健康的文体旅泛户外产业大版图正在一天天形成。那个怀揣热切梦想、多次在台上激情四射讲述泛户外梦想的自己，禁不住升起满心的自豪和雄心壮志，将永远激励自己勇往直前。

一、青春无悔——泛户外的概念及前世今生

1. 泛户外概念

泛户外，顾名思义就是更加广泛的户外运动。它包括了走出家门所有的户外运动形式，比如登山徒步、自行车、骑马、冰雪，甚至私人飞机、游艇、房车露营、高尔夫等。泛户外运动分为四个层级，最初级是大众户外，任何人都可以参与的户

外运动形式，比如公园遛弯；然后是休闲户外，也是年轻人更喜欢的户外运动形式，比如滑雪、滑草、骑自行车等；其次是高端户外，也是大部分成功人士更喜欢的户外运动形式，比如私人飞机、游艇、房车等；最高等级是极限户外，也是超级成功人士所热爱的户外运动形式，比如"7+2"，"7"是指世界七大洲最高峰，"2"是指南极点和北极点。极限户外有着极高的专业性和素质要求。

基于上述认识，我们设计出泛户外产业的LOGO。它有着很深的中国传统文化底蕴：红色的圆点代表太阳，白色的曲线代表河流，寓意为地球上的生命生生不息，还是一个变形的3字，寓意为"一生二、二生三、三生万物"，和道教所倡导的"道法自然"思想完全吻合。圆点和河流组合起来就是一个奔跑的人，向着东方奔跑。这个人又将天（蓝色部分代表没有受污染的天空）和地（绿色部分代表没有受污染的土地）进行了有机的连接，寓意为"天人合一"。整个LOGO为圆形，寓意为中国人最期待的幸福人生：团圆、安康、吉祥、如意。

2. 泛户外产业的前世今生

长期以来，中国普通消费者对户外存在一些片面的认识，认为具有挑战、充满危险的运动才是户外运动，其实不然，户外运动距离每一个人都不远，一切在户外的、亲近大自然的、积极的、有利于人们身心健康的户外活动和生活方式都属于"户外"的范畴。

2006年，正值户外运动兴盛之际，天津财经大学工商管理研究中心主任、管理学首席教授罗永泰博士颇具创意地提出了"泛户外"概念。他认为，户外产业对于中国来说是舶来品，但它随着社会经济发展会越来越融入生活。这个产业营造的是时尚和健康，而且越来越受到社会的认可和广大消费者的喜欢。

他指出，既往的户外运动停留在简单的登山、滑雪，它的产业也围绕一些特殊的消费群体。通过提出泛户外的概念，能够拓宽相关产业链。从消费的理念延伸到户外的理念，是从产业链上的延伸，而且逐渐会规模化。从这个角度而言，泛户外概念的提出，将有助于户外运动发展，同时，对于人们健康的幸福指数的提升也有好处。

一个高尔夫爱好者，很有可能是其他户外运动潜在的消费群体。泛户外产业的优势便是，能够有一个便捷的方式，为他们提供全方位的户外体验（如在冬天不能打高尔夫球的时候，他们可以选择马术、滑雪等其他户外运动）。2006年，"泛户外产业高峰论坛"首次露面ISPO China（亚洲国际品牌体育用品及运动时尚博览会），"泛户外"这个概念成了传统户外拥趸者眼中的新鲜词汇，吸引了大量的关注。这次活动，是一场热衷并善于享受户外生活的精英人群的聚会，也可以说是罗教授泛户外理念的一个落地实践。

实际上，我认为，泛户外产业的本质就是泛合作，即把众多产业链上相关的产业，作为一个个"微量元素"聚在一起，最终量变会实现质变。如"泛皮草主义"，在动物保护主义的大旗下，"泛皮草"里的皮草可以不是真皮草，但它同样彰显时尚符号。对于泛户外运动而言，也不是指单纯的户外运动，更是与涉及运动相关的所有产业链相关。泛户外产业即是这样一种产业，通过整合户外产业资源，打破血缘、地域、行业的界限，按照兴趣或社交重新组合为一个全新的组织，从而拓展出另一个全新的产业——泛户外产业。

比起传统的户外运动概念，泛户外的外延广阔得多。如果之前的"户外"是专指户外的短程徒步、登山、湖边露营、垂钓、自驾游、采摘、海边烧烤等等，那么"泛户外"就是指在人们锻炼身体的同时，更能享受人与自然的和谐。"泛户外"将从事体育运动的户外运动拓展成从事户外休闲旅游的活动，几乎所有在大自然中的活动都可以被视为"泛户外"，从而使"户外"的概念被颠覆，"户外"产品自然也被扩大，"户外"的人群更是被无限地放大，从而带动消费，推动经济。

穿冲锋衣、登山鞋、背着旅行包去郊外野营、爬山，已经成为人们的一种时尚生活。据2009年户外调查数据统计，当年全国参加户外运动的人次超过1亿，而户外运动的发展也带动了户外运动用品销售市场的发展。这一年，全国户外市场创下的消费总额接近10亿元，原本一直在专卖店销售的户外装备，也逐渐登陆一些大型超市。而活跃在中国市场的境外户外品牌总数，由2007年的135个，增加到了2009年的165个。与此同时，大大小小的户外运动俱乐部也在全国飞速猛增，户外产业风生水起，当仁不让地成为朝阳产业。

20世纪90年代中后期，户外产业最早的拓荒者三夫户外，此时早已发家，成为户外产业的大鳄；同样，1999年靠着一顶帐篷起家的天惠旅游用品有限公司也成功上市，其"探路者"品牌更是成为中国自主户外品牌的标杆。这些户外产业的成功使得更多的体育产业投资者们纷纷加大投资力度，资金涌向户外产业。

二、筚路蓝缕——泛户外产业发展历程、问题及现状

1. 泛户外产业发展历程

作为泛户外产业的探路者，近二十年来，我始终怀揣泛户外产业梦想，认真斟酌思考如何将泛户外产业这块蛋糕做大做好，如何将这条产业链打通、延伸，实现更大的经济效益。为此，我做了以下几方面的努力：

一是中国国际泛户外产业高峰论坛：我连续多年策划并举办"中国国际泛户外

文旅产业讲稿（三）：心旅游——泛户外产业、健康休闲与中国式现代化

产业高峰论坛"，希望能够作为一座重要的桥梁，发挥资源共享的重要平台作用，实现多方合作与共赢。从2006年至今17年间，我组织策划并成功举办了16届（近50次）中国国际泛户外产业高峰论坛，影响了近100万业内外人士认识了解泛户外思想，并为近20家地方政府泛户外基地的构建提供了咨询辅导。

2022年6月18日，由全联旅游业商会指导，北京博雅方略文旅集团主办，以"复苏·向阳·共生"为主题的2022第九届博雅旅游论坛暨第十六届中国国际（北京）泛户外产业高峰论坛在京成功举办，汇聚了20余位业界精英大咖，聚焦泛户外产业，搭建文旅加户外运动业界大资源文化展示、旅游宣传、产业合作、对话交流、投融资等平台，引发巨大反响。2022年11月5日，第十六届丽江泛户外论坛在丽江主会场、北京和上海分会场成功举行，博雅方略文旅集团首席专家、北京大学教授、博士生导师窦文章教授正式发布：中国旅游步入4.0模式——心旅游。

二是泛户外活动：近二十年间，我成功组织近500场泛户外沙龙、泛户外体验，影响近十多万人坚持有效地学习、了解文化体育旅游以及泛户外的理念和文化。我也坚持到北京、杭州等地的多所大学甚至进入幼儿园，发表以泛户外幸福人生为主题的公益演讲，宣讲树立热爱体育、健康生活的生活理念。

三是推动建设泛户外基地：自2010年开始，中国泛户外事业开始从理论走向实践。中国国际泛户外产业基地起源于2011年。经过近6年的辛勤传播，泛户外运动思想已经在业内得到广泛有效的传播，为了让大众更加直观深刻地感受泛户外运动的魅力，并切实参与体验泛户外运动、了解泛户外文化、租赁购买泛户外装备等，在多方领导的组织协调下，我们于2011年2月23日在北京市昌平区挂牌了中国第一个泛户外体验基地，即中国泛户外体验（北京）基地。后来陆续挂牌北京房山、杭州绿荷塘、北京平谷、通州湾、商洛、美国关岛、丰宁坝上、北京密云、东极岛、三亚、保亭、北京通州、湖北荆门、广西柳州、河北月岛、北京顺义、河北兴隆、北京昌平、天津、云南丽江等共23个基地。2015年，创建北京、三亚泛户外产业孵化器，成功孵化10家泛户外产业中小型企业。

中国国际泛户外体验基地将秉承"热爱保护大自然，尽享泛户外生活。"的核心思想，寓教于乐，继续直观有效地传播泛户外常识和文化，组织各个类别的泛户外体验活动，展示品类丰富的泛户外装备，帮助更多热爱泛户外运动的人士购买到心仪的泛户外装备，体验丰富多彩的泛户外运动并享受这种身心灵德和谐幸福的健康生活方式。未来，中国国际泛户外体验基地将在全世界生根开花，在全世界发扬光大。

四是全球泛户外学院：为更好传播泛户外文化，普及泛户外常识，帮助更多泛户外运动爱好者体验泛户外运动带来的快乐，全球泛户外学院于2011年正式成立。

后来陆续于2012和2013年成立航空、游艇、房车、救援学院，目的是希望构建一个覆盖海陆空、立体化、多维度的泛户外运动+救援网络体系。学院的核心理念是"闲时休闲娱乐，战时救援担当"！

全球泛户外航空学院是隶属于全球泛户外学院的一家专业从事代理飞行体验、空中观光游、飞行驾照考试、飞机租售、通航基地筹建等通航业务的专业机构。学院已和国内部分顶级通航公司签订战略合作协议，组建一个通航服务网络，为全国热爱飞行生活的朋友提供高品质的通航服务，为大家早日实现飞行梦想尽一份力。该学院于2012年6月28日宣告成立。迄今为止已经成功策划组织了18期体验短训班，帮助近400位航空爱好者实现了低空飞行的梦想并掌握了一定的航空文化和基础知识。

2. 泛户外产业存在的问题

伴随着全民健身与全民健康的深度融合，人们户外运动的热情高涨，泛户外产业获得了快速的发展。但是，国内泛户外产业尚不成熟，依然面临着很多问题。

一是大众户外运动意识不足，参与度仍然较低。户外运动成熟的欧美发达国家，户外运动参与率高达50%，对比之下，国内户外运动参与率仅为10%，处于较低水平。相当比例的大众依然认为，户外运动是一项专业性较高、距离自身较为遥远的体育活动。人们对于泛户外运动的参与意识有待提升，参与率有待提高。

二是泛户外产业发展较为单一，整体产业供给处于偏低水平。泛户外产业与其他产业，尤其是旅游产业、文化产业等，没有形成深度融合机制，导致社会参与广度较低，整体产业的开发模式及市场化运作水平较低。

三是从企业发展的角度来看，中国的户外运动市场经历了长足的发展，孕育了以探路者、牧高迪、三夫户外等为代表的一批主流户外运动企业。然而，国内市场仍然是以中小型企业为主，在市场知名度、产品认可度等方面仍然与主流国外市场品牌存在很大差距，国内户外企业综合市场表现仍有待提升。

此外，我国户外运动产业尚处于发展初期，市场潜力有待进一步释放，还存在一些短板和薄弱环节，如自然资源向户外运动开放不够，户外运动装备器材便利化运输难题有待破解，户外运动专业人才缺乏，设施与产品有效供给不足，品牌影响力有待提升等问题，必须通过深化改革、加强创新破解这些问题瓶颈，助力文体旅产业成为国民经济支柱性产业。

3. 泛户外产业发展现状

伴随着体育强国战略、健康中国战略的实施，近年来，人们对于体育运动的热情高涨，泛户外运动的概念逐步被大众所熟知，并获得了飞速的发展。多项权威性的行业活动助推产业朝向更加专业化、标准化发展，也为产业领域间的合作共赢提供重要平台、注入强大动能。多个中国国际泛户外产业基地挂牌落地，为更多人参与、体验泛户外运动提供了重要载体。

三、风云际会——泛户外产业发展面临的机遇

体育是国家实力的体现，是国民健康程度的标尺。体育强国战略是我国国民发展的重要战略。在党的二十大报告中提出，以中国式现代化推进中华民族伟大复兴，并且把到2035年建成体育强国作为基本实现社会主义现代化的战略目标，提到了全党全国人民面前。"十四五"时期是推进体育强国建设的开局时期，也是推动体育产业成为国民经济支柱性产业的关键阶段。泛户外产业作为体育产业的一个重要组成部分，不仅能够满足人民日益增长的户外运动需求，同时，能够有效促进和扩大体育消费，带动经济发展。步入2023年，泛户外运动将迎来前所未有的黄金发展期。

1. 疫情催生广泛的户外运动需求

三年疫情改变了整个世界，后疫情时代的中国人，比以往任何时候都渴望走出家门，带着亲朋好友，一起体验泛户外运动，和清风、阳光、雨露来一次亲密接触。疫情以来，国内户外行业迎来第二轮高速成长期，尤其是精致露营、冰雪运动、飞盘、陆冲等新兴玩法最为出圈。户外运动已经不再是追求"专业"和"挑战"的极致追求，而是逐步成为一种新型时尚的生活方式。人们期望从这种户外运动型的生活方式中获得放松休闲与社交的机会。

2. 大型赛事加持，提升人们的体育热情

2022年冬奥会在中国成功举办，带来了国内冰雪运动的热潮，激发了人们户外运动的热情。由冬奥会带动的"冰雪经济"和"户外经济"将产生长期效应，带动全民尤其是儿童参与冰雪运动，从而提升相应的消费市场。

3. 经济发展为户外运动沉淀需求

根据国际经验，当人均GDP达到5000美元时，民众将会对体育运动有所需求；当人均GDP达到8000美元时，体育运动将成为国民经济的支柱性产业之一；当人均GDP接近10 000美元时，会迎来户外运动发展的"黄金期"。这说明体育产业的发展与消费升级息息相关，经济水平的提升和个人收入的提高让人们追逐更加丰富多元的活动。中国的人均GDP在2018年的时候就突破了10 000美元大关，大众的体育运

动形式也逐渐从室内走向户外，从相对简易、成本较低的跑步、郊游、登山、徒步等形式向更具挑战性、内容更丰富、消费更高的自驾、滑雪、潜水等形式转移。

4. 政策支持，大力推动泛户外运动产业发展

2021年8月国务院发布的《全民健身计划（2021—2015年）》中，提出要建设完善相关设施，拓展体育旅游产品和服务供给，打造一批有影响力的体育旅游精品路线、精品赛事和示范基地。

2022年11月，国家文化和旅游部等14部门印发的《关于推动露营旅游休闲健康有序发展的指导意见》也提出，露营要与户外运动、自然教育、休闲康养等融合，打造优质产品。鼓励支持旅居车、帐篷、服装、户外运动、生活装备器材等国内露营行业相关装备生产企业丰富产品体系。露营项目也出现多元化产品组合的"露营+"模式，包括"露营+玩乐""露营+亲子""露营+景区""露营+温泉""露营+团建"等。中国现有4.7万家露营相关企业，其中，近一半成立于一年之内。预计未来露营市场规模在5至10年内将达到2万亿元。再加上泛户外运动可以为露营地提供更多精彩丰富的内容，未来发展不可限量！

2022年11月，国家体育总局、发改委等八部门印发《户外运动产业发展规划（2022—2025年）》（以下简称《规划》），《规划》显示，截至2021年底，我国户外运动参与人数已超4亿。《规划》提出了我国户外运动产业发展目标：到2025年，户外运动场地设施持续增加，普及程度大幅提升，参与人数不断增长，产业总规模超过3万亿元，建设各类户外运动营地10 000个，打造100个全国知名的户外运动赛事与节庆活动品牌，户外运动管理人才达到十万名、从业者达到百万名、深度参与者达到千万名。

同时，《关于构建更高水平的全民健身公共服务体系的意见》《"十四五"体育发展规划》《户外运动产业发展规划（2022—2025年）》等一系列户外运动政策"组合拳"，为户外运动及其产业擘画出新的发展蓝图。

四、乘风破浪——泛户外产业发展前景展望

随着我国人均GDP的不断提高，户外休闲需求也更为旺盛。桑温特户外董事长程占群指出，早期很多人将户外运动等同于极限运动，与我们的日常生活相隔甚远。而泛户外运动则是要冲破大众对于户外运动的一些认知偏差，更致力于打造一种更加舒适、更加美好的生活方式。ispochina前董事总经理茅大奔认为，中国的泛户外运动发展将主要呈现以下两个方向的趋势，一是从关注高端专业性、功能性，逐渐

向关注时尚性、实用性和关注大众的方向发展；二是户外的界限越来越模糊，我们不必过多地纠缠于泛户外运动准确的定义，更多的是关注泛户外运动给大家带来的倡导回归自然的理念以及低碳环保的生活方式。汉能投资前董事总经理祝春胜通过对泛户外产业的数据研究，指出，中国泛户外产业涉及的行业领域较广，目前大概具有百亿的市场规模。当下的泛户外产业发展仍然面临着比较分散、缺乏龙头性企业的发展制约。泛户外企业与其他任何领域的企业一样，需要经历初创期、扩张期和成熟期三个阶段，也会涉及股权融资、企业发债、发信托等这几个历程，对于这些泛户外企业来说，要考虑如何充分利用好资本市场来助力行业发展。天津财经大学教授梁强也认为，户外运动不是一个单独的项目，而是一个项目群，涵盖了水陆空以及冰雪等气候资源所承载的形形色色、非常丰富的运动游憩机会。当下中国进入到一个非常重要的发展阶段，即人均GDP已经突破了一万美元，已经形成涵盖滑雪，潜水，攀岩，越野、探洞、划艇、自驾等多种业态在内的，"多元边界、多元场景"户外运动方式。

1. 泛户外产业发展前景展望

2022年，博雅方略文旅集团首席专家、北京大学教授、博士生导师窦文章教授提出了"心旅游"的概念，他指出，心旅游是从"心"出发文旅融合高质量发展的高级形式，通过艺术、空间与环境的营造，让人们在文化艺术场景中，身心与文化产生共鸣。心旅游是由表层的感官体验向更深层次的情感、精神和心灵的高级体验转变，徜徉在心灵所归的诗意状态。当下中国的旅游经历了1.0观光游、2.0休闲游、3.0沉浸式旅游，正在走向今天的4.0"心旅游"。从物到人，从外寻求全新体验，到向内寻觅同伴，追逐梦想，直指人心。而泛户外运动所倡导的绿色、诗意、亲近自然与心旅游的发展趋势不谋而合。未来，泛户外运动产业大有可为。

泛户外区别于传统户外的最大之处就在于：泛户外不突出探险性、个人英雄主义。本文推崇体验经济的同时更侧重于融入个人生活方式并强调"博爱、睿智、尊贵、儒雅"的生活品位。而泛户外产业高峰论坛正是致力于为都市精英高压人群打造出一个健康快乐的沟通平台，以都市精英乐活族、高压人群为传播核心，逐渐影响到更为广泛的主流消费群体，最终影响惠及普通大众的日常生活，融入并成为每个普通人的生活方式。

2. 博雅华辉泛户外打造高品质泛户外生活

2022年，由国际泛户外产业顾问委员会（原中国国际泛户外产业联盟）、北京博雅方略文旅集团和阳光100置业集团、阳光壹佰泛户外产业发展有限公司等为主导，发起创建了博雅华辉文化发展（北京）有限公司，围绕文体旅、泛户外产业为广大人民群众打造高品质生活方式。

一方面，公司通过移动互联网平台的链接，为客户提供航空、水上运动、房车露营、越野自驾、徒步、登山、攀岩、骑行、观星、马术、冰雪等泛户外运动，倡导并运营健康快乐的泛户外生活方式。同时还为全国希望加盟泛户外基地的合作伙伴提供咨询、策划、规划、设计、品牌授权、资源导入、客户引流、投资、运营、管理等一站式综合服务。

另一方面，在博雅华辉泛户外的主导下，全联旅游业商会泛户外产业分会也即将正式成立，将在制定行业标准、发布行业指数、政策资金扶持、推动泛户外基地落地、打造全方位的泛户外体验中心、举办权威性的行业大会、推进泛户外学院综合培训、打造泛户外运动精英俱乐部等方面，更加实际全面地助力中国泛户外产业发展。

总的来说，人们对泛户外运动的认知逐渐提升，泛户外生活化日益明显，泛户外产业的从业者们也将乘风破浪，面临更多机遇和挑战。

注：李辉系博雅华辉泛户外文化发展（北京）有限公司总经理，全联旅游业商会（CCT）泛户外产业分会秘书长。吴春玲系北京博雅方略文旅集团研究院研究员。

文旅产业讲稿（三）：心旅游——泛户外产业、健康休闲与中国式现代化

后疫情时代，泛户外赛事怎么办

孙海滨

一、户外赛事的五大影响因素

1. 政府支持

受疫情影响，国内很多大型赛事如大运会、亚运会等都被迫延期或者停办，并产生了一系列的蝴蝶效应，降低了政府对大型赛事举办的兴趣度，波及国内各种中小型赛事的举办。疫情缓解之后，国内传统赛事，比如篮球锦标赛、乒乓球联赛等国家队的赛事以及国内一些金牌马拉松赛事，还会继续举办，但是不容置疑的是户外赛事的财政肯定是要收紧。对于国内的大中型体育赛事来说，60%~70%资金都需要财政支持才能成功，所以，财政资金收缩对行业的影响是必须要考虑的因素。

2. 商业开发

受疫情影响，现在的企业经营比较困难，企业通过赛事广告宣传并不是首选的营销手段，这给户外赛事的商业开发造成了一定的困难。另外，户外赛事的传统的广告回报方式已经无法满足赞助商的需求，比如场地硬广无法为赞助商打开渠道、布局和销量。在赞助形式、赞助方获益方面还需要进行一定的探索。

3. 资本市场

2014年《国务院关于加快发展体育产业促进体育消费的若干意见》（国发〔2014〕46号，以下简称"46号文件"）发布，从2014年到2017年，体育资本进入飞速发展期，不少头部资本投资进入体育产业。但是体育产业收益是一项重服务性、重场景性收益，盈利比较慢，无法满足资本预期收益。从2018年以后到2020年，体育资本市场进入了平稳理性期。再到现在，体育服务产业资本投资已经寥寥无几。现在，我们需要在撬动精神层面的文化资本方面找到一个更好的突破点。

4. 企业成本

近年来，以赛事为主导的体育公司，90%以上都是停滞状态甚至解散。作为以体育赛事为盈利主导的公司来说，国内体育赛事本身是一项非常不稳定的收益，受外界影响因素很大。因此要重点探索如何将体育赛事打造成一项能够持续盈利的活动，确保稳定的收益来源，承担公司的员工工资成本、管理成本等。

5. 行业标准

从2008年以后，一线城市的体育赛事公司开始兴起。2014年46号文件发布以后，一直到2020年，体育赛事公司进入野蛮成长的阶段，导致了一系列事故问题。行业规范是一个产业良性发展的保障，近几年围绕体育管理条例，国家和行业管理机构推出了一系列规范政策文件，这样有两方面的结果，一方面是行业得到慢慢规范，另一方面，也导致体育赛事的准入机制过高，以及体育赛事成本的提高。

二、体育产业相关政策支持

近年来，政府发布的很多文件都提到了户外运动与体育发展。

《"十四五"体育发展规划》。2021年10月国家体育总局印发《"十四五"体育发展规划》，明确提出：鼓励各地利用当地特色和资源优势，培育全民健身品牌赛事活动。紧密结合美丽宜居乡村、运动休闲特色小镇建设，鼓励创建休闲健身区、功能区和田园景区。鼓励城乡基层社区组织开展形式多样的群众性体育赛事活动，引导社会力量承接社区体育赛事活动和培训项目。

《关于2021年中央和地方预算执行情况与2022年中央和地方预算草案的报告》。财政部发布的该报告中提到：支持中华优秀传统文化传承发展，加强文物古籍保护利用和非物质文化遗产保护传承。推进长城、大运河、长征、黄河等国家文化公园建设。这里面也涉及体育公园的建设。

《关于构建更高水平的全民健身公共服务体系的意见》。2022年3月中共中央办公厅、国务院办公厅印发《关于构建更高水平的全民健身公共服务体系的意见》，在第一条"工作原则"，第三条"完善支持社会力量发展全民健身的体制机制"，第四条"推动全民健身公共服务城乡区域均衡发展"中都提到了全民健身与体育发展。

在第一条中提出，要打造绿色便捷的全民健身新载体，促进全民健身与生态文明建设相结合；激发社会力量积极性，推动共建共治共享，形成全民健身发展长效机制；鼓励有条件的地方发放体育消费券，定期发布全民健身城市活力指数；开展全民健身国际交流，与共建"一带一路"国家搭建合作平台，共同举办群众性体育赛事。

在第三条中提出，要积极稳妥推进体育协会与体育行政部门脱钩。夯实社区全民健身基础。将全民健身公共服务纳入社区服务体系，培育一批融入社区的基层体育俱乐部和运动协会。

在第四条中提出，支持京张体育文化旅游带建设。支持新疆、吉林共同创建中国冰雪经济高质量发展试验区。沿太行山和京杭大运河、西安至成都、青藏公路打造"三纵"，沿丝绸之路、318国道、长江、黄河沿线打造"四横"，构建户外运动"三纵四横"的空间布局。

三、后疫情时代户外赛事的应对建议

1. 深挖区域优势，稳定头部赛事服务

近几年省级的赛事公司在赛事组织、运营管理以及专业技术、人才培养等方面已经与一线城市的赛事运营公司没有什么太大的区别了。因此，在地方政府对赛事财政支持降低的情况下，来自地方的赛事运营公司更容易拿到赛事的举办权。此外，对于赛事运营公司来说，地级赛事可以由地方级的赛事运营公司来组织，这样在成本控制、资源整合方面都要优于跨省域的执行公司。地方上比较优质的赛事运营公司，在这方面要多下工夫。

对于跨区域的公司来说，如果不是涉及全球推广或者是全国推广的IP赛事，尽量将自己的资源优势落地到本地区，将本地区的赛事深挖。虽然赛事资金支持降低了，但可以从公益金、赛后奖补等方面得到补助。围绕赛事做常年的培训，系列的营销，获取商业的开发。如果是IP赛事，自主知识产权的赛事，在全国复制的时候，为控制风险收益，一个赛事公司一年基本只能打造四五场赛事，因此，更多的是成立地区合伙人制，通过成立股份公司等方式，来推动IP赛事的全国联动。

2. 做好自身定位，各司其职

专业的人做专业的事情，不同的公司可以抱团取暖、实现共赢。小公司不断地提高自己的专业技能，大公司做好自己的外包布局。比如一场大型的水上运动赛事，后续专业运营需要专业的教练公司和专业的营销公司。因此，行业内的多方合作非常重要，这样能够对人员成本控制进行更好地把控，也大大提高了承担风险的能力。

3. 从 2G 到 2B 至深挖 C 端市场

最初的体育赛事服务主要是2G或者是2B。疫情过后，政府财政收紧，我们要深挖C端的市场。全民健身关乎人民的幸福，国家的强盛，民族的未来。我们也要积极响应全民健身的政策导向，所以要向C端用户持续服务。我们明显能看到现在的赛事的报名费都在逐渐提高。赛事本身要增加特色服务、专业服务、定制服务，做好C端市场服务非常重要。

另外，体育总会对于本地区协会大部分都有一定数量的补助和引导金，本地企业要积极申请、充分利用，能够在一定程度上缓解企业的起步资金、活动资金压力等问题。所以我们倡导体育赛事公司在本地区深挖细作，获取更多的利润。

4. 预埋管道，做好体育新场景

作为体育产业公司，要积极参与到国家重要战略的布局规划之中，如国家新基建建设、乡村振兴建设等。乡村振兴财政是专款专用，体育产业发展要提前参与，进入到规划布局之中，降低场地成本、人员成本等。以户外运动为核心，打造体育新场景，为乡村振兴等赋能。海陆空很多户外运动项目都可以落地运营。体育产业与旅游产业、农业等行业融合发展，打造一系列精品赛事，助力打造一系列精品旅游目的地。比如，我们策划的"国际划骑跑三项赛"，就是皮划艇、自行车、跑步三项运动的组合，是以铁人三项户外探险赛的竞赛形式体现，以挑战、乐观、融合为运动理念，鼓励更多的人投入可持续发展的健康积极生活方式中，体验运动只在山水间的乐趣。

5. 体育赛事资本化

经过一轮资本的洗礼，现在的体育赛事资本投资者寥寥无几，最终也没有达到资本收益的预期。但是经过这波洗礼之后，也让一批想通过体育产业获取快收益、高收益的资本投资者退场了。从另一个角度来说，这也推动了体育产业正常化运营的商业模式。也让我们对于通过资本运营体育产业、体育产业资本金融化也有了一个更高的认识。资本的大量投入也推动了全民健身的热潮。尤其是自主知识产权的IP赛事，要积极借鉴一下影视行业的资本运作模式，通过一个活动推动一个项目，通过一个项目推动一个产业投资，最后这个产业投资整体拉动城市的GDP增长。这是最理想的模式。

6. 行业标准的建议

近年来，国家出台了一系列的加强体育赛事的规范意见。从我个人角度来看，认为行业制定标准不宜过高，要分级分层管理标准，避免行业垄断，阻碍市场发展活力，要真正将"放管服"举措贯彻落实到体育赛事产业的改革之中。

注：孙海滨系北京体育大学教师，凯步锐石国际体育（北京）有限公司创始人。

文旅产业讲稿（三）：心旅游——泛户外产业、健康休闲与中国式现代化

泛冰雪——后冬奥时代新突破

于洋

2015年确定冬奥会在中国举办之后，冰雪就成为大家关注的热点。伴随着2022冬奥会成功举办，大家对冰雪的关注度更达到了一个空前的高度。受疫情影响，近几年冬季很多雪场不能正常营业，但大家对于冰雪运动的热情还是越来越高的，参与冰雪运动的人群不断增加。

一、后冬奥·新趋势

2022年冬奥会，在赛场内，中国获得了9金4银2铜奖牌，位居金牌榜第三，创下了自1980年参加冬奥会以来的历史最佳成绩。这是我们在赛场内看到的，让大家非常激动。

赛场外，中国的冰雪运动热情正处在一个快速的增长期，包括冰雪消费的热情，也是升温非常快。冰雪产业发展在经历了初级阶段，已经发展到现在的蓬勃发展期。亚布力滑雪场开启了中国大众滑雪旅游的起点，到现在滑雪风潮已经蔓延到全国各个地区。

1. 从北方到全国

原来大家对冰雪的概念可能是冰雪只在东北有，或者是在新疆有，实际上现在南方地区也出现了越来越多的冰雪项目。由于冰雪产业上中下游的发展，促使了上游行业冰雪装备器材，包括造雪技术等的革新，能够支撑在南方地区越来越多的室内场馆的出现。中国现在800多家滑雪场里面有30多家室内滑雪场，冰雪已经不受季节的限制出现在大家眼前，大家接触到的户外冰雪场地越来越多。冬季运动相对比较单一，对于热爱运动的人群来说，冰雪运动是冬季比较适合的一个运动项目，也成为冬季备受关注的一项特殊运动。

2. 从冬季到四季

雪场在中国的发展起步较晚，大部分雪场都是在冬季单季运营。近几年受疫情影响，冬季很多雪场不能正常营业。很多雪场已经开始进行从单季运营到四季运营的拓展和延伸。

冰雪场地依山运营，实际上大家在雪场里面选择的运动比较多。因此冰雪运动并不是独立存在的，在一个综合化的山地条件下，可以开展的运动项目非常多，如冰雪运动跟山地自行车、山地体育公园、卡丁车、山地卡丁车、缆车观光、萌宠乐园、徒步、登山、越野跑、定向越野、滑翔伞、ATV、UTV，包括儿童的一些小滑步车、草地车、溜索射箭甚至马术等等相结合。越来越多的雪场开始借助自己的优势，拓展雪场在其他季节的山地运动可能性。比如太舞滑雪场、富龙四季小镇滑雪场等，都开展了一些夏季的运动。借助山势，在冰雪运动场地里，利用已有的资源来拓展更多的山地运动。

3. 从"中国制造"到"中国智造"

冰雪产业上游，如装备制造、器材设备等，开始从"中国制造"到"中国智造"的转变。原来雪场里的核心设备、器材，都要依赖进口，包括2022年冬奥会，很多设备，像室外雪场设施、造雪机、压雪车等，很多东西还是依赖进口，包括目前国内大部分滑雪场使用的设备器材也都是以进口为主。

在中国二十多年的发展过程中，很多产品也在逐步实现国产化。卡宾滑雪集团也在做产品的研发、生产加销售。像造雪的大型设备、造雪机、压雪车，包括一些存储系统、安全防护系统，还有大众使用的个人装备，如带双板的滑雪板、头盔、眼镜、滑雪服，等等，都已经实现了国产化。在大众接触的装备里，虽然还是以进口为主，但是现在越来越多的国产品牌已走向大众的视野，大家在商场、超市、迪卡侬都能看到好多雪板、眼镜、头盔、雪服，这个销售额越来越多，李宁、安踏这些品牌都有滑雪服了，越来越多的国产品牌走进大家的视野。国产品牌的品质与它的研发、用料等也逐步跟国际接轨。

很多先进材料都在国产品牌中得到了应用。从冰雪产业的上游来说，在这个领域我们也进行了比较大的革新，这二十多年在这方面也有了比较大的发展。虽然国产品牌没有在大众C端市场占据核心的市场，但是目前国产品牌这两到三年，尤其是这几年，变化还是比较大的，大众接受度也是比较高。虽然现在冰雪产业链的国产品牌发展还有一段路要走，但我们已经有了很多优秀的品牌走进大众的视野。

4. 冰雪教培：从单一到多元

从雪场的管理本身来说，也出现了从单一到多元的变化趋势。对于产业的教培，不仅仅包括雪场的专业技术管理培训、场馆运营管理、场地开发与维护等，还包括一些山地运动指导、山地运动创伤救护、提升设备安装、操作与维护等。在很多商场大家都能看到一些滑雪模拟机的培训等，这说明了冰雪产业链管理从单一到多元的转变。

二、泛冰雪的概念

冰雪产业慢慢走入更多人的生活，尤其是国家倡导的带动"3亿人上冰雪"，很多人从"看冰雪"走到"泛冰雪"，并不是说只有亲自到滑雪场滑雪才叫"上冰雪"，实际上我们现在推广的还是"泛冰雪"的概念。泛冰雪就是让冰雪无处不在，不分季节，不分场地，在各种商业性设施里面都能经常呈现。像现在的冰雪产业技术，包括飘雪的技术、制冷的技术、造雪的技术等，都能实现在常温下20多度"夏日飘雪"，在任何的时间、地点都可以来一场漫天大雪，在技术上还是有很大的突破。

我们在商场里面常温下也能看到飘雪，穿着短袖的时节也能实现飘雪，这都可以通过飘雪机来实现，甚至是比较简单的。冰雪产业链在商场里面，包括一些冰雪主题酒店配套服务的冰雪文化元素等，它们展现的方式是多元化的，这就涉及冰雪产业本身的内涵以及冰雪文化的深入挖掘。世界滑雪起源地在中国新疆阿勒泰，中国的滑雪文化在新疆地区有一些推广，但是在中国其他地区，中国的滑雪元素和推广还是比较弱的。因此我们也在积极进行滑雪文化推广等这方面的工作。

东北地区有很多非常有特点的、跟冰雪有关的美食，像冻梨、冻山楂，还有一些冻的果子，尤其冻梨、冻柿子，在北方比较普遍，南方人则会觉得很新鲜。这几年我们在推广南方室内滑雪场的时候，也会有意地把北方的这种跟冰雪有关的美食推广到南方，也让大家体验到跟冰雪有关的一些美食文化。

中国有着古老的滑雪文化，一万多年前在中国新疆阿勒泰地区就已经有了滑雪，当时滑雪是一种出行方式。当时打猎狩猎是踩着毛皮滑雪板，在山坡上自由滑雪，追逐猎物。手里拿着弓箭，就可以打猎。包括我们现在看到的越野滑雪比赛等都跟古老的滑雪方式分不开。以古老的滑雪运动形式为场景原型，转换成了当下的体育运动与比赛。我们也希望在推广中能够让大家了解到新疆在一万多年前就已经存在滑雪。

在挪威世界最大的滑雪博物馆里面有关于雪杖文化的展示。雪杖有不同的外形及不同的功能，这是很有意思的演变过程。作为一项运动，我们希望大家去多多了解滑雪运动的历史与文化，这是非常有意思的。在国内类似这样的文化展示还不多，我们希望滑雪文化能够在中国得到更多的普及。

现在关于冰雪产业的文创产品也越来越多，冰雪相关的首饰如项链、耳环等我都看到了。尤其是2022年冬奥会成功举办，推出的一系列冬奥相关文创产品，得到了大家的深深喜爱，包括冰墩墩，现在很多钥匙链也都用到了冰雪文化，比如小雪鞋、小滑板，都很受大家喜欢。未来会产生越来越多跟冰雪相关的生活冰雪小情趣，给大众带来更多的惊喜。

三、玩转泛冰雪

在山地运动场地，一些原来戏雪的场馆，在非冬季旺季的其他季节，我们卡宾滑雪集团考虑做一些主题乐园，把冰雪和冰雪场地拓展成四季化。冰雪在我们的生活里，其实是可以延伸的。

雪场在景区里面出现得越来越多了，因为景区基本上是三季运营，到冬季的时候很多景区都关门了，没有游玩项目。冰雪可以作为景区冬季补充的一个核心项目。冰雪项目还出现在酒店、城市的公园、温泉，甚至广场等处，一些泳池、户外营地、湖面、河面，包括高尔夫球场、卡丁车场等，都可以出现冰雪场。随着冰雪技术的提高，建冰雪场馆的场地越来越宽泛了，突破了以前的局限性。

例如崇礼的富龙四季小镇。这个就是冰雪加地产加四季度假小镇模式的山地运动综合体。一座普普通通的山，通过发展冰雪产业，实现风貌和经济的双重蜕变。在这里还开放了夜场，虽然冷，但是也挡不住大家夜游的热情。富龙四季小镇也是非常特殊的一个项目，在全球可能都是非常有特点的一个项目，它接待的雪友80%都是单板滑雪爱好者，那里有一个非常大的单板公园，聚集非常多的年轻人，该地是一个很时尚、现代的滑雪场。它在夏季也是持续做一些夏季项目的运营，包括山地运动等。又如狼牙山冰雪项目。从一个小山村的土山、玉米地、菜地，发展为中国最大的四季游乐场。2018年雪季3个月接待35万人次，实现了冰雪产业带动地区发展。

上面讲的主要是在北方地区，在南方地区或者四季的冰雪场馆怎么来实现？实际上现在的技术也已经突破了。在南方比较高温的地区，卡宾开发了一些不受温度影响的造雪方式。通过集装箱式的造雪机，使得造雪技术不受温度的限制和控制，在任何季节都能实现造雪，都有技术支撑。比较稳定地实现四季滑雪的，就是室内冰雪场馆，常规结构的室内滑雪场，在南方也越来越多。

总结一下，今天给大家分享的主要是要把冰雪产业向更广泛的范围拓展，而不是把它局限在仅仅是室外滑雪场或者是室内冰雪馆，我们可以在任意的空间和任意的季节，随时随地下一场雪。希望冰雪能给越来越多热爱户外运动、热爱山地运动的人，在冬季或者其他季节，都能带来快乐。也希望越来越多的人热爱冰雪，越来越多的人参与到冰雪运动中来，在冰雪世界里享受不一样的乐趣。

注：于洋系卡宾滑雪集团总裁。

滨海旅游中的泛户外运动

周森

滨海旅游中的泛户外运动，和海洋有关。我是中国最早的一批户外运动爱好者，那时候讲的户外运动，主要还是指一些传统意义上的极限运动，比如山野的重装徒步、攀岩、溯溪、洞穴等，所以对泛户外运动的概念也是最近几年才有了一些了解，在这里想分享个人一个观点，泛户外运动其实可以理解为阳光下或天空下的人体运动，一个泛字，包含的范围就是相当得宽泛，从发展脉络上看，泛户外运动是在极限运动基础上演化而来的一种更为普及化、休闲化、生活化和时尚化的大众的健身运动。

至今有争议的就是户外运动和极限运动是不是两个概念？其实从运动形式上讲属于同一个概念，可以统称为泛户外运动；泛户外运动跟全面健身运动更吻合，是一个应运而生的理念或者形式。旅游也是同样，从最初的观光旅游到后来的度假旅游，再到后面的体验式旅游（或者是叫沉浸式旅游），现在已经谈到了泛旅游。所以泛户外运动跟泛旅游一样，与传统形式相比，实际上规格要更高。

今天要讲的滨海旅游是以海洋作为大背景的。海洋其实是地球上最广阔的水体，面积大概是3.6亿平方公里，占地球面积大概是71%。海和洋是有区别的，洋其实是海洋的中心部分，海是海洋的边缘部分，准确讲，海又可分为边缘海、内陆海、地中海三个部分，全世界有50个左右。中国的海岸线绵长，海洋的地理地貌以杭州湾为分界，杭州湾以北主要是山地港湾和平原港湾，呈交错分布；杭州湾以南海岸地形比较陡险，海蚀地貌特征特别明显。中国是面积广袤的大陆国家，同时也是一个海洋国家，河姆渡遗址断代可以追溯到7000年前，在浙江萧山湘湖出土的独木舟，可以上溯到7500~8000年，先民早已在海洋中获取资源。

中国知名滨海旅游度假目的地有大连、秦皇岛、烟台、青岛、连云港、南通、上海、舟山、温州、宁德、厦门、珠海、湛江、北海、海口、三亚等。各地海洋旅游城市正在跟中国汽车流通协会一起联手打造中国黄金海岸旅行生态体系，主要目的是想赋能海洋旅游发展,这个月(2022年6月)底将在山东的烟台举行有关黄金海岸建设的研讨会。世界顶级海滨旅游度假目的地我大致罗列一下,比较著名的有夏威夷、佛罗里达、坎昆、巴拉德罗、大溪地塔西提岛、里约热内卢、尼斯、戛纳、索伦托、卡普里岛、伊斯坦布尔、迪拜、毛里求斯、澳大利亚黄金海岸、华欣巴厘岛和皇后镇等。

滨海户外运动有两大形态,可以分为水面、空中、海面的上空部分三种,形式有竞技类比赛、游戏类等等,现在讲究更休闲、更有情调的滨海户外运动多一些。海洋户外运动基本在春夏秋三季,冬季少一点,所以有季节性分布特点,地理位置及气候也决定了热门地的移动性;还有一个就是参与性,男女老少没有年龄限制都可以参与,都可以找到适合自己的运动形态。运动形态包括游泳、帆船、帆板、皮划艇、浮潜、深潜、水上摩托、滑板冲浪、海上划水、水上飞行器、海上滑翔伞、水上电自行车、游艇海钓、拉网捕鱼、香蕉船、海底漫步等,滨海户外运动有很多内容,它具有海洋性、季节性、丰富性及参与性四个特点。

中国海洋文化节主要是在浙江的岱山县举行,每年7月份青岛啤酒节也有很多滨海运动内容,其他各地也有很多不同的与海洋有关的活动,有名的亚洲沙滩运动会是重大的体育赛事之一,每两年举办一次,设置沙滩运动和水上运动两大类,运动项目大概数十种。跟海洋旅游相关联的"世界海洋日",是联合国在2008年的63届联大通过的第111决议,定为每年6月8日。欧盟海洋日是5月20日,日本海洋日是每年7月份第三个星期一,英国海洋节是8月24日,美国海洋节是5月22日。

泛户外运动是滨海旅游不可或缺的重要内容,滨海旅游离不开泛户外运动,又更多一些体验性,滨海户外运动属于休闲度假旅游高度发展的产物,将不断推陈出新,更应该注重高科技,高体验感,所以也必将为泛户外运动爱好者们所喜爱。

注:周森系全联旅游业商会自驾游与房车露营分会副会长、中国公路学会丝路交旅出行服务研究院特聘研究员。

马文化与大文旅

蔡猛

在奥运会赛事中,与动物相关的唯一的一项赛事就是马术。它体现了户外运动的精髓,就是人与动物、自然的一种高度和谐,所以在泛户外运动中,马术是非常重要的组成部分。

马术运动是当前世界各国普遍发展的体育项目,在奥林匹克运动会、亚运会及洲际运动会都设六枚金牌。中国的马术运动在当前也已经有了很大的发展。1982年,中国参加了国际马联,尤其是2008年北京奥运会以后,中国的马术运动步入了快车道。但是,中国的马术产业尚未完全形成。在传承马文化,让马术运动服务社会,实现经济效益方面还需要探索。

一、马文化的形成

马的出现有悠久的历史。大概在5800万年前,马就出现了。到100万年前左右,马的体型已经和今天的马差不多了,叫做"真马"。人接触马的过程最初是杀马取肉。在这个过程中,马进化速度加快。大约7000年前,在哈萨克斯坦一带,开始有人驯化养马,当有了控制马的装置后,就有人骑上马背,从这一刻起,人类文明便从马背上加速进行了。约3000年前,出现了马战车,2600年前的古代奥林匹克运动会出现了奥运会马车赛和人骑光背马比赛。2400年前赵武灵王提出胡服骑射,到2100年前汉武帝动用骑兵打败匈奴。到1600年前的东晋,中国人发明了马镫,约400年后,在欧洲才得到推广。直到1900年,第二届现代奥运会,马术运动成为了最古老的奥运会项目。

二、马术运动的主要类型

马术比赛,是一种人和动物共同完成的比赛,需要骑手和马经过反复训练,在赛场上展现优雅、胆量、敏捷和速度。马术运动主要有五类：一是由国际奥组委举办的奥运三个项目的比赛，分别是盛装舞步赛、越野耐力赛和场地障碍赛。三个项目需要在连续三天内，用同一匹马配合完成比赛；二是由国际马联组织举办的比赛项目，这包括除了奥运三个项目外，还有国际耐力赛、四轮马车、马上体操、西部驾驭等项目，其中，国际耐力赛非常火爆，在国内安徽的砀山、河北的衡水安平以及锡林郭勒等地都举办过国际耐力赛；三是由国际马球联合会主办的马球赛；四是占整个马竞技半壁江山的速度赛马（包括单驾车赛马），这就是我们常看到在国外的博彩赛马；五是民族赛马，包括蒙古族那达慕中的长距离赛马、美洲西部牛仔绕桶赛马、骑野马等世界不同民族的马竞技游戏。

三、马文化的主要内涵

1. 草原游牧文化

人畜逐水草而生的自然法则孕育出独特的草原游牧文化。在草原上，牧民独有的生活方式、生活习惯、文化特色等，构成了独特而颇具魅力的草原游牧文化要素。如蒙古高原上，牧民居住的是特色的蒙古包，唱的是悠扬长调，饮食上吃的是手把肉，喝白酒。同时，当地还具有一些特色民俗活动，比如传统的耐力赛马、骑射、套马等。这些共同构成了草原游牧文化的要素，它的吃、住、游，包括纪念品旅游等，都已经形成了一套完整而成熟的产业链，原汁原味，具有浓厚的文化色彩，已经延续了上千年。

2. 美洲西部牛仔文化

西部牛仔（West cowboy），是主要指1840年至1900年这60年的以美国为中心的南、北美洲大陆，牛仔们把牛赶到市场或车站，在广袤的土地，他们是开发荒野的先锋，富有冒险和吃苦耐劳精神，被称为"马背上的英雄"。西部牛仔马文化崇尚自由、勇敢坚定的牛仔精神。西部牛仔马文化特色体现在食、住、行各个方面，典型的由石头、铁、木等原生态材料打造的美式房屋住宿，品美式烤肉，流连于形形色色的牛仔酒吧，感受原汁原味的乡村音乐，欣赏独具特色的西部马术表演。比如美国的沃兹堡马城，走在石板路上，到处都是穿着牛仔靴，穿着牛仔裤，戴着牛仔帽的人。街道的商铺全都是跟马术产业相关联用品。随意打开一扇门，你可能就会发现一个骑马的小院，在里面有马术相关的表演。这样的小镇，就很有特色。美洲西部牛仔马文化的迅速走红，主要是好莱坞西部电影大片的推动，世界时尚服装大展（西部牛仔时装）贡献也不小。

3. 欧洲贵州文化

马术，狭义指奥运会三个马术项目，这项运动里，人马默契的配合尤为重要。现代的马术起源于英国，16世纪开始在欧洲大陆的王室和贵族阶级中流行。欧洲在长期的生活中，将他们受教育的程度，包括在军事打仗过程中对马的训练的能力，和他们的一些礼仪，包括骑士精神，包括贵族的一些素质，这些东西都融在了马文化中。奥运会三项运动，盛装舞步、场地障碍、三日赛等都是从欧洲发源起来的。比如驯马实际上就是盛装舞步的前身，而场地障碍等三项赛则是战争模拟留下来的一种竞技。在奥运会马术比赛中，大家都穿着西装、燕尾服、扎着领结，体现了欧洲贵州精神。在当今奥运会马术比赛中，规则规定，军人可以穿军装参加比赛，充分说明了马术来源于军事用途这一渊源。

四、融入马文化，助力牧民致富和城乡文旅大发展

马文化是中国传统文化的重要组成部分，同时也是一种积极向上的精神力量。我体会比较深的是我在草原的时候，见到有个牧民养了200多匹马，我问他养马挣钱吗？他说不挣钱。我又问他，不挣钱还养它干什么？为什么不换成养牛养羊？他说：我们祖祖辈辈都养马，我们是马背民族，就是不挣钱，也要养马。这充分说明了草原上的马背民族有着深深的马文化情结。马文化正在逐渐消失，急需传承。我非常希望马文化能为中国的大文旅增添光彩，发挥作用。

马文化在中国大文旅发展中，包括康养文旅、乡村振兴等领域中，是一类宝贵的资源，是大文旅差异竞争中的宝贝。现在，此类项目设计中，大部分都是以农家饭、花海、小食街等方式打造乡村旅游，严重缺乏独到的文化核心。而马文化历史悠久，马术运动是所有体育项目中最早出现的，是户外运动的至高点，它体现了人与动物、人与自然的高度融合理念，无论是比赛也好，表演也好，以及人与马相处的关系，这些都能够为文旅发展项目带来一些差异化的吸引点。把三大马文化——草原游牧文化、欧洲贵族文化、美洲西部牛仔文化这三种文化的细节打碎，每个细节都能融汇到吃、喝、玩、乐中，给游客带来全新体验，为乡村建设带来新的亮点。

从国内来说，国内最适合发展马文化大文旅的地方有两处。一处是北纬40°黄金养马线，这里是农耕民族和游牧民族交汇的地方，这种地区非常适合开发马文化。同时，这条线也是黄金葡萄酒线。葡萄酒与马文化结合是欧洲贵族马文化的历史传统。如张家口市怀来县政府，专门策划了葡萄酒庄园消费与骑马旅游活动的有机互动。在国内，目前已经形成了锡林浩特——中国马都，衡水安平——中国马业名城两大品牌。以这两个区域为突破口，借助品牌的力量，借助文化的力量，打造更多

马术运动特色旅游项目地。

另一处,是经济发达地区,在长三角、珠三角。南方多年的实践已经成熟。比如香港赛马,这充分说明在那里养马也是可以的,这就是行业的新空间。

中国是养马大国,目前排在世界前五名,拥有近500万匹马,中国五千多年的马文化历史,已融入百姓的血液中 。当今,弘扬马文化,让马文化融入我们的生活,不仅仅能够提升人民生活的幸福指数,同时也能够为养马人带来经济效益,带领牧民养马致富并延续马文化历史,正当其时。

一位草原上的领导发出感慨:"钱没了可以挣,房子没了可以盖,可马文化消失了,就再也回不来了。"比如,现在长距离赛马的驯马手越来越少,因为养马不挣钱,愿意从事这个事情的年轻人不多,这是非常可惜的。包括我们过去用的马鞍,现在也极难找到了,很多都被日本人、韩国人买走,留下种种遗憾。所以,希望各地区,能够根据地貌、历史、风俗等,选择合适的区域,在乡村振兴、大文旅建设中注入马文化,通过旅游节庆如马术节、马术博物馆、马术文化体验、骑马旅游等活动,结合城乡大文旅,从而实现经济效益提升,推动马文化的延续。

近几年,我们欣喜地看到,天马出疆和蒙马出塞等活动此起彼伏,国产马代替部分进口马,进入全国3000家马术俱乐部已成为必然。马术院校爆发式增长,已有100多所,马术产业人才市场需求巨大。武汉、沧州市马术研学已一马当先,京、津青少年马术运动一路高歌。虽然近三年疫情严重,但仅北京马术协会三年中就举行了近150场各类马术赛事,可见群众对马术运动的热情之高。在乡村振兴的大潮中,马文化在河北得到发展。张家口康保县、塞北牧厂、保定涞源、易县、沧州青县马文化大型设施有的已经建成,有的已获规划许可,并拿到用地。中国马术节从北京、成都已移师河北衡水安平(中国马业名城),并成功举办。这一切都预示着我国泛户外运动之一的马术运动和马文化,将在乡村振兴的大军中成为异军突起的新军。

注: 蔡猛系央视体育节目前著名主持人、中国马业协会副会长。

草木蔓发，青山可望
——浅谈户外营地的开发设计

谢雯

悄然间，"精致露营"火了！受疫情影响，无法远行的日子里，精致露营成为人们放松自我、亲近自然的重要生活方式。

首先，发展泛户外运动得到了政策层面的推动。2022年3月23日晚，中共中央办公厅、国务院办公厅印发《关于构建更高水平的全民健身公共服务体系的意见》，其中明确提出要大力推动户外运动发展，编制好户外运动产业发展规划，构建户外运动"三纵（沿太行山和京杭大运河、西安至成都、青藏公路）四横（沿丝绸之路、318国道、长江、黄河沿线）"的空间布局，开展自然资源向户外运动开放试点。规格更高，对户外运动产业发展格局着墨更浓，提出了诸多希望和切实要求。

其次，精致露营是后疫情时代的情感出口。在疫情尚未消退国内持续严防严控的背景下，国内游成为居民出行旅游的主要方式，而兼具旅行、运动、健身等特性的户外休闲露营，已成为众多国人的最爱。越来越多的人走出城市，亲近自然，使得户外露营悄然走红。

最后，经济发展到一定程度以及人均汽车保有量的提升推动精致露营热。当人均GDP超过10 000美元之后，以露营为代表的户外运动将迎来发展拐点。和之前的以徒步露营的形式不同，精致露营是把整个会客厅搬到郊外来的一种社交活动，非常有仪式感。当汽车的普及率达到一定程度后，大家都想去追求诗和远方，更重要的是人对大自然有天然的亲近感。精致露营就像一次工业文明和人类基因的隔空拥抱。

一、泛户外运动基地的几个界定

泛户外运动是相对于室内运动而言的，从广义角度看，泛户外是走出家门的户

文旅产业讲稿（三）：心旅游——泛户外产业、健康休闲与中国式现代化

外运动休闲活动；从狭义角度看，泛户外是指在户外环境中进行的与大自然亲密接触、参与者自主自愿体验的，通过自身努力能够得到体能和身心锻炼的旅游活动，因此，狭义上的泛户外休闲运动即是泛户外运动的本义。

1. 泛户外运动的发展阶段

从生存本能到游山玩水亲自然，户外运动经历了三个阶段。

一是早期，户外运动作为一种生存手段；二是"二战"前后，户外活动走出军事和求生范畴，成为人类娱乐、休闲和提升生活质量的一种新的生活方式；三是现代的户外运动休闲阶段。1989年新西兰举办的首次越野探险挑战赛后，各种各样形式的户外活动和比赛在全世界如火如荼地开展起来。目前在欧洲每年都有众多的大型挑战赛举行。在美国，户外运动的参与人数和产值都位居所有体育运动的第三位。

2. 泛户外运动的发展类型

从泛户外运动的运动形式上看，主要可以分为以下六种类型：一是水面运动及航海类，包括潜水、游泳、航海冲浪、帆船、摩托艇、水上摩托等；二是陆地运动及单车运动，包括徒步、单车等；三是山地运动及地下活动，包括登山、速降、攀爬、探洞等；四是机动车船及航空运动，包括摩托为主的山地越野、公路竞赛，以汽车为主的越野、探险，各类滑行活动，如有滑雪、滑冰、滑板等；五是野营活动及猎捕饮食，包括野营露营、打猎野炊、采集花草、模拟野战、拓展训练、荒岛生存等；六是娱乐休闲及军体运动，如狗车、爬犁、自行车、独轮车、彩弹野战、射箭射击等。

从场地类型来划分，户外基地可以分为五大类型：一是山地森林户外运动；二是荒漠戈壁户外运动；三是人工建筑户外运动；四是高原河谷户外运动；五是湖、海、岛户外运动。

如北京怀柔泛户外基地（多布营地）就是这样一个典型的高原河谷户外运动类型的基地。该基地位于北京怀柔青龙峡景区（4A级景区），距北京市区80分钟车程。占地及水面共200亩，日接待最大人数2000人。项目特色有长城、峡谷、湖面、草地等自然美景，融合时尚炫酷的户外运动项目打造北京第一国际户外休闲营地。现在可为客户提供野奢露营、帐篷酒店、自助烧烤、洞穴咖啡、溯溪攀岩、露天泳池、儿童捕鱼、沙滩排球、古船寻宝、草坪运动以及皮划艇、SUP桨板、冲浪板等炫酷水上运动，以及木工坊、淘金体验、户外用品商店等特色服务。开业至今好评如潮，创造了社会效益和经济效益双丰收。

3. 旅体文商养融合创新发展模式

泛行业营地能够与很多文旅业态相结合，如景区、公园、度假区、体育小镇、体育公园、体育场馆、商业街等，以及各种各样的商业载体、产业园区等都形成很好的呼应与融合。基于这样的理念，博雅方略提出了"旅体文商养综合开发及泛户外基地开发"的基本模式，即打造"核心吸引中心"，作为核心吸引力的基石；构造"休闲聚集中心"，留住客人并扩大其消费的载体；创造"延伸发展中心"，实现创造利润与获取土地增值效益的根本（图1）。

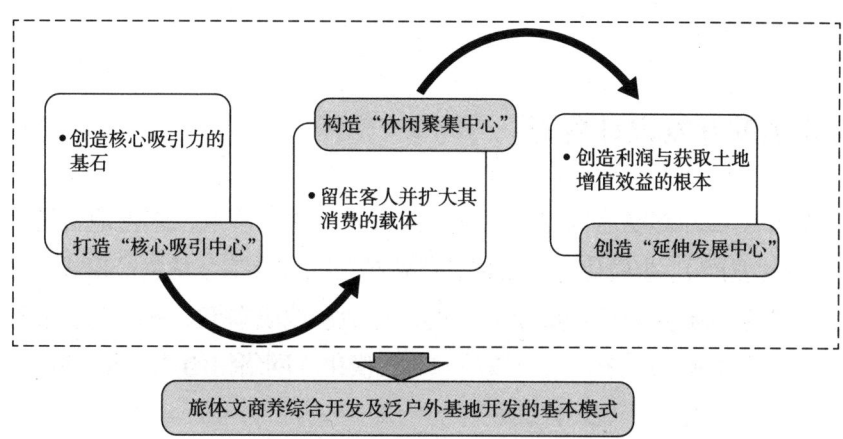

图1　旅体文商养综合开发及泛户外基地开发的基本模式

二、露营地的本质讨论

营地是露营活动的聚集地和发生地，是在原有的自然、生态基础上人为地进行相关设施的建设与管理，从而为营地旅游发展提供吸引物、环境依托、内容载体，进而满足游客以露营体验为主，休闲、娱乐、体育、观光、养生、科普、餐饮等多种功能为辅的旅游体验。它以露营体验为核心，以旅游服务为基础，以主题休闲为特色。

1. 露营地的特征

露营地有三方面的特征，一是自然，它强调户外。对比普通的设施，营地更依赖和强调自然生态环境，以及与户外环境的兼容性和可持续利用性，提倡以"借景"等方式设计适合游客的丰富自然体验。二是自乐，营地作为户外休闲平台，在中国市场上吸引人气的首要原则是特色体验。与其他旅游项目对比，营地更像依托自然的主题公园，活动涉及旅游度假、运动休闲、品质生活等方方面面。三是自由，营地在交通方式（人车一体）、进入方式、行为方式（家庭休闲生活）、游乐时间、空间规模上更加具有"自由"的特征。

2. 露营地开发原则

露营地开发的基本原则主要有以下三个方面：一是Site，露营地的基本构成单元是营位（Site），而不是房间（Room）；二是Sight，露营地的环境营造方式是借景（Sight），而不是造景（Build）；三是Light，露营地的开发建设理念是轻质（Light），而不是重开发（Heavy）。

三、露营地的开发设计要点

所有的开发设计都要运营前置。从商业模式上探讨营地，露营地就是一个"重（资产）+轻（资产）、规模化、网络化、产业链"的综合体。从资产模式上来说，先重后轻，因为前期需要一些基础设施建设，包括拿地成本等。从形式上来看，营地伴随着自驾的趋势顺风而来，它应该是一个规模化、网络化的"开源空间"。露营地开发设计主要重点关注以下三个方面：

1. 营地选址

营地建设是一项综合性内容。在营地规划中，环境条件、地质地貌、用地性质、场景开发、主题特色等都需要精准定位和顶层设计。博雅方略认为，营地规划设计选址布局要遵守以下几方面的原则：一是交通良好；二是距离相对客源区位在2.5小时车程以内；三是周边环境旅游资源丰富；四是遵循动植物保护理念；五是50公里内要配备加油站；六是达到安全救助标准。

2. 项目定位

项目定位主要基于三个基础条件：一是基于商业模式，基于商业模式设计（运营、需求）的经营方针和具体功能定位及选择；二是基于基础条件，基于客观基础条件（区位、关系）的资源评价和项目起步层次判断；三是基于场地条件，基于场地综合条件（环境、规模）的成本预计和主题特色定位及表现。通过这三个方面确立整个项目的定位。

3. 功能体系

选址和定位后，下一步就是对营地进行功能分区和功能开发。博雅方略构建了

"9+1+1"这样的营地功能体系,即包括道路交通设施、养护设施、生活服务设施、休闲娱乐设施、专项设施、基础设施、商务设施、景区辅助设施、管理设施等在内的9大基本功能与1大主题活动、赛事和1大周边玩法。

注:谢雯系北京博雅方略文旅集团研究院常务副院长。

文旅产业讲稿（三）：心旅游——泛户外产业、健康休闲与中国式现代化

去徒步吧，与健康同行！

白墨

进入7月，一年一度的暑期旅游进入高峰期。疫情后的避暑游客为保障安全和隐私，更舍得花钱去提升品质，希望能安排更多与"健康"元素相关的项目，如徒步等特色项目。"医学之父"希波克拉底讲过："阳光、空气、水和运动，这是生命和健康的源泉。"徒步运动将这四者完美地结合在一起，使人们在与自然的对话中健康体魄，舒缓神经，陶冶情操，培养自信和乐观精神。后疫情期的徒步使得人们将更加向往绿水青山承载的美好生活幸福感。

一、徒步概述

1. 相关概念

徒步（Hike）：亦称远足、行山或健行，出于徒步者的主观愿望，是一种主动性的步行和休闲运动方式。从运动方式讲，徒步指有目的的在城市、郊区、农村或者山野间进行中长距离的走路锻炼，也是户外运动中最典型和最普遍的一种。短距离徒步活动相对简单，不需要太讲究技巧和装备，是一种休闲运动。而长距离徒步，应具备较好的户外知识技巧及装备，有着极大强度和体力要求，挑战着人们的心理素质和身体素质，是极限运动的一种，有着广泛的参与基础。

广义上，徒步既是相对于乘车、乘马而言，又是相对于跑、疾走而言，它泛指一切步行的行为。狭义的徒步一般专指徒步运动。徒步，可当成茶余饭后休闲的一种随意活动；远足亦称作徒步或健行，可理解为"长途步行运动"，也包含"翻山越岭的长途步行"，多数是在城郊和乡村间进行；徒步与远足都采用步行，但远足更强调"长途"，强调出行距离的远近，而徒步的目的性和运动性更强。徒步活动可在自然或半自然环境中进行，如城市、乡村、山林、草原、高原、沙漠、雪原、溪流、峡谷、海滨等。

徒步旅游：经常被认为是最亲近大自然的一种活动，指沿着山间小径行走，旅游者边走、边游、边看，不受时间或季节限制，从容不迫，自由自在，徒步旅行线路可长可短。国际市民体育联盟中国总部（China Volkssport Association，简称CVA）对此的解释：徒步旅游是指旅游者以徒步为主要旅行方式的一种旅游形态。即旅游者具有明确的旅游意识，用行走的方式在走进自然景观和人文景观中获得强烈的旅游体验。

徒步旅游不同于一般意义上的旅游，是对传统的旅游概念从内涵到外延的新延伸。与传统旅游比，旅游者具有更加明确的旅游意识，旅游行程可弹性变化。由于徒步旅游的高参与性和简单易行，旅游者不仅能从自然和人文景观中获得强烈的旅游体验，而且作为一种体育健身的方式，能有效地增强旅游者的体质，锤炼旅游者的意志。

步道：步道指的是绿色景观线路，是沿着河滨、溪谷、山脊、风景道路、沟渠等自然和人工廊道建设，可供游人和骑车者徜徉其间，形成与自然生态环境密切结合的带状景观斑块走廊，承担信息、能量和物质的流动作用，促进景观生态系统内部的有效循环，同时加强各密近斑块之间的联系。

休闲旅游步道：是指位于山岳、海岸、郊野或城区园林中，经过审慎勘察，规划设计建造的国民徒步休闲体验廊道，是一种以自然生态环境为背景，以户外休闲游憩为主要形式，融交通通达、徒步观光、散步健身、生态教育和娱乐体验等多功能于一体的户外休闲产品形态。

国家步道：国家步道是指跨越国家典型自然特征地，以及各类遗产地的长跨度、高等级的步道，是由国家或国家部门负责管理的步行廊道系统。国家步道是通过徒步、骑行、骑马、划船、滑雪等方式向世界展示能够代表国家形象与特征的风景、文化、历史风貌的步道。各国对国家步道的基本的共识是指跨越国家典型自然特征地，如高山、峡谷、河流、森林、沼泽、沙漠或草原，以及各类遗产地的长跨度、高等级的步道，并由国家或国家部门负责管理的步行廊道系统。

国家森林步道：指位于全国重要生态功能区，跨度长，具有自然与风景、历史与文化的国家代表性，跨越众多名山大川、典型植被类型或生态类型的一系列线性通道网络。

徒步运动在国外有悠久历史，并有最广泛的群体参与，其主要原因是建设了发达的国家步道系统。

2. 徒步辨析

"徒""步"在古文献中最初都是单用，"徒"最初表步行，一般相对于车、骑而言，而"步"表步行，则多是相对于"走（跑）"而言的。随着语言的发展，"徒步"结合使用代指平民。从近代开始，重新被用来专指步行。英语中徒步一般译为hiking，也译为trekking，区别是hiking较偏重运动，而trekking则更偏重旅游观光和休闲。在以英文为母语的国家如美国，徒步一般叫作远足、徒步旅行，在英澳被称为艰苦跋涉。在澳大利亚这种形式的徒步背包或丛林行走背包也叫作bushwalking。

现代城市的拥挤喧嚣、竞争激烈及机械化的惯性生活方式使人们渴望接触外部自然，摆脱常态，是徒步活动的主要动机。从体验上来讲，徒步更多是为了体验环境，享受徒步过程的乐趣。徒步运动是建立在对自然的尊重和理解的基础上的人类体验活动，其终极目的是主张一种自然条件下身体和心理的舒适体验。徒步者体验获取的多寡受其参与程度制约，在通常情况下，参与程度越高，越能得到更深层次的体验。徒步的体验性与参与性呈现出一种相辅相成的关系，两者互为前提，互相促进。

一般徒步空间分三种：一是人文空间，如老建筑街区、历史遗迹、传统文化等，空间徒步者在徒步过程中主要的体验内容为人文特色氛围；二是自然风景空间，主要体验内容为自然环境，如森林公园、林荫步道、河畔湿地等，给人们回归自然的体验；三是两种空间结合，在自然中穿插人文要素形成混合空间，如修剪成几何形态的植物、自然公园中的雕塑等，城市徒步空间既包含自然空间也包含人文空间，实现自然与人文的双重体验。

国际上对徒步的难度与距离的关系阐释如表1所示：

表1 国际步行难度分级系统

难度等级	步行时间（h）	旅行距离（km）	高程变化（m）
容易	<3	0~9.6	从开始到305
中等费力	3~5	9.6~19.2	0~610
难	5~8	19.2~24.0	0~915
非常难	8~10	24.0~28.8	0~1220
极为困难	10~12	28.8~40以上	0~1525

徒步的分类：按参与动机和目的划分大致可分为探险挑战型和休闲娱乐型；按徒步过程中人与自然的联系程度，可分为全自然徒步和半自然徒步；按徒步线路所在地理环境可以划分为山地徒步、城市徒步、公路徒步、高原徒步、沙漠徒步、海滨徒步等；按徒步运动的专业性来划分，可分为大众休闲徒步运动和专业徒步运动；按照徒步旅游线路所在地理环境可以划分为山野徒步旅游（M-）、城市徒步旅游（C-）、山地公路徒步旅游（MC-）等；按徒步旅游资源并结合线路形式分为自然类

休闲徒步旅游、人文类徒步旅游线路和特殊综合类徒步旅游线路；从行走距离上来讲，徒步包括短距离和长距离两类。

为参与个体提供判断自己的徒步行为的标准，通用的划分方法是按照时间、经济花费及体力、技术要求和危险、挑战程度的不同，将徒步运动划分为硬型徒步运动和软型徒步运动。这种划分是合理区别徒步人群、指导徒步者循序渐进的理解和开展徒步运动的很好的分类工具。

3. 徒步的意义

徒步运动从现代城市生活中破土而出，现代徒步运动呈现更加便利化、生活化的发展趋势，活动空间也慢慢扩展到一些半自然场所，如城市公路、绿道、公园等，徒步理念日益融入人们的日常生活。在城市环境中的徒步则为体验城市独特的文化传统及民俗风情，历史古迹会给徒步者回想，现代建筑则会给徒步者感慨，让徒步者更容易理解生活。

"回归自然"依然是徒步运动的最大魅力所在，强调人与自然的高度融合。同时，徒步使人类因"爱自然"而"护自然"，有助于提高人们的环保意识，形成人与自然和谐相处的良好局面。这种"自然"体验不但对身体和心灵的健康有不可估量的价值，而且有这种体验的人会更热爱自然，放弃对自然的掠夺。

徒步是自然人性的一种回归和外显，体现了人们对呆板单一生活的反叛，及对生活真谛的向往和不懈追求。真正的徒步者，是坚持人与自然和谐发展的绝对拥趸者和实践者。

徒步是时代发展的产物，不断适应着人类社会发展提出的新的要求。徒步的产生、发展完成了"生存方式—运动方式—环保方式—生活方式"四层次的转变，其功能、目的也随着内涵的丰富而偏移，由满足交通需要、满足个人生理和心理需要向满足社会需要过渡。

二、国外的徒步：案例和借鉴

1. 国外徒步发展的历史和现状

19世纪，英国中部旅游业开发出像曼彻斯特高山区、阿尔卑斯山这种高山旅游胜地，徒步运动最早便起源于这种户外登山活动。1857年，世界上最早的户外运动俱乐部在德国诞生，这个以登山、徒步为主要运动项目的民间组织是现代户外运动俱乐部的雏形。荷兰是有组织的徒步运动的发源地，第一次有组织的徒步活动可以追溯到1893年。"徒步运动"这个词语最早是用来指19世纪60年代在尼泊尔的远足旅行，从那以后徒步旅行就开始在世界各地流行了起来。国外20世纪80年代流行一时的"城市暴走"也是徒步运动的直接表现。

现代意义的徒步运动最早源自阿尔卑斯山脉的一种流行的徒步健身方式，已有一百多年历史。现代徒步运动的大众化发展，是伴随西方工业化和城市化的进程进一步发展壮大的，与社会经济的发展、人口素质的提高、技术手段的革新和后现代思想解放潮流等因素密切相关。20世纪五六十年代之后，越来越多的西方人重新回归山野，返璞归真，用特立独行的运动和旅行方式追求独特体验与最佳价值的体现，这种活动也逐渐向世界各个地区延伸。

世界上最著名的徒步组织有1968年成立的国际市民体育联盟Internationaler Volkssportverband（简称IVV）和1987年成立的国际徒步联盟IML Walking Association（简称IML）。IVV最初主要由德国、瑞士、列支敦士登及奥地利四国俱乐部组成，截至2012年，在世界范围内拥有会员国53个，会员俱乐部6000多个，会员近2亿；"Nos lungat Ambulare"是国际徒步联盟的官方口号，意为"愿徒步拉近你我"。1909年成立的荷兰奈梅亨徒步大会，截至2012年，拥有会员国（城市）22个。徒步NGO倡导和鼓励人们热爱自然、贴近自然，通过非竞争性的户外运动促进人们的身体健康。

在西方经济发达国家，徒步很受人们欢迎，已成为民众最喜爱的运动项目。尤其在德国，"弗尔克斯徒步旅行"（德语"弗尔克斯"意即"人民、国民"）几乎成为全民性活动。这种群众性徒步通常始于周末，距离10公里至40公里不等，速度自行掌握；有的还利用假日进行长途徒步旅游，如到风景优美的阿尔卑斯山，甚至到达丹麦、卢森堡等邻近国家的名胜古迹或乡村城镇。目前此种旅游方式已扩散到欧洲其他国家。据德国登山协会数据显示，2007年约有3700万德国人定期地参加徒步运动，近总人口的一半；日本有3000万徒步人口，在北美洲有8000万人参加徒步运动。新西兰政府设立了1.02亿新元的旅游基础设施基金，并向自然资源保护区、徒步线路新增拨款7600万新西兰元，用于升级和改善旅游设施。

徒步市场产业链完备，呈现与旅游市场日渐融合的态势。徒步运动是一种久盛不衰的户外休闲方式，培育了相当规模的市场，分别形成了徒步运动用品销售市场和徒步运动服务市场两个市场，打造了完整的徒步运动产业链，在政府的扶持下进行市场化运营，取得了不错的经济和社会效益。此外，徒步运动作为一种贴近自然的出行方式受到人们的普遍欢迎，它的发展在一定程度上引领了旅游消费方式的创新，徒步运动可能对旅游市场造成某种程度的冲击，但更多的是两者之间的融合。一个跨越体育和旅游的中间产业——体育旅游产业，逐渐崛起并形成了可观的市场规模。

2. 步道与徒步

徒步运动在国外有悠久历史,并有最广泛的群体参与,其主要原因是建设了发达的国家步道系统。从19世纪的美国开始,经第一次自然资源保护运动、保留主义与保护主义之争、城市环境运动,正式确立了美国国家森林体系,并以立法关注自然荒野;而在欧洲,以歌德为代表的浪漫主义思潮、自然崇拜,促进了各国环保主义运动风起云涌,各国陆续推出保护自然荒野的法律法规,极大促进了国家步道的建设。各国建设国家步道的首要目的都是为民众提供在荒野、乡村和自然区域的休闲游憩空间,并保护环境和生态。在美国、瑞士、英国、加拿大、澳大利亚等徒步发达国家,都分布有密集的步道体系,这些步道大都可以延伸到居民的生活区,把自然资源与人们生活紧密地连接起来,为民众参与徒步运动提供了极为便利的条件。

在欧美国家,国家步道发展历史悠久,早已成为国民生活的一部分,而中央政府或政府部门在国家步道建设中起到了关键作用,以立法确定国家步道在国家制度中的地位,各国对此形成了基本的共识。政府部门重视并大力支持徒步运动的发展,徒步运动在各国内开展广泛,深受群众喜爱。欧美各国的国家步道都是多用途(muiti-use trails)步道,就是步道、直排轮滑道、马道和山地车道多用途合一,美国叫 trail,英国叫 way 或 long-distance footpaths。欧美的国家步道系统是成熟的长距离徒步线路,至少50公里以上,最长有数千公里,步道重要节点设计了专门的标识系统,不允许各种机动车上路。

欧洲在各国步道基础上,构建了两个体系的跨国长程步道。在法国、比利时、荷兰和西班牙,一系列长距离步道所组成的体系被称作欧洲 GR 步道;以英国、法国、德国和意大利为代表的诸多欧洲国家,建立的另一个长程步道体系,被称作欧洲远程跨国步道。1965年,英国官方设立第一条步道——奔宁步道,之后又相继设立了14条国家步道,建设成总长度超4000公里、纵横英格兰岛的国家步道系统,而英国国家步道由英格兰自然署和威尔士自然资源署统一管理。这些"绿色长路"连接了英国最美的自然风景和历史遗迹,英伦三岛有世界上精心设计开发和维护最好的国家步道系统,长达4000公里,由15条步道组成。同高速公路一样,国家步道被视为该国家重要设施的一部分。

美国在《国家步道体系法案》中阐明国家步道体系的建设是为了满足随人口扩张而日益增长的户外休闲游憩需求,不遗余力地走徒步运动产业化发展道路。美国的森林步道历经近百年的历史,"trail"成为健身休闲道路的专有名字,在美国家喻户晓,步道成为生活方式的一部分。1876年民间创立的阿巴拉契亚山野俱乐部是美国历史最悠久的民间户外组织,而常年在内华达山脉探险的约翰·缪尔,与受超验主义哲学影响的政治活动家一起创立了西耶拉俱乐部,由此推动了美国国家公园体系的建立，官方力量在美国国家步道体系的建设中起到了重要作用。美国国家步道分为景观步道（共11条）、历史步道（共19条）、休闲步道（有1000多条）以及连接步道，参加越野行走的美国人达8600万之多。

美国第一条公认的步道是1921年提出直至1937年开通的阿巴拉契亚国家步道，全程3575公里，穿越自然保护区、河流山脉、乡村小镇、高速公路等。目的是让美国人民游览自然景观和享受徒步健身。美国20世纪50年代开始动员联邦资源研究休闲产业，通过一系列旨在改善民众休闲娱乐条件的法案，1968年国会通过了国家步道系统法案，规定"创建步道系统的目的是为促进公众保护、使用、享受和欣赏国家自然和历史资源"，并开始了国家步道系统建设。1987年美国总统里根签署了一项开展户外运动的总统令，号召美国民众到遍布城乡的小道上去锻炼身体；1993年在美国步行者协会与民间及官方组织的倡议下，把每年6月第一个星期六设立为 National Trails Day（国家步道日），可和地球日、国土日相提并论，足以看出其在美国的重要性。

3. 国外徒步和步道建设的借鉴和启示

（1）徒步运动的借鉴

国外政府采取行之有效的措施支持徒步运动发展，主要体现在三个方面：

①规范管理，健全户外法律法规。加强法律法规建设，规范俱乐部运营管理；制定行业标准，保障徒步市场健康有序发展；加强监管，建立科学预警和紧急救援机制，保障徒步者安全。

②制定合理的政策，加强产业引导。在全球进行针对徒步者的促销活动，辅以健全的徒步配套设施和专业的配套服务，对徒步市场进行大规模开发。

③重视以步道建设为代表的徒步设施建设。规划设计专供徒步的路径、营地和配套设施，建设可供徒步者休憩的青年旅社和客栈。利用现有道路网，统一布局国家步道体系，并颁布专门的《步道法》予以保护，组织志愿者定期维护。

"国际组织—国家协会—俱乐部"组织体系作用显著。西方国家多采用政府和社会相结合的体育体制，而作为典型的群众体育运动，徒步运动的组织和管理大多依靠社会的力量。在欧美等徒步运动发达的国家，国家间设有大型国际性徒步组织，各国内部设有与国际组织相对应的徒步协会，并发展多样、有效的基层组织（俱乐部），形成"国际组织—国家协会—俱乐部"三位一体的组织体系。在美国，约有包括美国远足协会在内的20多个国家级别组织。全球范围内，仅注册的会员俱乐部就有近6000家，总人数接近2亿。

（2）建设步道的重要启示

①步道建设是国家徒步事业走向专业化、国际化的必由之路；

②通过步道可提高当地在国际、国内的知名度和吸引力；

③建设步道可推动当地体育、经济、文化、旅游及服务业建设发展；

④产业界应注重推动徒步休闲产业化发展，提高步道工程建设投入收益；

⑤徒步运动有助于改善环境，保障居民身心健康，提高人口素质。

三、国内徒步生活

1. 国内徒步发展回顾

我国的徒步运动分为四个阶段：

第一阶段，探险英雄阶段。国内现代徒步运动的产生与壮大，起源于民间的户外探险活动，并在户外运动整体发展过程中不自觉地成熟。1986年的长江漂流被视为中国当代民间探险史的开端，同时期也出现了徒步走长城、黄河、长江、"丝绸之路"、常人难以到达的西藏西部无人区、墨脱及沙漠。在当时，徒步探险只是少数人勇气和梦想的体现，与大多数普通人相距太遥远。

第二阶段，星星之火不断燎原。20世纪90年代，我国经济发达地区的大中城市，经历着传统社会向现代信息社会的转变，徒步运动自西方传入，强调开放、体验、激情、个性、反对束缚、凸显个性，代表了后现代的生活方式和思维观，迅速被经济能力和知识水平较高的青年人所接受，成为少数"另类"青年热衷的生活观念与行为倾向。当时，一些前卫大学相继组建登山队，如1989年成立的北大山鹰社；在北京、上海、广州等经济发达城市，一些户外运动俱乐部也开始出现。整个20世纪90年代直至新世纪初的十年间，徒步运动逐渐以星火之势燎原，民众徒步的浪潮席卷了整个神州大地。

第三阶段，21世纪的"黄金十年"。21世纪的前十年，是徒步运动在中国蓬勃发展的"黄金十年"。我国经济社会实现了跨越式发展，以强身健体、愉悦身心为主要目标的徒步运动被大众广泛认同，成为人们追求时尚休闲生活的标志。大部分徒步活动由民间自发或市场有偿组织，政府部门并没过多关注，也没设立专门管理机构。徒步运动的发展民间先于政府，地方先于中央，表现为自下而上的过程。从1999年起，在中国登山协会注册的户外俱乐部每年翻一番，结构松散的民间团体就更多。有代表性的组织有北京每日徒步运动中心、绿野户外网、户外资料网、大连徒步大本营、深圳徒步大本营等。

第四阶段，最近十年是大众徒步旅游并走向国际舞台。最近十年，徒步运动已经在国内开展得如火如荼，参与人群日益广泛，参与人数呈几何倍的增长，徒步旅游呈现出大众化的趋势。徒步旅游者群体从户外精英变得日趋大众化，但徒步范围逐渐缩小，设施利用明显增加，徒步难度显著下降；徒步旅游者的客源地逐渐分散，女性比例明显提高。期间，国家开始介入步道建设，并有序组织国内国际活动，徒步旅游成为"健康中国"和满足人民"美好生活"需求的重要组成部分。同时，我国的徒步旅游也进入了国际视野，参与国际的深度与力度不断加大，并有了很大的影响力。如北京国际山地徒步大会自2010年创办以来，该赛事至今已办至第七届，每届都吸引数万名中外徒步爱好者参加。首届北京国际徒步论坛以"徒步，走进美好生活"为主题，发布了《国际徒步北京倡议》，号召不同肤色、不同年龄、不同职业的人，因徒步而结缘、因徒步而共处、因徒步而共同发展。国际市民体育联盟IVV于2018年5月在意大利西西里岛隆重启动"一带一路"国际市民徒步（城市）接力赛，调动了50多个国家和地区数千万徒步旅游爱好者参与，以"绿色、健康、和平"为理念，为"一带一路构建人类命运共同体"传递出群众呼声。

随着经济的发展与人们生活水平提高、闲暇时间的增多，以及新观念和新文化的发展，我国徒步旅游经历了从民间自主到顶层设计引领的跨越，徒步旅游相关政策组合拳不断发力，如何将制度优势转化为治理效能将是徒步旅游可持续发展的关键；徒步作为户外基础项目拥有着极强的融合性，兼具体育、旅游、文化和教育功能的融合性业态，将通过跨界融合催生新产品，引领新业态；大数据、5G、物联网、云计算等新技术的开放、分享、改变与创造，也将带来徒步旅游的智慧化发展。

2. 国内徒步现状和问题

旅游业的快速发展和徒步运动的普及，使得徒步旅游作为一种崭新的旅游模式迅速受到广大旅行和徒步爱好者的青睐。徒步运动是在自然或半自然中进行的满足身体和精神需要的文化审美活动，与旅游线路价值契合。线路经过户外俱乐部、旅行社、景区的市场化运作，逐渐成为众所周知的成熟的线路产品。对自然、人文景观的偏爱，使得徒步者热衷于穿梭在各旅游目的地之间，或者探奇求新，自己开发新的徒步线路。我国以旅游线路为支撑的线路型徒步运动体系，并用交通线把若干旅游目的地合理贯串起来的路线，是以自然、人文资源为基础的旅游特殊产品。徒步线路云集了国际国内的徒步者，组成密集交织的线路网络，对徒步运动起到了重要作用。

各地政府认识到徒步的意义和作用，利用组织徒步活动的方式，来发掘当地的特色旅游资源，取得了不错效果。每年在全国范围内举行的大型徒步大会，著名的有北京平谷桃花节徒步大会、广东肇庆国际市民七星湖徒步大会、大连海滨徒步、桂林漓江徒步等。2019徒步中国·全国徒步大会天峻站活动在青海省海西州藏族蒙古族自治州天峻县举办，以"探寻天峻高原美景体验徒步行走乐趣"为主题，将天峻山、秀龙沟、扎西郡乃神山等众多当地景区、景点设计到徒步线路中，充分展现了天峻高原壮美自然地貌景观和丰富多彩少数民族历史文化，吸引了17个省区市的800余名户外徒步爱好者参加。

随着消费者对于旅游体验要求的提高，户外徒步这一富有自主性的活动越来越受欢迎。2020年3月4日发布的《中国徒步旅游发展报告（2019）》指出，徒步连续第四年成为户外人口最常参加和最喜欢的户外运动项目。由于徒步运动的广泛开展，徒步者徒步素养提升，对于生活品质、生命质量和精神生活的追求促使其已不单单满足于徒步强身健体、游玩享乐的功能，而更加追求在徒步中欣赏自然美景、探奇求新、开拓视野、体验不同区域民风与古今中外的风俗文化。在徒步选择上，大家首选偏向自然的野外环境，其次是经认证的专业徒步系统步道。我国徒步旅游正在呈现场景化、智慧化和融合化的发展趋势。

但是，由于我国的徒步步道建设欠缺，各地对于徒步旅游的管理和经营仍存在欠缺，相应的管理措施存在缺陷，救援和应急能力不足。我国徒步旅游发展由于多处于"自下而上"的自发状态，徒步旅游组织的专业程度仍不高，因此容易造成风险。与此同时，对徒步旅游和徒步运动来说，虽然制定了一些有利的政策，但能否真正有效地执行才是关键。同时，现阶段户外徒步的管理仍需要探索，在细化相应措施的同时，如何保证执行，并配合相应的救援、应急、安全、惩处措施以及宣传引导措施，应该成为主要的管理方向。

3. 步道建设

我国作为山地众多，地貌景观丰富的国家，在广袤的大地上，有无数深藏在险峻荒野之中的美景，像天上的群星洒落在大地上，拥有建立世界级步道系统的自然条件。我国一些政府部门已率先提出布设13条长距离国家步道的前期设想，路线将覆盖小兴安岭、阴山、太行山、昆仑山、横断山脉、喜马拉雅山脉等全国著名山脉和重点森林区。其中"横断天路"徒步路线，从云南大理出发，从南到北纵穿横断山腹地，直达甘肃合作市，全长约2500公里，这是迄今为止规划中的国内最长的徒步线路。

2010年国家体育总局中国登山协会颁布《国家登山健身步道标准（修改稿）》，将登山健身步道定义为以登山为基本方式，在山地上修建的、以健身为目的的步道（区别于游步道等）。

2012年中国城市规划设计研究院编制《顺义五彩浅山国家登山健身步道规划》，

2013年4月审查通过，成为指导步道建设的依据，2014年研究院编制完成《北京昌平国家登山健身步道规划》；北京市旅游发展委员会编制《北京旅游休闲步道总体规划》，2015年初编制完成；2016年国务院办公厅发布的《关于加快发展健身休闲产业的指导意见》（国办发〔2016〕77号）中明确要求各地"充分挖掘水、陆、空资源，研究打造国家步道系统和自行车路网"。

2016年，由国家林业局和北京诺兰特生态设计研究院共同编著的《国家森林步道》提出构想，将用13条长程步道覆盖全国著名山脉和重点森林区。中国未来的国家步道将有赖于"国家主导，顶层设计"及"国家推动，地方建设"，以国家为主导，自上而下地推动国家步道的发展，并且将会制定长期系统的步道发展规划，由国家和公众共同募集资金，在管理和维护上，号召公众广泛参与。

未来，我国国家步道的建设，将包括几大特征：一保持自然的荒野性，即围绕徒步者的自然荒野体验，凸显步道的自然性与生态性，优先穿越各类自然遗产地，同时避开敏感区域，保持步道原始风貌；二是自然与文化交融，荒野气息与城市气息并存，将会把散落在各地的古道、古村落作为文化遗存加以保护，镶嵌在步道沿线；三是国家步道会提供满足徒步者最低限度需要的设施，并且面向普通百姓无偿开放。

目前，我国的国家森林步道第一批、第二批名单包括秦岭、太行山、大兴安岭、罗霄山、武夷山、天目山、南岭、苗岭、横断山等国家森林步道，第三批国家森林步道包括小兴安岭、大别山、武陵山三条路线，全长3466公里。截至2019年9月，我国已有12条国家森林步道，全长超2.2万公里。未来，如何让"负责任的徒步、可持续发展"变成行为准则？如何敞开令无数探险家赞叹的世外桃源之门，让国人享受到绝世美景，让荒野真正成为中国人美好生活的一部分？还需要继续努力。

四、与健康同行，徒步去吧！

2020年是让世界改变的一年，经历过疫情的宅居，城市中的人更渴望自然的抚慰，青山绿野，碧水蓝天，风景秀丽，气候怡人，更希望得到大自然的治愈。徒步、健身，呼吸新鲜空气，饱览大好风光，更重要的是还可以锻炼身体！！斗折蛇行，鸟语花香，山水美景和谐共生。漫游于山水之中，或曲径通幽，或柳暗花明，或登顶崎岖，都能饱览美景、锻炼身体、陶冶情操，走出独属于自己的足迹。

城市徒步运动本身动作简单、老幼皆宜。城市徒步空间分散并回融到城市各类公共空间中，以期满足多种多样的城市徒步运动的需求。北京上海广州等很多城市，都是适合城市徒步的城市。例如上海，那些历史的文化气息散落在弄堂深处，隐匿着很多久远历史的老公寓和私家洋房,它们如隐士般在岁月变迁中保持着自己独有的姿态。偶尔开合的铁门,备显神秘,只留给路人匆匆一瞥。路两边浓密的梧桐庇护了好几个街区,树枝密密地遮盖了路的上空,整条路变成长长的拱形走廊。徒步街巷,放慢身心的节奏,一起去用心感受迷人的城市!

北京市内的健走步道,让徒步爱好者在锻炼身体的同时还能欣赏美丽的风景。北京二环的"绿道"长达35公里,串起北京市许多散落的经典,北护城河的太平湖,健德门的城楼,一圈的徒步行走,也走过了北京建都数百年的历史;还有北京中轴线的徒步步道、奥林匹克森林公园健走步道、香山公园健走步道、玉渊潭公园健走步道、陶然亭公园健走步道、红领巾公园健走步道、北京西山国家森林公园健走步道、通州大运河森林公园健走步道、南海子公园健走步道、百望山健身步道等。一条条旅游休闲步道好比条条经纬线,将市内的秀美景色串连起来,使城市徒步更有魅力。

郊区的步道更多样,步道分为土石道、石板道、砾石道、木栈道、落叶步道等,串联水库、景区、田园、村落等旅游资源,气候凉爽,风景宜人,使人畅游在山水之间,感受悠久历史文化,品味乡土民情。上山时,蜿蜒小道曲折而上,潺潺小溪足下流淌,颇具诗意。登山步道两旁峰崖陡峭,谷深路窄,山峰神奇峻秀,甚是雄伟壮观。登上山顶,环顾群山,群峰竞秀,山峰姿态各异,组成一组石刻画廊,大自然亿万年的鬼斧神工雕琢而成的杰作。徒步旅行中景色也许是最吸引人的,但旅行者们还发现了其他的诱人之处:美丽的小山村,别具风格的房舍,辽阔的山野……步道依托山脊依山势修建,其间设有供旅人休息的凉亭及景观平台,漫步于"空中走廊"般的步道,融入自然,远眺山景,舒展身心,好不惬意。

这个夏天,周末哪里还有宅家里的理由,拉上三五好友去徒步,亲近自然,有助身心愉悦和健身,当然,你的徒步旅行同伴也是快乐旅行的一个重要原因,徒步增进朋友之间的情谊。后疫情时代,徒步旅游正成为大健康时代户外体旅融合新动能,人们更加向往绿水青山承载的美好生活幸福感,徒步使得你与健康同行,与美好生活相伴!徒步旅游既是幸福产业也是民生经济,做大做强徒步旅游是满足人民美好生活需要的小而美的便利贴,今夏,与健康同行,徒步去吧!徒步旅游也将成为后疫情时期美好生活新场景!

注:白墨系北京博雅方略文旅集团研究院研究员。

文旅产业讲稿（三）：心旅游——泛户外产业、健康休闲与中国式现代化

博采众长大咖谈：
如何将文旅休闲与泛户外产业融合发展

发言题目：邮轮游艇经济与泛户外产业的融合发展将迎来新发展机遇

郑炜航：中国交通运输协会邮轮游艇分会（CCYIA）常务副会长兼秘书长

邮轮游艇属于两个产业——邮轮、游艇。2006年成立的邮轮、游艇社团，16年来做了四项主要的工作：一是促进中央政府新政策的出台，这么多年来，主管邮轮的8个部委，主管游艇的9个部委，我们都积极去对接，已经出台了多项政策。二是协助地方政府做产业规划，完成的规划项目有40多项，也获得原国家旅游局邮轮游艇领域唯一的旅游规划设计甲级资质。三是促进产业合作，把中国的产业对接到国外去，把国外的企业引到中国来，实行产业合作国际化。四是引导产业消费理念，这十多年我们提出邮轮、游艇引导性、前瞻性发展思路、理念各十多项，特别是一直呼吁游艇不是奢侈品，是属于白领化、大众化的休闲产品。当前我国邮轮产业发展较为迅速。这些年来全国一共建成了9个邮轮专业码头，有16个城市停靠过邮轮，2017年最多有17艘国际邮轮在中国运营，国外制造的最新的邮轮也都布置在亚洲市场，我国邮轮旅客群体从2006年的二三万人到2019年的200万人（400万人次），已经超过了德国、英国，成为全球第二大邮轮旅游客源国，仅次于美国。上海的吴淞国际邮轮港成为亚洲最大的邮轮母港。当然，央企已经看好了这个新型产业，已经有五个大型央企进入邮轮市场，有的进入了邮轮的制造业，有的进入了邮轮的港口业，有的是全面布局。我认为：疫情以后，国际邮轮和国内邮轮将会长期并存，国际航线和沿海航线、长江航线将会长期共生。

游艇产业这些年的发展速度远远不如邮轮，政府部门、大众对游艇不了解或一知半解，消费有认知误解，认为游艇是属于富人玩的，属于奢侈品，其实游艇是属于白领阶层消费的休闲旅游产品。我国游艇制造业在1982年就开始，长期以出口为主，主要出口产品是皮划艇，国内游艇消费从2006年才开始出现。美国游艇与中国

游艇的定义、标准不一样，美国游艇大约有1180万艘，平均每16个人有1艘游艇，而目前中国游艇加起来不到5万艘，在国家海事局登记的只有7000艘左右，国内外差距很大。我国整艇制造业有80家，零配件制造业有500家，出口产值占全球第六位。现在全国大概有120个游艇俱乐部、游艇码头，约15 000个泊位，一般属于会员制的。

我国一直在推动游艇"两杆"经济，就是钓鱼艇（钓竿）和帆船（桅杆）。我国游艇行业发展的主要问题：一是公共码头泊位太少；二是不能够进行银行贷款，如果银行能够予以抵押贷款，那将会大大提高中国游艇行业的大发展，也可以促进一些城市的游艇旅游业；三是目前中国的游艇租赁是属于不合法的，也大大限制了游艇租赁行业的发展，只有海南省政府对游艇租赁放宽了政策，出台了《游艇租赁管理办法（试行）》，委托我们协会做了社会风险评估报告，希望全国各地借鉴海南政策，大力推动游艇行业发展。

目前工信部正在牵头制定《"十四五"邮轮游艇发展指导意见》。疫情之后，邮轮游艇将会产生更多业态，产生更多新玩家，将会产生更多新的投资机会，这种机会从制造业到服务业都会有。建议泛户外各界各领域携手共进，跨界联合，海陆空产业共建共享，不仅仅客源共享，还可以进行产品、平台、服务及资本的共享联合发展。可以联合博雅方略的规划设计，共同为滨水城市打造游艇小镇，把水盘活，把水上产业做起来。

发言题目：如何让自驾游与泛户外更加紧密地结合起来？
陈捷：云南省自驾车与房车露营协会会长

进入后疫情时代，传统旅游模式加速进入了休闲度假旅游阶段，自驾车与房车露营旅游的休闲户外旅游，社区锻炼与群体健身，公园运动的健身，蹦极、攀岩、速降、翼装飞行的户外运动旅游，受到消费者热捧并形成爆发式增长。

自驾旅游是泛户外旅游的重要组成部分，是多元素跨界合作的重要桥梁和通道，在国家政策领导与支持、人均GDP提升、汽车的普及和交通通达性及便捷性提高等因素的驱动下，自驾旅游发展迅猛。2018年至今，从国内旅游占比60%以上，发展成为70%至80%以上，泛户外旅游等各产业带来基数庞大消费人群的同时，自驾旅游形成了旅游消费升级共振，加大了旅游与工业、农业、林业、商贸、金融、文化、体育等产业的融合力度，促进旅游业向产业经济转变，向开放的"全域自驾旅游"转变，推动旅游与一、二、三产业融合发展。

自驾与房车露营旅游是泛户外旅游的重要组成部分，是多元素跨界合作的重要桥梁和通道。云南省自驾游房车露营协会经云南省文化和旅游厅、云南省民政厅、云南省旅游协会核准于2010年2月2日成立，经过十几年的发展，协会已在云南16个地州设立分会及5个县级工作站，组织活动600余次，通过不懈努力，协会声誉在全国自驾车与房车行业及领域知名度较高，具备了制定行业标准、开发自驾旅游线路及产品的领军能力。2012年7月25日，协会发起并编制的《汽车旅游营地等级划分与评定》云南地方标准由云南省质量技术监督局发布，并于2012年9月1日实施，此标准是我国第一部关于汽车旅游营地方面的标准，2016年12月，协会荣获国家人力资源和社会保障部、国家旅游局颁发的全国旅游系统先进单位荣誉称号，也是目前国家唯一获此殊荣的旅游专业协会。

随着我国和云南省自驾车与房车行业的不断发展，2022年协会制定了《2022年度工作计划》《十四五发展计划》及工作目标，积极服务于会员，服务于自驾房车露营行业，充分发挥协会与消费者、旅游行业、国内各旅游专业协会、政府及社会各界相互间的桥梁作用，助力文旅事业蓬勃发展。

"十四五"期间，云南省自驾车与房车露营协会正在进行或者将要进行的与泛户外旅游项目有关的项目包括但不限于如下：一是云南省百车进百县项目，国际化、高端化、特色化、智慧化，推动泛户外旅游业全面转型升级。二是云南省健康生活目的地服务中心项目。在"健康中国"的指引下，推进贯彻落实省委、省政府工作部署，在昆明建设一个集健康、文旅、自驾、生态环保的云南省健康生活目的地服务中心。三是"国之大道"G219大滇西旅游环线汽车集结赛活动。推动大滇西范围内几条著名公路IP价值的打造和开发，并在赛事期间邀请全国31个省市区自驾车与房车露营协会成立"国之大道"G219大滇西旅游环线产品全国销售联盟，举行"故事云南"户外旅游产品等公路旅行系列产品发布会。

发言题目：跑在全民健康的路上
金飞豹：中国探险协会常务副主席、云南秘境百马文化产业有限公司创始人

云南地处低纬度高原，独特的地理及气候环境赋予了云南得天独厚的高原体育训练资源，足球、游泳、田径、皮划艇、赛艇、橄榄球、竞走、中长跑、女子手球、男子柔道、现代五项、山地自行车、铁人三项等运动项目的国家队，都先后到海埂基地、呈贡基地、松茂基地等进行过高原训练。东京奥运会的时候，云南有9名运动员参赛了。我相信，云南发展高原特色体育产业是非常有潜力的。

2018年5月19日至8月26日，我在云南发起了"七彩云南·秘境百马"美丽乡村马拉松活动，邀请了来自美国、德国、法国、西班牙等全球12个国家的100位知名跑者参与，面向全球推荐了100条美丽乡村马拉松赛道，参与跑者达11 157人，全球100家优质媒体联动宣传报道，全媒体浏览量超过5亿人次。

"秘境百马"的成功举办也是云南省自实施"发展健身休闲产业"战略以来，规模人数最多、影响力最大、践行全民健身国家战略最具特色的系列精品赛事，也堪称盛大的全民健身嘉年华，至今在体育界同仁的共同努力下，我们举办的全民健康跑活动累计超过120场，活动参与人数累计超过10万人次，全媒体点击量超过10亿人次。

"体育强则中国强，国运兴则体育兴"，体育承载着国家强盛、民族振兴的梦想。2019年开始，我和我的团队就一直在筹备"56个民族共携手·全民健康跑"系列活动，至今已经筹备了3年，预计2023年启动。56个民族全民健康跑系列活动，共举办56场，主要在全国17个省56个民族最具代表性的聚居地和发源地奔跑，目的不是为了比赛，而是通过56个民族的奔跑，能够了解56个民族历史文化、民族的特点和有趣的民族风土人情等。

未来准备就56个民族主题做一些规划，我准备依据各个地方的设备设施和环境特点优势做一些马拉松的赛道、湿地公园的道路赛道，通过人脸识别进入智慧运动系统，一起天天运动起来。通过每天的赛道的排行榜，积累下每个月、每年的全部记录。在56个民族的聚居地，通过我们的努力，为每个民族的自治县，根据地形规划一条智慧赛道、规划一个运动公园等，让56个民族奔跑起来，充分体现和发扬我们的体育强国精神。

发言题目：冰壶运动将成为泛户外运动中新的亮点
王德全：北京兴创奥悦冰壶馆市场总监、泛户外产业分会执行秘书长

冰壶起源于苏格兰，最早是一项民间的户外运动，最初是苏格兰的皇室比较喜欢，之后逐步发展成了我们所说的贵族运动。这项运动逐步发展之后，在19世纪初传到了美国、加拿大。在1998年正式进入冬奥会。冰壶运动是一项团队配合的运动，在比赛过程中讲究战术，冰壶运动既能锻炼运动员的个人专注力，又需要全队的通力协作，展现出很强的团队精神。因此受到很多人的喜爱。

国内发展冰壶运动面临如下挑战：专业冰壶馆少，运营成本高，场馆盈利模式单一；专业冰壶人才缺口大，冰壶人数基数小；受自然条件限制，南北地区发展不平衡；政策支持力度不够；冰壶装备产业规模小，产业链不成熟。为此，需要获得更多的行业政策支持，扩大冰壶人口基数，推动市场化发展。

由于真冰成本比较高，所以就衍生出了陆地冰壶。陆地冰壶有利于冰壶运动的推广和普及：①对场地要求简单，平整即可；②更容易掌握和学习；③设备简易，易于铺设；④参与度高，娱乐性强，安全度高；⑤参与者不受年龄和身体条件的限制；⑥不仅有技术的角逐，还有智力的开发；⑦锻炼体魄，培养意志，塑造品格。近几年陆地冰壶在国内发展得还是比较好的。陆地冰壶可在公园、景区、户外营地等作为配套设施，丰富游客游玩业态。

中国冰壶运动发展较晚，专业的冰壶场馆也比较少，全国目前有冰壶馆20多家，大多在北方地区，如北京、天津、黑龙江、内蒙古、青海、上海等地，每年会举办全国冰壶锦标赛和冠军赛，会有200名专业运动员参加。冰壶为智力因素占比较高的运动，适合中国人运动特点，参与度广，7岁到70岁都可以参加，男女老少皆宜，全国冰壶爱好者估算有10 000多名。2022年北京冬奥会为大众冰壶运动的发展带来新机遇，群众参与冰壶的需求旺盛，冰壶将会成为泛户外运动中的新亮点。

发言题目：对精致露营的思考
王仁和：中国房车旅行家、《房车·生活》杂志房车技术特约编辑

读万卷书，行万里路，成为房车人理想的旅行与旅居生活模式。因此，房车加泛户外就是快乐的制造机器。今后在很长一段时间内，我们都将与病毒共存，旅游大部分以近距离的周边游、省内游为主。这样的发展形势下，休闲露营成为户外休闲放松、缓解精神压力的非常好的方式。

多种多样的休闲露营生活方式，带动了城市周边露营行业的蓬勃发展，进而培育出城市周边精致露营模式，这会是今后一个重要的户外休闲模式。精致露营也被称为豪华露营，是被赋予了许多精彩文化内容，并以自己的爱好为休闲中心内容的高品质露营。精致露营的模式多种多样，从轻型活动到自行车、摩托车运动、汽车场地赛事、航空航海运动、家庭车尾夜市、自娱式艺术表演、乡村副食品农贸集市搬进营地生活圈等等，都可以成为我们精致露营的一部分。

当前，我们正按中央的指示，在开展振兴乡村和建设美丽乡村的工作，这充分体现了国家关心农民在生活条件得到改善后的精神生活需求。培育好成熟的露营生活给集镇、乡村带来了新的消费增长，增加了当地人与农民的收入，巩固了乡村的脱贫成果，同时，也为人们带来美丽休闲的泛户外体验。因此，要将露营生活充分融入美丽乡村建设。

如何打造出适合中国国情的精致露营地？我们所做出的露营地，一定要结合当地的文化背景与现代人们的生活习惯，事前充分调研与论证，因地制宜地利用自然环境，充分利用当地的各种优势与政府的政策，以可持续发展为原则从长计议，尽量不要有短期行为赚快钱的想法，这样才能避免高投入造成浪费并难以收回成本，给当地人们留下债务与遗憾。

发言题目：露营产业市场自由广阔，有望成为万亿级产业
丁宏波：路程网 x 房车行创始人

疫情之后，传统旅游业遭受"重创"，过去作为小众的露营、文旅、本地游、周边游、自驾游、家庭亲子户外游、研学、都市休闲文化旅游等旅行方式却迎来了新的变局，其中以自驾露营为主的泛户外运动得到比较明显的发展。当前自驾游，尤其是房车自驾游正进入一个爆发期，主要原因在于，疫情让越来越多的人对安全旅行愈发重视；自驾游、房车自驾游和露营从某种程度上来说是相辅相成的关系，但露营不只有房车露营，还有帐篷露营。

早在"十三五"规划期间，我们国内便出现了很多的房车露营地，但到了现在，大概有60%的房车露营地都关门了，当然近两年帐篷营地、小规模的房车营地或其他类型的营地也涌现出不少，总体数量相较往年还是大幅增长的；大家在做营地的时候可以含有一定数量的房车，而不是完全以房车露营为主，因为当前中国房车的保有量并不大，只有将近20万台，对比辽阔的国土面积就显得太少了。

房车的主要消费群体是有钱又有闲的退休人群，房车旅行大多跑得比较远，经常十天半个月的，并且很多车友在开着房车自驾游时是不怎么进营地的；而露营这方面却是恰好相反，露营的消费人群以年轻人群，或者说以女性为主的消费群体，她们平时并没有那么多时间，更多是趁周末、节假日来场短途周边游，比如两天一夜体验式的玩法，或者带着小孩家庭出游，玩个三天两夜或顶多五天四夜，住宿方式上也是宾馆、帐篷、民宿换着来，与房车长期旅行、露营的概念是完全不一样的。

所以说这两者的消费特征是有很大区别的。露营消费者更偏向于短、频、快的精致露营。建议露营地在规划建设时应以帐篷、自驾游等精致露营为主，以房车露营为辅，二者相辅相成。同时要注意，房车露营跟经济之间存在很大联系，房车的上牌数据中有40%多是在华东地区，从露营方面来看，华东长三角、广东珠三角以及京津冀这些地方从长远来说，比较有发展的潜力。

虽然目前我们国家在露营方面还处于比较初级的阶段，露营地相关标准、政策法规还需要不断地去摸索，但从近两年的发展来看，露营除了放松娱乐外，还衍生出社交需求，甚至有些露营地融合了当下比较流行的剧本杀、房车住宿、木屋、星空房等用于吸引年轻群体。从整个行业来说，露营除了改变大家的旅行娱乐方式以外，也在促进当下消费升级、体验升级，未来的市场是非常自由、广阔的，并有望达成万亿级产业。

第三篇
健康生活与户外休闲

近三年来，疫情反复，人们的生活方式与旅游消费都发生了极大改变。一方面，游客旅游活动范围逐渐呈现缩小化趋势，另一方面，民众对于身体健康的需求热情高涨，期待一种更健康、更绿色的生活方式，泛户外休闲运动由此受到极大追捧，产业迎来新的发展机遇。但目前国内户外运动产业整体的服务体系、行业标准、人才队伍建设等依然存在不少短板，如何适应时代，让产业走得更稳更远，是全行业都应该思考的事情。在本书健康生活与户外休闲板块，窦文章及其博雅团队围绕当下火热的城市夜经济、体育旅游、赏花经济、康养旅游、文旅融合等进行深度研究，从多维度探索泛户外及康养产业发展的未来。

建设世界级运动康养旅游目的地的若干思考
——以重庆市长寿区为例

窦文章

长寿区位于重庆市境中部，古属巴国枳邑，是中国以"长寿"命名的县区。长寿区是首批国家级环都市区产业转型升级示范区之一、西部地区重要的综合性化工基地、重庆主城都市区同城化发展先行区。面对当下文旅行业受困严重的现实，今天与各位分享讨论长寿区"建设运动康养旅游目的地"的可行性和必要性，适得其时。下面从当前我国文旅发展及政策形势、世界旅游目的地的基本要求、长寿区建设康养旅游目的地的条件判断、产品业态选择以及未来抓手等方面，谈一些不成熟的认识。

一、当前文旅形势的基本特征

我对中国文旅经济发展预期相对乐观，在大众旅游时代，文旅产业仍然是国民经济发展的战略性产业，总体判断文旅发展的基本面和大格局从未改变。表现在以下几个方面：

1. 疫情影响会逐步减弱，文旅业逐步恢复

据中国旅游研究院发布的《中国国内旅游发展年度报告2021》，2021年我国国内旅游人数将达到39.15亿人次，国内旅游收入将达到3.31万亿元，同比分别上升36%和48%，分别恢复至2019年同期水平的65%和58%。与此同时，当前文旅行业呈现了几个显著特点：

（1）消费升级与分级并存。我们知道，人均收入与旅游消费行为关系存在基本规律，当人均GDP<3000美元，以观光游为主；人均GDP在3000~5000美元时，以周末休闲、周边游为主；人均GDP>5000美元，会出现多类型多元化的体验式旅游产品供给，如度假游、休闲旅游、康养旅游、商务旅游、研学旅游等。换句话说，文旅产品会不断迭代，以服务各类细分市场。

（2）"文化旅游+"的跨界融合，形成新型产品供给结构。比如，文旅+农业，有休闲农业、乡村旅游、创意农场、农家乐、旅游扶贫活动等；文旅+工业，出现创新创业基地（文创园区）、网红博物馆、艺术馆、文创图书馆、工业遗产旅游等；文旅+教育，有研学旅游、营地教育、亲子游学、文化考察、科学探险等；文旅+康养，有康养旅游、康复疗养、养生保健、有机食物、绿色食品、生态旅游等；文旅+体育，出现户外运动旅行、休闲体育、观赛旅游、滑雪、登山、徒步、潜水、帆船；文旅+科技，出现科考旅游基地、科技博物馆、科技展览馆、VR体验中心；文旅+地产，会有文旅综合体、文旅度假酒店、旅居地产、文旅小镇等；文旅+娱乐，有主题公园、互动剧场、音乐节、电影节、NTLIVE等。加上当下比较流行的四大新亮点：红色旅游引领新时尚、冬奥会焕发新激情、乡村旅游记乡情乡音乡愁、文化公园彰显文化自信，产品供给结构进一步复杂多变。

（3）总体营收平稳上升，文旅产业韧性不断显现。据不完全统计，2021年全国规模以上文化及相关产业企业实现营业收入119 064亿元，比上年增长16.0%；两年平均增长8.9%，比2019年同比增速加快1.9个百分点，营收较疫情前增加30 000多亿元，彰显出我国文化产业的较强韧性。2021年全国规模以上文化及相关产业企业数量从2019年的5.8万家，增长至6.5万家，文化产业基本盘得以巩固。

与此同时，国内旅游市场有序恢复，假日旅游有力带动全年旅游消费，局部地区旅游热度不断攀升，新业态亮点频现。例如北京市，文旅休闲消费提质升级：接待旅游总人数恢复至2019年同期的98.4%，旅游总收入恢复至2019年同期的86%。上海市，170家主要景区（点）累计接待游客数较2019年同期增长6%。广东省"五一"假期接待游客数较2019年同期增长11.6%，收入较2019年同期增长13.7%。从旅游线路上看，高品质国内长线游愈受欢迎，出游人数较2019年增长近10%。如宋城景区，全国11个宋城景区"五一"假期合计营收约1.5亿元，较2019年同期增长42.71%；乌镇景区，"五一"假期接待游客人次恢复至2019年同期约九成，营收持平；古北水镇景区，接待游客人次恢复至2019年同期超九成，营收增长9%，恢复程度环比4月有明显改善；黄山风景区，执行75%的最大承载量，"五一"假期接待游客10.5万人，同比增长超231%，门票收入1682万元，同比增长超222%。

2. "产业发展+政策扶持"双向推力，推动文旅"浴火重生"

2022年国务院《政府工作报告》指出，基于国家战略，包括"一带一路"战略——区域合作、文化自信战略——文旅融合、乡村振兴战略——乡村旅游、数字中国战略——数字文旅、生态文明战略——生态红线、国土空间规划——多规合一，等等，在疫情恢复期，强调了三个重点，一是要丰富人民精神文化生活，做好文物保护利用、非遗保护传承和用好冬奥遗产；二是要推动降低企业生产经营成本，包括餐饮、住宿、零售、旅游、客运等行业，各类各项帮扶政策予以倾斜，支持这些行业挺得住、过难关、有奔头；三是推进以国家公园为主体的自然保护地体系建设，工作重点有加强生态环境分区管控，科学开展国土绿化，统筹山水林田湖草沙系统治理，保护生物多样性，加强污染治理和生态保护修复。聚集到旅游产业发展，可以归纳出六大突破点，即文化旅游融合发展、全域旅游统筹发展、乡村旅游重点发展、景区品质提升发展、夜间旅游综合发展、数字科技创新发展；同时也有六大发展保障，即区域合作、环境保障、市场监管、多规合一、民生保障、服务提升，目标是促进人与自然和谐共生。

2021年6月文化和旅游部颁布《"十四五"文化和旅游发展规划》，明确了文化和旅游的使命任务，"举旗帜、聚民心、育新人、兴文化、展形象"，其基本着力点是满足人民文化需求和增强人民精神力量。通过推进"文化铸魂、发挥文化赋能作用"，推进"旅游为民、发挥旅游带动作用"，推进"文旅融合、努力实现创新发展"，"努力创作优秀文艺作品，提供优秀文化产品和优秀旅游产品""服务构建新发展格局，开创文化和旅游工作新局面"，以此加快推进文化和旅游发展，向着建设社会主义文化强国宏伟目标稳步前进。基于发展规划，文旅部重点提出"实施一个工程、建设七大体系"，即"1+7"工程体系。"1"是指一个工程，即实施社会文明促进和提升工程：主要包括实施中华文明探源，中华文化普查工程，形成较为完整的中国文化基因理念；继承革命文化，发展红色旅游，把革命精神融入红色旅游全过程、各环节；弘扬社会主义先进文化，用好用足文化、文物、旅游资源。"7"是指七大体系，即构建新时代艺术创作体系、完善文化遗产保护传承利用体系、健全现代公共文化服务体系、健全现代文化产业体系、完善现代旅游业体系、完善现代旅游业体系和现代文化和旅游市场体系、建设对外和对港澳台文化交流和旅游推广体系。

进一步加大对旅游等服务业实施财税金融等纾困扶持措施，在政策领域，各项扶持产业发展政策包括：人才方面，包括百千万人才引进计划、非遗传承人培养计划、文旅人才库建设等；金融领域，有银行信贷（银行授信）政策、产业发展基金扶持、支持移动支付+文旅消费金融发展等；在财税方面，诸如各项税收减免、抗疫纾困；文旅用地，包括文旅用地审批、农村集体用地+宅基地流转等；基础设施方面，有鼓励景区扩容、加大文旅新基建、5G建设等；同时，鼓励文旅产品业态创新，通过双创计划+创客空间+众创平台扶持，鼓励建设文娱集聚地，通过刺激"夜经济+周末消费"，丰富新兴文旅消费业态。

3. 文旅融合发展在"战疫"中悄然起飞

回归身边的"风景"、日常的"美好"。近距离的都市休闲游、近郊乡村游等周边游的兴起使得社区公园、城市公园、郊野公园、主题公园、古镇村落等贴近日常生活的景区景点日益成为老百姓的首选。踢毽子、抖空竹、打太极、广场舞已经不再是家门口居民的专利，短期近程休闲出游的游客也爱这类休闲运动。

小规模、自组织、家庭型、开放性的旅游方式受到广泛青睐。私密、回归家庭、一单一团专车专导的私家团引领了跟团市场复苏增长，同时也验证了中高端需求回流国内的巨大市场潜力。据携程"五一"大数据统计，携程私家团订单量较2019年同期增长约230%。

微度假、慢休闲的旅游模式成为越来越多人的消费选择。既"不需要舟车劳顿"也"不用太多准备"，拥抱"身边的度假"。所谓微度假，就是集"吃、住、游、购、娱、会、养、赛"于一体，距离市区半小时车程左右的一站式综合休闲度假。度假区一般会提供酒店住宿、SPA、温泉、美食、商业与高尔夫训练及比赛场地及研学与教育的内容。

最后，需要指出的是，高科技、跨界化、网络化、专业化将成为旅游业未来发展的主要特征。

二、世界旅游目的地的基本要求

建设世界旅游目的地意义重大。从国家战略上讲，通过世界旅游目的地建设，能够扩大我国文化旅游国际影响力，促进中国文旅产业的国际化发展，提升国民文化自信。在城市旅游发展和景区建设方面，通过世界旅游目的地建设，能够在讲好中国故事上塑造新优势，从而推动我国文化和旅游业优势更优、特色更特、强项更强。从现实状况来看，我国文化旅游在国际上的影响力与资源产品实力并不相符，除北京市、上海市、武汉市和西安市这样的大型城市外，其他旅游城市在国际网络平台上还是缺乏相应的热度，国际旅游形象与影响力还比较欠缺，对于旅游产品的管理运营存在不足，产品和服务质量仍有待提升。

近年来，我国已有北京、上海、西安、深圳、三亚、都江堰、桂林、昆明、洛阳、开封等50多个不同量级和类型的城市相继以不同的名称和方式提出建设国际旅游城市、世界旅游城市、国际旅游目的地、国际知名旅游目的地、国际文化旅游目的地、国际生态旅游目的地、国际滨海旅游目的地、国际一流旅游目的地等战略构想。

文化和旅游部十分重视各省市开展世界旅游目的地建设工作。其实早在2015年，前国家旅游局就颁布了《关于开展中国国际特色旅游目的地认定工作的通知》（旅发〔2015〕179号），通知指出，中国国际特色旅游目的地是满足人民群众多样化旅游需求的重要载体，是促进旅游特色化产品建设的有效途径，是扩大我国旅游业国际影响力的战略抓手。2016年出台《关于公布中国国际特色旅游目的地创建名单的通知》（旅发〔2016〕9号），认定了30个中国国际特色旅游目的地创建城市，创建期2年。例如陕西西安，以中华古都文化为特色；吉林长白山，以生态体验为特色；河南登封，以少林功夫为特色；浙江莫干山，突出乡村度假；山东曲阜，突出儒学文化；江苏苏州，以中国园林为特色；黑龙江漠河，突出极地奇观；等等。

世界旅游目的地有一套创建体系标准。中国旅游研究院发布的《国际化旅游目的地指标体系》，基本明确了国际旅游目的地创建体系（图1）。

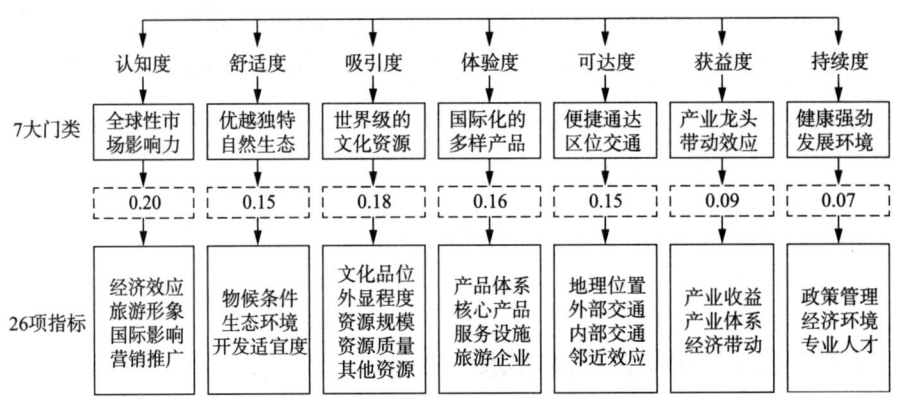

图1　国际旅游目的地创建体系

来源：窦文章.文旅产业讲稿（一）：行向远方.P70.旅游教育出版社，2020

根据国内外案例研究，我们可以总结出世界旅游目的地有"8化"特征：

（1）品牌全球化。指品牌辨识度高，品牌形象突出、个性鲜明；品牌知名度高，在全世界范围内被广泛认知；品牌美誉度高，在全球旅游业界获得较高赞誉；品牌忠诚度高，在全世界拥有一定规模高忠诚度顾客和行业合作伙伴。

（2）市场多元化。指客源地多元化，能够吸引本地区、本国、本区域以及全球其他地区游客；游客组织多元化，能够满足团队游客和散客的需求；旅游目的多元化，除观光外还能吸引度假、养生、会议、商务等特种旅游者。

（3）业态多极化。指一般以观光为基础，以景区景点为抓手，通过丰富休闲度假、生态旅游、文化旅游、民宿艺术、娱乐表演、商务会展、疗养保健等产业业态，构建出相互补充、立体互动的独具特色的多极化产业发展体系。

（4）服务品质化。指能够精益管理，创造出尽可能多的价值；具有精致产品和精心服务，使游客获得便捷、愉快、独特的旅游体验；实施精准营销，建立个性化的顾客沟通服务体系，让产品深入人心；精确标准，产品标准化、服务标准化、管理规范化。

（5）效益最大化。指旅游发展成为地区经济发展的重要支柱，能够促进当地社会、经济、生态、文化的综合发展；在旅游发展中，经济效益、社会效益、生态效益相互促进、有机协同并形成可持续的自循环系统。

（6）社区包容化。一般采用包容性增长理念，倡导公平合理分享经济增长，使得旅游效益以较为公平的方式惠及广大民众，使其生活质量、幸福指数和生活满意度不断提高；社区群体公平受益并和管理者拥有共同愿景，共同推进全面进步。

（7）区域辐射化。不仅带动当地社会经济的全面发展，还辐射到更大范围，促进所在区域的旅游发展、经济社会发展以及产业结构、基础设施等更加完善。

（8）管理一体化。在社会管理方面构建良好的利益相关者协作机制，除了紧密的公私伙伴关系外，更构建了政府—企业—社区深度合作、多方协商的良好机制；在行政管理方面，在不同层级政府、政府不同部门间形成良好的协作关系，构建权责对等、分工合理、沟通通畅、运行高效的管理体系。

三、长寿区建设世界运动康养旅游目的地的条件判断

长寿区建设世界运动康养旅游目的地，是长寿区委区政府提出的区域发展目标，这是一个命题作文，其中关键词"世界"定义了产品影响范围和市场半径，"旅游目的地"指出了旅游发展模式和目标，"运动"和"康养"突出了产品和业态特色，也是吸引物体系产品的必然选择。为此，我们要思考：长寿区有哪些文旅资源值得进一步挖掘？有哪些产品包括农产品与工业品，其市场范围是世界级抑或全国性的？与周边县区相比，长寿区比较优势如何，区域竞争力如何？长寿区融入重庆大都市旅游经济圈，该从哪些方面发力？等等。

我个人初步认识，长寿区建设世界运动康养旅游目的地，有区位优势、资源基础、品牌优势，也有经济基础、市场基础和组织保障。这里概括如下：

（1）长寿是长江黄金旅游经济带上一颗璀璨明珠，重庆主城近郊半小时旅游圈重要目的地和长江三峡游第一站，可谓"天府膏腴之地，川东鱼米之乡。长寿历史悠久，文化厚重，旅游资源禀赋得天独厚，长寿湖、大洪湖、菩提山、桃花溪等自然景观名扬天下，以"长于文、寿于和"为核心理念的长寿文化融汇古今。长寿区现有 AAAA 景区长寿湖、长寿菩提古镇、长寿菩提山；节庆活动有龙舟节、国际露营活动、铁人三项等。

（2）长寿区是重庆城乡统筹发展的示范区，是重庆陆路的交通枢纽和长江上游

的重要港口，重庆特大城市经济社会资源向三峡库区辐射的重要中继站。2021年全区GDP总值820亿元，年增速8%；长寿区是首批国家级环都市区产业转型升级示范区之一，西部地区重要的综合性化工基地，重庆主城都市区同城化发展先行区。"十三五"期间，已基本形成了"5+1"产业集群，即钢铁冶金、装备制造、新材料新能源、生物医药、电子信息、现代农业。"十四五"时期，区委区政府提出了经济提质增效的奋斗目标，努力打造"三地一中心"（图2）。

重庆工业高地	现代农业基地	休闲旅游胜地	区域物流中心
• 五大主导产业产值突破千亿，4家企业集团迈入"百亿俱乐部"，6家企业税收过亿，新升规企业85家，建成国内最大的天然气化工生产基地、聚乙烯醇出口基地、全国第二大玻璃纤维生产基地 • 园区发展量质双优，长寿经开区连获6项"国字号"殊荣 • 产业结构迭代升级，战略性新兴产业产值突破200亿元	• 成功创建国家农业科技园区 • 柚、橘、鱼、蛋四大主导产业产值占比超过60%，禽蛋和水产品产量分别居全市第一、第三 • "自然长寿"入围国家级品牌排行榜，市级以上名牌农产品36个 • 推进农业"接二连三"，建成农畜产品加工区，六大项目开辟农旅融合新空间，特色产业链综合产值达168亿元	• 长寿湖景区获评重庆文化旅游新地标、中国气候旅游目的地 • 菩提山—菩提古镇成为长寿旅游新地标 • 三倒拐上榜重庆最美历史文化古迹 • "长寿·人人向往"城市旅游品牌越来越响亮	• 物流产业全要素、全链条发展，初步构建"一网、一港、一群、多主体"发展框架 • 初步形成"铁公水管"多式联运体系，港口货物年吞吐量达2000万吨 • 区域性专业市场群初具规模，167家物流企业落户长寿，渝化工线上交易突破110亿元

图2 长寿区经济新的起点—建成"三地一中心"

（3）长寿区是全国唯一以"长寿"命名的县区。这是一个非常宝贵的品牌资源。联合国规定，长寿地区的标准是每百万人口中要有75位以上的百岁老人。1991年11月，国际自然医学会正式宣布，高加索地区、巴基斯坦的罕萨、厄瓜多尔的比尔卡班巴、中国新疆的南疆和广西的巴马为全球五大长寿之乡。之所以长寿，主要是区域内具有得天独厚的自然条件，长寿人坚持合理的饮食起居方式、长期无忧无虑的生活、坚持积极不间断的劳动以及与遗传基因的作用有关。可以说长寿区具有天然的休闲康养的品牌优势。

但是，长寿区建设世界运动康养旅游目的地，也有一些差距，对标分析有以下不足：

（1）国际旅游产品需丰富。表现为：①旅游发展方式粗放，总体效益不高；观光型旅游的格局尚未根本转变；休闲度假等高端旅游产品开发不足；景区配套服务设施建设较滞后。②旅游产品核心竞争力不强，消费结构不优。有龙头无集群，带动效应弱；旅游产品结构过于简单，旅游商品开发缺乏特色与创意。③文化资源开发水平不高，利用不充分，文化资源的开发程度明显落后于自然资源开发；以低层次开发为主，同质化、过度商业化等现象层出不穷。

（2）公共基础设施不完善。表现为：①全域旅游交通体系不畅通，包括机场布局尚不完善、航线有待扩展，尤其是国际航线；铁路网覆盖面不足、铁路运输车次不足；公路总量不足，高速公路网络不完善。②旅游"最后一公里"问题依然突出。各景区与旅游集散中心之间的交通连接呈放射状分布；客流疏导不畅，停车场、交通标识等配套不完善。③自驾车服务体系不完善，包括自驾车服务体系建设尚需完善；旅游交通标识系统有待国际化。

（3）产业融合创新不充分。表现为：①泛旅游产业链整体发展格局，如以旅游为龙头的产业体系尚需完善、旅游产业的带动作用尚未完全发挥、缺少发挥引领作用的旅游龙头企业。②旅游跨界融合不足，发展的内生动力不足。主要指旅游与城乡建设发展没有紧密结合起来、旅游与新兴产业的融合力度不够、旅游产业与特色新业态融合不足等。

（4）要素配套不完善。表现为：①旅游配套服务设施的供需矛盾较大，包括交通、景点、酒店、旅游购物市场等缺乏一个整体的互动、缺乏功能完善的综合旅游目的地、接待能力不能满足旺季旅游市场需求、四季旅游发展不均衡。②要素发展不充分，存在旺季市场供需矛盾，餐饮、住宿等供需矛盾突出；满足品质旅游、全域旅游的标准服务接待设施较少；食宿、卫生系统、标识系统、安全救助不达标等。

（5）全民旅游参与服务意识待加强。表现为：①全民参与旅游开发利益分享机制不健全，如旅游业一直以"公司+政府"的传统开发模式为主，商业导向开发模式、"人人为旅游、人人是旅游形象"的意识薄弱。②全民参与旅游开发的意识不足，包括旅游经济收益大部分流向外地投资商和城市人群、旅游收入城乡水平差距较大、全民参与旅游的热情仍然不足，等等。

四、关于康养+旅游的产品选择

2020年初突如其来的新冠疫情，给大家的工作生活带来诸多不便，在身心上也蒙上许多阴影，"爱生活，爱健康"成为疫后主流生活方式，骑行、慢跑、健身、体育、户外生活成为流行时尚。同时，人们逐渐从身体养护转变上升到精神层面的养护，也就是说康养能够实现生命丰富度内向扩展。与此对应的产品功能，最初的养身是物质层面的，包括保健养生、旅游休闲；而心灵层面的，如养心、心理咨询、文化影视观看、度假休闲都是心灵层面的体验；最高层面是精神养神，包括安神养性、宗教旅游、艺术鉴赏，等等。

党的"十九大"报告明确指出，把人民健康放在优先发展的战略地位；推进健康中国建设，是我们党对人民的郑重承诺。"健康中国"于2018年首次写进政府工作报告，报告指出：健康是群众的基本需求，要打造健康中国；提高基本医保和大病保险保障水平，居民基本医保人均财政补助标准再增加40元，一半用于大病保险。

纵观我国康养产业发展脉络：1984年国家医疗体制改革；2013年出台了健康与养老系列政策，如《养老机构管理办法》《养老机构设立许可办法》《关于促进健康服务业发展的若干意见》等；2014年、2015年相关政策体系确立，包括养老服务标准、养老信息化、医养结合、养老金融政策等。2016年，康养政策体系相对完善，相关部委开始编制详细发展战略指导性政策意见，如林业总局把森林康养旅游示范基地标准纳入林业"十三五"规划体系，国务院出台《健康中国2030规划纲要》等；2017年康养产业发展方向进一步明确，党的"十九大"报告强调进一步推进医养结合，加快老龄事业和产业发展。

从我国康养产业发展现状来看，有以下几个特征：

第一，康养产业由公共服务到综合产业集群，也就是说由过去的以公益为主到社会广泛关注，投资经营主体多元化。公共服务以政府为主导，体现在公共健康、养老服务以及民营健康公寓等形态，而综合产业体系包括医疗器械、生物医药、旅游休闲、生态农业、装备制造、现代服务等。

第二，产业发展链条化。通过多元化主体经营发展，形成了多种业态的康养产品，如康养旅游、康养医疗、养老地产、康养金融等。每一类产品又细分为更多的业务模式和商业模式（图3）。

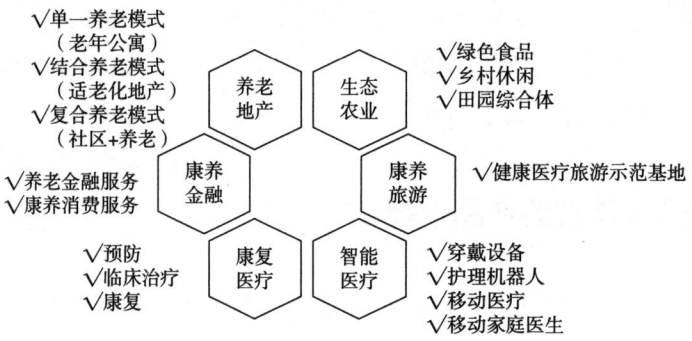

图3　康养产业结构模式

第三，产品类型特色明显，业态创新不断。按照依托资源不同，可以将康养产业类型划分五大类，包括森林康养、气候康养、海洋康养、温泉康养、中医药康养，第一类康养产品又各具特点（图4）。随着产业不断发展和科技进步，康养产业业态创新加速，出现了精准医疗、康养小镇、移动在线医疗、特种医养等商业模式。

建设世界级运动康养旅游目的地的若干思考——以重庆市长寿区为例

以空气清新、环境优美的森林自然资源为依托，包括森林游憩、度假、疗养、运动、教育、养生、养老以及森林食疗（补）等众多业态	森林康养
以地区或季节性宜人的自然环境（阳光、温度、湿度等）条件为康养资源，满足康养对气候的需求，并提供养老、养生、度假等配套产品和服务的综合产业	气候康养
以海水、沙滩、海洋食物等海洋资源为依托，建设形成的海水和沙滩理疗、海上运动、海底科普旅游、海边度假庄园、海洋美食等产业	海洋康养
以温泉为依托，具备保健和疗养功能，拓展温泉度假、温泉庄园以及结合中医药、养生理疗等其他资源和产业而形成的温泉小镇等	温泉康养
以传统中医、中草药和中医疗法为核心资源形成的一系列业态集合，包括中医养生馆、针灸推拿体验馆、中医药调理产品，以及结合太极文化和道家文化形成的修学、养生、体验旅游等	中医药康养

图4　康养产品类型特征

第四，康养产业空间发展不均衡，尺度规模迥异。东部地区需求高，消费层次高，产业完整成熟；中部地区康养产业定位不明确，以资源导向为主，产业内容块状分割严重，未形成产业链；西部地区有较好资源，如四川、甘肃、山西，康养资源大多数未开发，康养产业定位模糊，发展缓慢。与此同时，城市间康养产业发展水平也不均衡，一线（北上广深）领先，人口基数大、消费水平高，需求多样且对价格不敏感，产业发展水平高，公共福利产业规模大，康养与医药、保健、健康协同发展；二线城市成熟度低，市场需求量小，产品服务层次低，专业程度一般。其他城市居民康养意识不强，需求结构失衡，仅限于一般性医疗、卫生等产业，体育、健身、旅游、养老等尚不具备产业规模。

在康养产业实践中，具有从康养产业试验区走向康养城市建设的趋势。康养产业试验区一般范围比较小，如秦皇岛北戴河、攀枝花"中国阳光康养产业发展试验区"普达阳光国际康养度假区；而康养城市则上升到区域层面，是更大范围的产业发展规模。如贵州省以大健康为目标发展康养产业，也就意味着政府把康养产业作为扶贫手段之一。

通过上述分析，接下来我们需要思考，长寿区如何选择"康养+旅游"的融合发展模式，在康养产业链环节上如何做抉择？图5给出了康养产业链典型的产品形态。结合表1，在此我分享几个国外比较有代表性的案例。

表1　康养产业链典型的产品形态

	医疗+旅游	特色专科+旅游	理疗+旅游	美容+旅游	产业发展
特点	国家层面的支持 优质医疗资源 多设有研究所 注重人才培养	单一（特色/专科）医疗产业高度发达 医院、诊所高度集中 医护人员水平高、数量多 区位好，有一定量优质的旅游资源	以自然资源、技法为核心卖点 以理疗为特色，主要针对亚健康、有保健需求的游客 本身具有一定旅游元素	多主打特定主题的美容	政府主导，带头发展 产学研一体，注重科研 公、私共同开发 本身具有一定的旅游元素，特别是生态元素
产品设置	综合性医院+专科医院、研发中心、大学等科研机构	专科医院或诊所	资源或文化展示产品 核心理疗服务 度假及休闲娱乐设施	小规模、专科性诊所或医院	综合性医院+专科医院 研发中心、养生理疗 生态体验、人才培养
模式归纳	依托国家、城市等宏观载体发展 各学科领域共同发展，并主推若干特色项目 以治为核心，游为辅	注重单一医疗项目的突破式发展 以区域、小城形式出现 治游并举，对旅游资源有一定依赖	从国家到度假村各个层次都存在 主推某一项特色康养服务 疗、旅并举，治为辅	多以地区或小镇的形式存在 疗、旅并举，治为辅	由政府牵头，采取上政府、下企业的模式 依托城市、产业城等概念发展 以产业及治为核心
代表案例	德国	匈牙利肖普朗	泰国SPA	韩国整容 瑞士抗衰老	日本静冈

（1）德国的"医疗+旅游"。德国的医疗保健系统是欧洲乃至全球最好的系统之一。根据世界卫生组织的数据，德国每10万居民平均就有380位医生，高于美国和加拿大的平均水平。数百年来德国医院已经成为欧洲首要的健康旅游目的地，至今仍然引领医疗旅游行业。来自俄罗斯及罗马尼亚、保加利亚等东欧国家的患者负担得起高质量的医疗服务，通常在国外寻求医疗护理，德国则是他们的主要选择。①政府监管下的质量监督：德国标准化研究所（Deutsches Institut fr Normung，DIN）、移动社会远程医疗（TEMOS）以及医疗质量和透明度合作（KTQ-GmBH）资质和认证。②先进的医疗旅游医院：海德堡大学医院（海德堡），欧洲领先的医疗中心之一，吸引了来自德国及其他国家的患者。汉堡－埃本多夫大学医学中心（UKE）（汉堡），成立于1884年，2009年进行了全面的现代化改造，成为欧洲最具创新精神的医院之一。斯图加特医院（斯图加特），德国最大、最好的医院之一，涵盖所有医疗专业，是肿瘤科、儿科、耳鼻喉科和其他医学专科的转诊中心。③医疗人才培养：医生经过严格的培训：医学学生需要经历两部分大学培训（基础学科+临床实践）；完成大学学习并通过医学委员会考核之后，医师进行5至7年的专业化培训，然后通过另一次考试才能开始实习。

（2）匈牙利肖普朗"牙科旅游"。肖普朗小镇地处奥匈边境，有超过40%的欧盟公民到匈牙利看牙。一个只有5万常住居民的小镇，但却分布有超过200家牙科诊所。因为匈牙利地处东欧，物价低廉，牙科性价比高，牙科诊疗费是西欧国家的25%~50%；牙齿手术一般需要7天时间才能完成，小镇周边旅游资源如文物古迹、天然温泉、湖泊，就成了患者理想的休闲场所。

（3）日本静冈富士药谷计划。2001年静冈县启动富士医药谷计划，以县立静冈癌症中心开设为契机，建立起以"健康、医疗、生物试验、保养、度假"为一体的新型健康基地，成为日本乃至全球的著名医疗旅游目的地，每年吸引上万癌症患者前来就医看病。①构建"医"的唯一性，以"静冈癌症中心医院"的医疗资源为核心（强势），树立起在全球国际医疗旅游中的独特优势。②延展"健康产业"功效，带动区域发展。以医学研究为中心，形成了一个以药品临床实验、新药引进研发、药品生产供应为一体的医药产业链，用医药支撑区域的发展。同时捆绑静冈的食品产业，发展健康和功能性食品研究集群，共同带动静冈产业经济的发展。③构建一种"休养生活方式"。开发多种康复疗法：开发了矿物水疗、自然疗法、顺势疗法等多种体系疗法，还利用静冈丰富的温泉资源，创造出了康复保养的新方式。发挥茶旅的魅力：美丽的茶田成为静冈的绿色基底，静冈开发了独有的绿茶料理，如煎茶做的茶盐、茶叶荞麦面、茶香饭等，提供绿茶料理的餐厅备受消费者欢迎。设置富士山下山地休养路线：通过对"休养生活方式"的搭建，让养疗康复融入到日常生活中，打造"来了就不想走的康养旅行"，等等。

五、长寿区发展运动康养旅游的几个抓手

第一，要树立目的地竞争力的思维模式。

我在分析研究区域旅游发展时，特别重视从比较优势向竞争优势的思维转变[详见窦文章.文旅产业讲稿（一）：行向远向.P52.旅游教育出版社，2020]，要用竞争优势的理念，分析判断长寿区建设世界旅游目的地的竞争条件，做到从优秀到卓越。一个区域的某种产业是否具有竞争力，按照波特的"钻石模型"，决定于几个要素。一是生产要素，包括基本要素，如天然资源、知识资源、资本资源；也包括高级要素，如一个区域的基础服务设施、具有特殊技能的人力资源。二是需求条件，指产业的市场规模是否足够大、产品市场半径是否宽、产品供给是否具有时间溢价差、市场客户是否挑剔等。三是企业战略、结构和同业竞争情况。四是产业和相关上游产业是否有国际竞争力。当然在发展中国家或地区，有为政府和开放度也是重要的因素。为此，长寿区要站在区域创新发展的战略高度，通过特色化、品质化、绿色化、一体化和治理现代化，打造区域竞争优势（图5）。

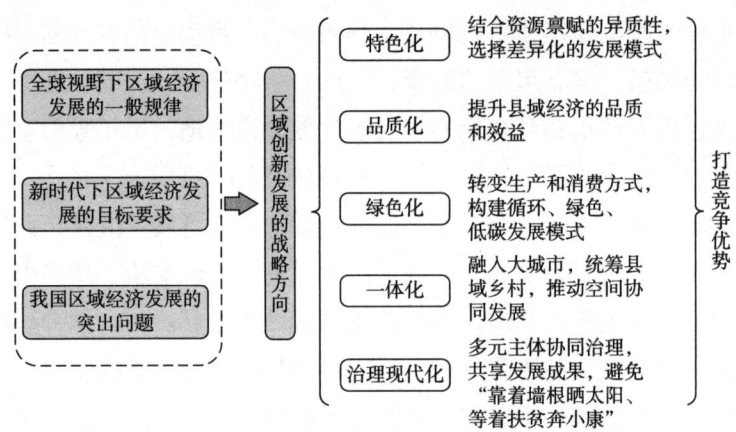

图 5　长寿区域创新战略思维框架

我们认为，长寿世界运动康养旅游目的地建设具有四个使命：一是产业使命，即产业全面升级，将运动康养文化旅游产业确立为支柱产业。二是经济使命，即强市富民的经济目标：调结构、促转型、惠民生。三是区域使命，即区域协调发展：架构大旅游格局，驱动全域空间协调发展。四是国家使命，做到国家级示范引领：打造中国运动康养度假旅游目的地。最后达到"江山并举、文旅康养运动一体化、景城一体"。具体而言，(1)要让本土产品与国际接轨，建设"传统与现代交融、物质和精神同步充盈、人与自然和谐共生"的人人向往的生命之城、运动之城、长寿之城，建设高质量发展高品质生活新范例和同城化发展先行区，建设具有全球影响力的新材料高地、世界级运动康养旅游目的地、中国长寿生命科学城。(2)建设具有全球影响力的新材料高地。以长寿经开区建设世界一流园区为引领，优化产业链、提升价值链、完善创新链和服务链，成为新材料产业的国内领跑者、全球并跑者。(3)建设世界级运动康养旅游目的地——充分利用适宜气候、特色山水、厚重文化，加强全域农文旅产城一体融合发展，打造具有世界知名度的运动、康养、休闲于一体的旅游产品和服务体系，让寿城山水走向世界，让世界来宾共享长寿。(4)建设中国长寿生命科学城，以长寿中心城区为载体，打造生命科学领域产学研核心平台，构建全民全生命周期管理系统，形成"数字+""康养+""国医+""研学+""生命+"多元融合生命城市形态，充分彰显生命哲学魅力、生命美学张力、生命科学活力，绘就天人合一、道法自然、多元共生的美好生活新图景。

第二，以世界旅游目的地标准，搭建世界级商务平台。

搭建世界级商务平台，是国际旅游目的地创建体系重要的组成部分。商务平台既有招商功能，又具有文化交流、引智引资作用。比如，面向全球知名运动、康养、文旅＋知名企业搭建商务平台，做到名商荟萃；在产品开发上，与世界知名厂商合作，引进与长寿区相匹配的投资运营主体，如温泉康养方面有日本箱根集团、匈牙利"黑维兹"等，休闲度假有法国PVCP、美国"发现"等，主题公园有国内知名长隆、方特等，体育运动有奥林匹克、世界杯等专业赛事运营厂商。再如引入跨国公司、央企总部、国际机构，使长寿区成为重要外交外事活动、全球运动赛事、国际顶级盛会的举办场所。

值得一提的是，长寿区要抢抓"互联网+"、Web3.0等的时代机遇，通过"网络化、智慧化、数字化"顶层设计，应用数字经济技术，快速搭建世界级商务平台。举例来说，长寿区要建设"1135"工程，即一个APP：长寿区旅游APP；一张图：长寿区旅游专属地图；三大支撑平台：智慧旅游服务、营销、管理平台；五个重点系统，包括旅游移动端智能服务系统（旅游APP群）、旅游咨询和投诉系统、电子商务应用系统、智慧旅游行业管理系统、虚拟旅游系统；建设不低于30个旅游信息咨询中心，服务范围覆盖全市所有2A级以上旅游景区，形成5家全市示范标杆，1个全国示范标杆。

第三，举全区之力，打造1~2个特色核心吸引物。

其中，抓手之一就是长寿湖的开发，要从国家级旅游度假区的建设思路，转变到文化产业新区建设的思路上来。景区开发理想目标是创建成5A景区或者国家级旅游度假区，是产品升级和品质提升的过程，对整个区域发展有一定的带动作用；但是对于整体发展与空间布局，明显是力度不够。例如，浙江宁波东钱湖开发，最初是国家级旅游度假区创建，但是随着投资建设力度增加、开发区域范围扩大，景区建设模式逐步演变成为城市新区的开发模式。

抓手之二就是升级国家农业产业园品质，积极探索农旅融合新路，可以引入国际慢城理念，建设"长寿慢城"。同时，围绕乡村振兴的"五大振兴"逻辑，即以生态振兴为基础、以产业振兴为核心、以人才振兴为关键、以文化振兴为目标、以组织振兴为保障，构建以一产为主导的"一二三"产融合发展模式，做到从"一产为主"到"三产深度融合"，乡村振兴按下"升级键"。具体模式如下：做精做强1~2个农产品加工制造龙头企业，培育产业链集聚优势（图6-1）；充分发挥科技创新在产业体系中的渗透、凝聚、组合的作用，以科技创新引领一二三产业融合发展（图6-2）；以乡村文旅为主导拉动一二三产融合（图6-3）；以电子物流引领一二三产融合发展（图6-4）。

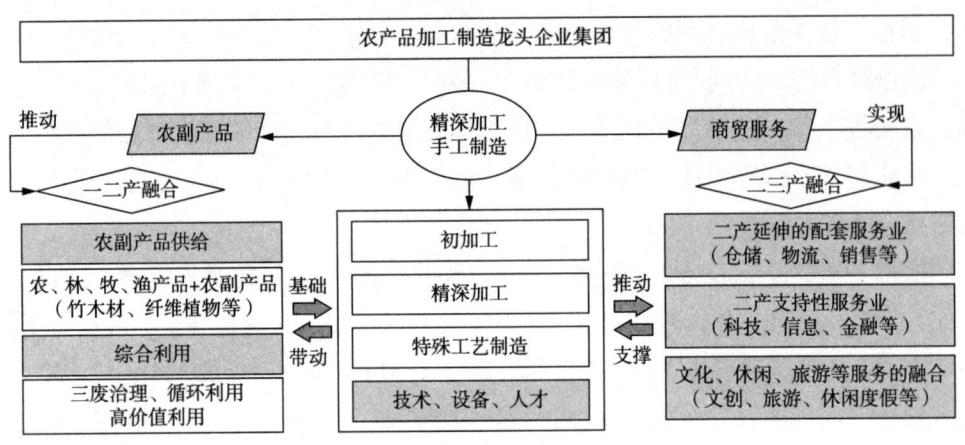

图 6-1

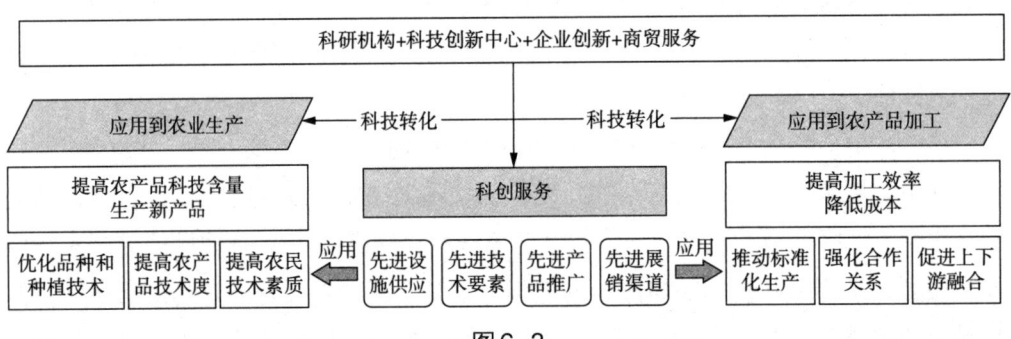

图 6-2

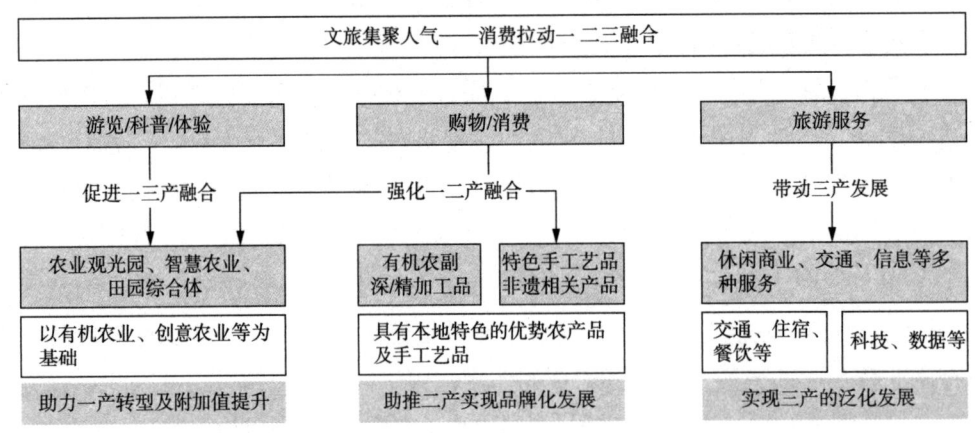

图 6-3

建设世界级运动康养旅游目的地的若干思考——以重庆市长寿区为例

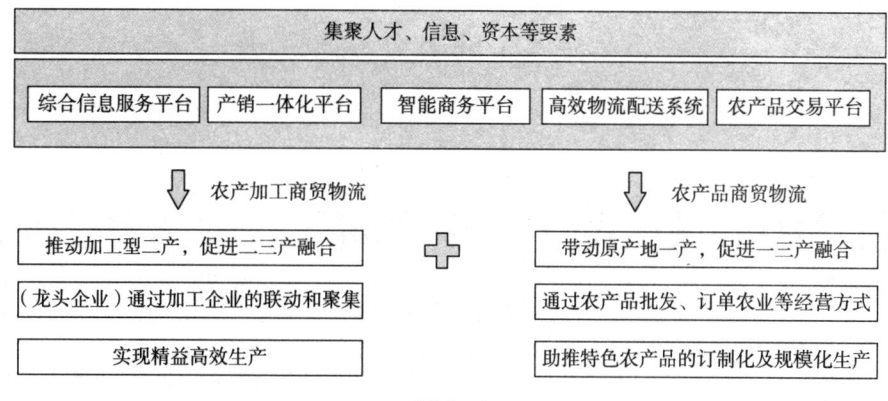

图6-4

图6 长寿区一二三产业融合发展模式

抓手之三就是围绕景城一体，通过菩提小镇与菩提山合力，2个4A联合升5A；高铁新区打造成为旅游集散与旅游地产示范地；当然，围绕长江国家文化公园核心地段、工业园区旅游、会展经济（如上合经济组织G20峰会）等，也可能成为长寿区建设世界运动康养旅游目的地的重要核心吸引物。

第四，围绕核心产品做长产业链条，在管理上实施一把手"链长制"。

围绕长寿区核心资源优势，打造三大核心旅游产品——康养度假、文化体验、都市休闲，旅游产品覆盖春、夏、秋、冬四季，带动全市旅游向"四季游"嬗变；根据游客需求，开创多维业态，打破单一的观光旅游模式；通过平台战略构筑泛旅游产业整体发展模式，实现泛旅游产业的全域创新空间。同时，面向产业链实施开放共融，促使文旅企业升级，面向高质量发展建设现代企业集团体系，构建一流竞争力的"X+n"泛文旅企业生态圈。

第五，区域旅游品牌形象鲜明，注重细分市场的渠道开发。

一方面要打造运动康养文旅超级IP，让文化亮起来，让旅游活起来；通过创新驱动提升精品线路，专注深耕细分市场；通过IP引领，节事发力，构建全域旅游营销与市场开发系统；建立多元化渠道并避免渠道冲突。

最后，祝愿长寿区世界级运动康养旅游目的地建设早日成功，区域经济发展越来越美好！

本文系窦文章于2022年6月15日在重庆长寿区组织部干部培训班的讲稿整理而成。

打造中心城区的"三生空间"——以吉安市为例

窦文章　黄雨泽

随着我国生态文明建设的推进,生态理念在国土空间规划中的地位逐渐增强,单纯以经济发展和以生活功能为主的空间开发模式发生改变。党的"十八大"提出"三生空间"的发展要义,即"促进生产空间集约高效、生活空间宜居适度、生态空间山清水秀"的要求,为"三生空间"的发展指明方向。所谓"三生空间"是指日常生活活动使用的生活空间,从事生产活动的生产空间以及具有生态防护功能的可提供生态产品和生态服务的生态空间。

在理论文献与分析方法上,我们发现"三生空间"的研究尺度多为宏观尺度和中观尺度,以省域、市域层面为主,对于微观层面如城市建成区的研究相对较少;研究方法主要是基于《土地利用现状分类标准》进行分类,再定性定量,然后进行空间格局分析,由于纯定性的研究脱离技术依据缺乏科学性,纯定量的研究在数据标准化方面也存在困难,所以定性定量相结合的方法才可以在一定程度上确保科学性和准确性。近年来,随着大数据技术的广泛应用,空间规划方法也发生了变化,学者们开始了基于POI(Point of Interest)数据的空间结构和分布研究,这为城市功能区的精细化识别提供了可能性。本文通过对吉安市中心城区的POI数据进行分类处理,借助ArcGIS软件对城市的"三生功能要素"实现定量识别,划定中心城区"三生空间"边界;接着通过核密度和平均最近邻的方法来分析其空间格局和集聚特征,以期为吉安市中心城区空间发展规划及其优化提供决策依据和参考。

一、研究范围及数据来源

吉安市中心城区位于赣江、禾水的交汇之处,呈现自赣江、禾水往外逐渐升高的形态,是吉安市经济、社会、文化中心。城区内吉安市丰富的自然资源和交相辉映的红色文化、庐陵文化、佛教文化等文化资源,决定了吉安市中心城区的发展不能仅仅追求经济发展,更要注重文化生态建设,强调"三生空间"之间的协调发展。

根据《吉安市城市总体规划（2017—2035）》，吉安市中心城区包括吉州区、庐陵新区、青原区和吉安县的部分区域，规划范围大约是在长塘镇、樟山镇以南，兴桥镇、曲濑镇以及禾河以东，吉安县凤凰镇以北，天玉山与青原山以西，大约445平方千米。

为了识别"三生空间"的功能要素，在进行功能要素识别之前，本文需要将研究区域划分多个研究单元组成的网格面，经过实验，每个单元格300m×300m更易于进行空间分析，共得到5370个研究单元。同时基于91卫星助手和高德地图的最新数据源，共爬取POI数据12 631条；数据属性包括名称、地理坐标、类别、地址四个属性，覆盖公司企业、交通设施、绿地、购物、餐饮等19个大类，每个大类下分中类和小类。为了避免数据重复和分类不正确等问题，对所有数据进行清洗，并删减影响力较小的数据，然后按照"三生空间"的功能特征对爬取的POI数据进行了重分类，结果如表1所示。

表1 基于"三生空间"的POI数据重分类

空间	功能特征	对应POI数据分类			POI数量（个）
		大类	中类	小类	
生活空间	日常生活活动使用的空间	生活服务	餐饮	餐饮相关场所	3786
			购物	超市、商场、市场等	4935
			住宿	酒店、招待所等	407
			科教文化	学校、培训机构、文化场馆	140
			体育休闲	娱乐、度假、运动场馆	346
			生活服务	生活服务相关场所	233
			医疗福利	医院、诊所、药店等	107
		公共管理	政府机构	政府机关、社会团体等	133
		生活居住	居住区	商务住宅、住宅区	830
生产空间	从事生产活动的特定功能区域	生产服务	公司企业	建筑、广告、装饰、电子等	99
			金融保险	银行、保险公司等	108
			商务大厦	写字楼	78
		交通运输	交通服务	公交站、汽车站、火车站等	1057
			道路附属	服务区、收费站	4
		生产性空间	产业园区	产业园区	55
			工厂	工厂	122
			物流仓储	物流、仓储	12
生态空间	具有生态防护功能的可提供生态产品和生态服务的地域空间	绿地	公园绿地	城市广场、公园	56
			风景名胜	旅游景点、风景名胜	123

由于POI数据属于点数据，用于表示空间位置，不具有面积的属性，难以客观地

反映事实，因此可以采用定性和定量结合的方法进行赋值，为准确反映"三生空间"的识别，本文通过特尔菲法和层次分析法得到POI点数据的相关性和影响力，从而对POI的点数据进行综合赋值。（1）相关性：不同类型的数据在不同类别空间内相关性程度不同，比如在生产空间中，生产性空间要大于生产服务空间，而在生产服务空间中，工厂的相关性又大于物流仓储。所以借用层次分析法软件AHP得到与"三生空间"的相关性系数A。（2）影响力：由于POI数据的特性，不同小类的数据对空间的影响力是不一样的，比如居住区这一类中只有一个POI点，而购物这一类中不仅有购物中心的POI点，还有购物中心各个商店的POI点。本文以中类之下小类数据对于空间的影响程度作为影响力，为使研究结果清晰，本次研究可以接受小类内部数据之间的影响力误差，可以界定每一个中类的POI数据权重为100，那么这一中类的影响力系数B，其计算公式为：

$$B = E \div 100$$

（式中B为每个中类POI数据的影响力系数，E则为每组中类下小类POI数据的类别数量）

基于相关性和影响力，可以将相关性系数A与影响力系数B进行相乘来综合反映该类型的权重P，赋值结果具体见表2。

$$P = A \times B$$

（式中P为每个中类POI数据的综合权重）

表2 基于"三生空间"的POI数据赋值结果

空间	大类	中类	小类	相关性A	影响力B	综合权重P
生活	生活服务	餐饮	茶座、酒吧、咖啡厅、快餐店、甜品店、中餐厅、外国餐厅、餐饮相关场所	0.0737	12.5	0.9213
		购物	超市、商铺、家居建材、便利店、家电数码、市场等购物场所	0.0488	16.7	0.815
		住宿	快捷酒店、公寓式酒店、星级酒店、招待所等	0.0371	25	0.9275
		科教文化	学校、成人教育、培训机构、文化宫、展览馆、图书馆、美术馆等	0.1092	14.3	1.5616
		体育休闲	娱乐、度假、运动场馆、健身中心等	0.0489	25	1.2225
		生活服务	房产中介、物流点、邮局、汽车维修、通信、通信营业厅、美容、美发等生活服务相关场所	0.0841	8.3	0.698
		医疗福利	医院、药店、医疗保健、诊所等	0.0667	20	1.334
	公共管理	政府机构	党派团体、福利机构、各级政府、公检法机构、社会团体、政治教育机构、居民委员会等	0.1074	14.3	1.5358
	生活居住	居住区	商务住宅、别墅、住宅区	0.4241	33.3	14.1225

续表

空间	大类	中类	小类	相关性A	影响力B	综合权重P
生产	生产服务	公司企业	建筑、广告、装饰、电子等	0.3425	10	3.425
		金融保险	银行、保险公司、投资理财、信用社等	0.0542	25	1.355
		商务大厦	写字楼	0.0253	100	2.53
	交通运输	交通服务	公交站、汽车站、火车站、停车场、加油加气站等	0.0580	20	1.16
		道路附属	服务区、收费站	0.0521	50	2.605
	生产性空间	产业园区	产业园区	0.2317	100	23.17
		工厂	工厂	0.0412	100	4.12
		物流仓储	物流、仓储	0.1950	50	9.75
生态	绿地	公园绿地	城市广场、公园	0.75	50	37.5
		风景名胜	旅游景点、风景名胜	0.25	50	12.5

来源：笔者自制表

二、中心城区"三生空间"的识别

1. 功能识别

根据本文研究划定的范围，通过ArcGIS对重分类后的POI点数据进行空间链接，此时城区内的每个网格单元中会包含多个不同类别的点数据，根据表1的重分类，将各个中类的POI数据个数与其得到的综合权重进行相乘，可以得出每个方格中各中类POI的功能要素值，计算公式如下：

$$C_i = D_i \times P_i \ (i=1, 2\cdots)$$

然后将生活空间、生态空间、生产空间中各个中类POI的功能要素值相加，得到每个单元网格内的三生功能要素值，其计算公式为：

$$N = \sum_{i}^{n} D_i \times P_i \ (i=1, 2\cdots)$$

其中C_i是单元格内第i类POI点数据的功能要素值，D_i是单元格内i类POI点数据的个数，P_i是i类POI点数据的综合权重，N是单元格内生活、生产、生态功能要素总和。

2. 空间识别

借助ArcGIS的空间叠加工具对已识别的三生功能要素值进行叠加分析，然后采用样方比例法得到每个单元格的生活功能要素值、生产功能要素值、生态功能要素值占单元格内总功能要素值的比例，其公式为：

$$E_i = \frac{S_i}{\sum_{i}^{n} S_i} \text{ (i=1, 2}\cdots\text{)}$$

式中 E_i 是单元格内第 i 类功能要素值的比例；S_i 是单元格内第 i 类功能要素的个数。

借用单元格内的功能要素比例来判定空间的功能性质，可以用50%当作空间属性的分界点，即当某一类功能要素的比值超过50%时，则确定这个单元格为该类功能，如果所有的功能要素都没有超过50%时，则确定这个单元格为混合功能，以功能要素所占比值高的功能来定义混合空间。由此可以得到吉安市中心城区"三生空间"的分布图，如图1所示。共识别出"三生空间"单元格1211个，其中生活空间单元格823个，占比67.96%；生产空间单元格285个，占比23.53%；生态空间97个，占比8.01%；混合功能空间6个，占比0.50%。各自占比如后图3组图所示，其中6个功能混合空间均以生活功能和生态功能为主。

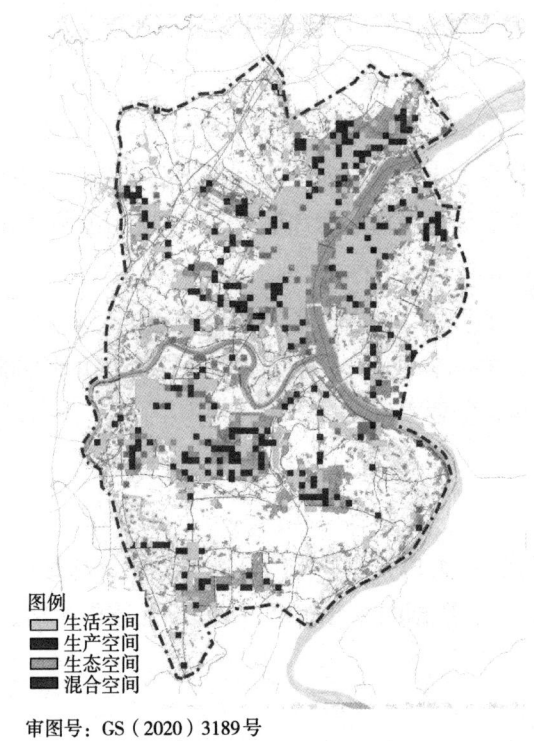

审图号：GS（2020）3189号

图1 基POI数据识别的吉安市中心城区"三生空间"

3. 识别结果校验

随机选取15个基本单元，结合《吉安市城市总体规划（2017—2035）》中心城区土地利用现状图进行对比验证。通过对比校验，借助POI数据的识别，吉安市中心城区"三生空间"的识别结果具有一定的准确性。出现不一致或相近的主要原因为：（1）研究底图基于2017—2035年规划图，中心城区处于发展变化中，因此存在不一致的情况；（2）中心城区国土空间数据库不完善，有些水域和农林用地不具备POI数据源，无法识别，使得识别结果出现相近的结果；（3）渔网单元格是按照正方形划分地块，不能按照研究范围划定边界，因此存在单元格内用地类型较多的情况。

三、中心城区"三生空间"集聚及分布特征

通过核密度分析法、平均最邻近指数分析法，可以分析吉安市中心城区"三生空间"的聚集和分布特征。

1. 集聚特征

平均最近邻指数，通过每个点数据的中心与其最近邻点数据的中心位置之间的距离测算而得到最近邻距离的平均值。基于吉安市中心城区"三生空间"的点要素数据，通过ArcGIS软件的平均最近邻指数分析工具，可以得到吉安市"三生空间"p值和Z得分的可视化结果（图2）。

对吉安市中心城区"三生空间"的参数进行整理统计（表3）。如果平均最近邻比率（ANN）小于1，则模式为聚集；如果平均最近邻比率（ANN）大于1，则模式为离散；如果平均最近邻比率（ANN）等于1，则模式为随机分布[12]。一般来说，ANN值小于1且数值越小时，表示空间上越集聚。吉安市中心城区"三生空间"的最邻近比率（ANN）小于1，Z得分小于-2.58，且p值小于0.01，可以通过99%的显著性检验，说明"三生空间"在分布上均呈现集聚特征。而混合空间的最邻近比率（ANN）大于1，且Z得分大于-2.58，说明混合空间在分布上均呈现离散特征。

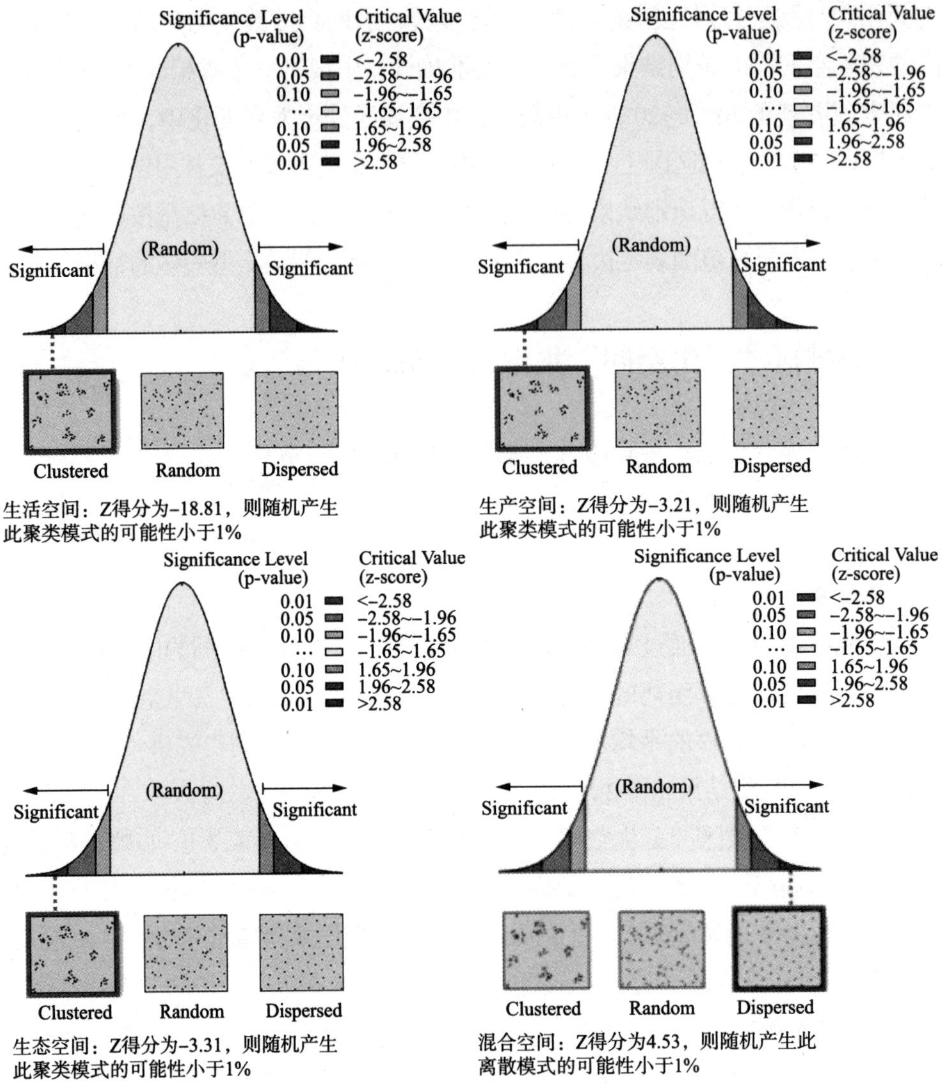

[图示：四组正态分布曲线配置图，分别对应生活空间、生产空间、生态空间和混合空间的Z得分与聚类模式分析]

生活空间：Z得分为-18.81，则随机产生此聚类模式的可能性小于1%

生产空间：Z得分为-3.21，则随机产生此聚类模式的可能性小于1%

生态空间：Z得分为-3.31，则随机产生此聚类模式的可能性小于1%

混合空间：Z得分为4.53，则随机产生此离散模式的可能性小于1%

图2　p值和Z得分可视化结果

表3　"三生空间"最近邻指数参数统计表

参数	生活空间	生产空间	生态空间	混合空间
平均观测距离（m）	263.9084	442.5422	890.0292	4347.0928
预期平均距离（m）	401.5790	689.9766	1072.8837	2209.9310
最邻近比率	0.657177	0.641387	0.829567	1.967072
Z得分	-18.81	-11.58	-3.21	4.53
p值	0.0000	0.0000	0.0000	0.0000

2. 分布格局

ArcGIS软件中的核密度分析是用来计算要素在周围邻域中的密度。本文是用来

打造中心城区的"三生空间"——以吉安市为例

计算"三生空间"POI点数据的密度。通过筛选"三生空间"的网格数据，然后再通过要素转面的工具，将网格数据转化成点要素，再进行密度分析，得到吉安市中心城区"三生空间"格局分布特征（图3）。

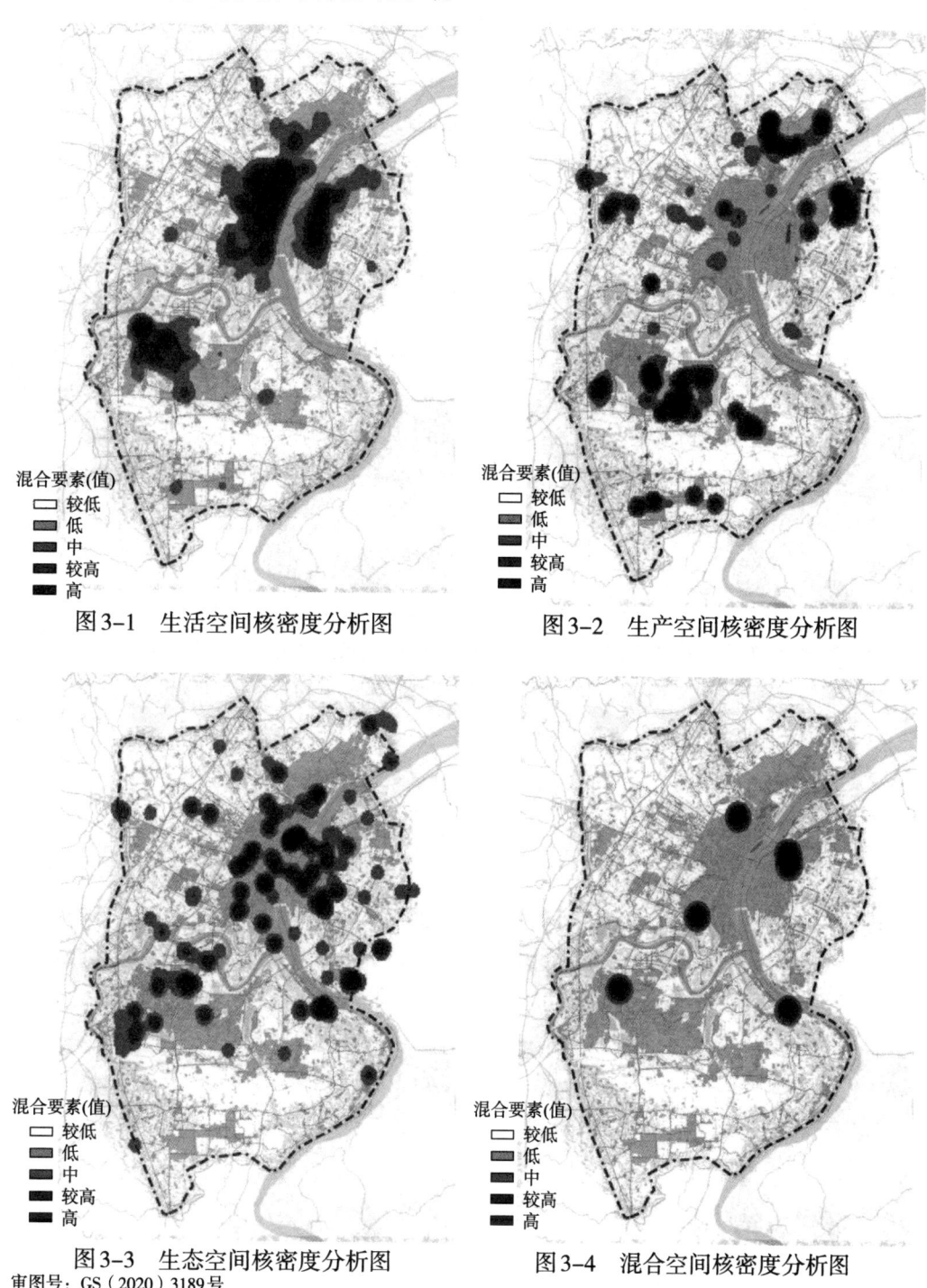

图3-1　生活空间核密度分析图　　图3-2　生产空间核密度分析图

图3-3　生态空间核密度分析图　　图3-4　混合空间核密度分析图

审图号：GS（2020）3189号

图3　吉安市中心城区"三生空间"核密度分析图

（1）生活空间：生活空间是吉安市中心城区占比最高的空间，占比67.96%。空间形态主要呈现三个连片状，空间结构为"两江三地"（图3-1）。其中，赣江划分东西组团，禾河划分南北组团。吉州区的生活空间片区核密度高值区域面积最大，形成了整个城区的生活空间核心。青原区与吉安县生活空间组团被生态空间包围，在吉安县则呈现生活空间与生产空间交错的特征，主要是由于吉安县凤凰镇在规划中被划分为工业组团，现阶段还处于建设和发展期。

（2）生产空间：吉安市中心城区生产空间占比23.53%（图3-2）。生产空间主要分布在吉州区阳明东路和井冈山大道、青原区青原大道、吉安县君山大道两侧，各组团呈现带状分布于老城区外部空间；空间类型以工厂、产业园区、物流仓储为主。城区内部生产空间较少，呈点状分布，这类生产空间则主要为公司企业和金融保险。吉安市中心城区的生产空间聚集性明显，空间结构为"多中心多组团"。"多中心"指吉州区工业园、青原区河东庄塘村、吉安县敦厚镇三大核密度高值区域，"多组团"指中心城区内生产空间核密度中值及其以上的区域形成的生产空间组团。

（3）生态空间：由于吉安市独特的山水生态格局，生态空间是中心城区的第二大空间（图3-3）。生态空间主要分布在赣江、禾水两侧，空间聚集性比较明显，空间结构为"两带多园"。"两带"是指赣江滨水带和禾水绿化带，"多园"指中心城区内多个公园和景点，即中心城区内部核密度值最大且面积最多的区域。

（4）混合空间：混合空间数量少，占比0.50%（图3-4）。呈现五个散点的空间分布，主要分布在吉州区白塘街道螺川村和禾埠街道新丰村、吉安县敦厚镇敦厚村和永和镇永和村、青原区城区。

基于以上分析，吉安市中心城区"三生空间"的总体空间格局呈现出"两带两廊多核"的空间结构："两带"指赣江滨水风光带和禾水绿化景观带；"两廊"是指凤凰生态廊（龙山、娑罗山、真华山连绵山脉）、站点交通廊（吉州区阳明东路景观大道）；"多核"指"三生空间"的各个核心点。生活空间通过"两带"划分，呈片状分布；生产空间则沿着"两廊"呈带状展开。生活空间主要在城区内部分布，生产空间主要在城区外部分布，生态空间和混合空间则是以点状分布于城区内部。南部和北部的生产空间与生活空间均有混合，但南部混合度较高。中心城区内的生态空间呈现为点状集聚，在中心城区赣江、禾水两侧分布，与生活空间的混合度较高，与生产空间的混合度较低。

四、研究总结

本文借助ArcGIS作为分析制图的工具，采用最邻近指数和核密度分析的方法，利用POI数据识别来分析吉安市中心城区的"三生空间"的聚集情况和格局分布，得到以下结论：

（1）吉安市中心城区内生活空间占据主导，其次是生产空间，最后是生态空间。而生活空间主要在城区内部分布，呈现连片状分布；生产空间主要在城区外部分布，沿道路呈现带状分布；生态空间则是呈现点状集聚，沿赣江和禾水在城区内部分布；混合空间较少，主要分布于三个行政区的中心部分。此外，吉安市中心城区"三生空间"发展影响因素涵盖了经济、自然两个领域，其中生产空间影响最大的是产业园区，生活空间影响最大的是居住区，生态空间影响最大的则是风景名胜。

（2）吉安市中心城区的"三生空间"均呈现显著集聚，而混合空间由于数量较少，无法在空间上形成集聚。其中，"三生空间"的空间结构正逐步由"多核心多散点"的空间模式转向"多核联结"的空间模式。其中，吉州区文山街道、永叔街道、禾埠街道、古南镇街道、北门街习溪桥街道、北门街道组成的老城区开始向周围不断蔓延，整体呈现"两江三岸，多中心多组团"的空间格局。

注：黄雨泽系西北大学城市与环境学院硕士研究生。

文旅产业讲稿（三）：心旅游——泛户外产业、健康休闲与中国式现代化

以国际化视野打造我国的国家公园城市

白墨

在"十九大"中已明确：人与自然和谐共生，建设生态文明是中华民族永续发展的千年大计，树立和践行"绿水青山就是金山银山"理念，像对待生命一样来对待生态环境，把保护环境定为基本国策。园林绿化已经成为建设生态文明、美丽中国、和谐宜居社会和坚定文化自信等方面的重要支撑。我国有620个城市，有345个城市已经建成国家园林城市，人民群众切实享受到了绿色环境带来的福祉。国家园林城市再进一步发展就是现在提出的公园城市，再进一步是国家公园城市，再向上一级就是面向世界的升级版的国家公园城市。国家公园城市是目前世界上最高层次的城市形态，综合了生物多样性、健康与城市政策要求，并与我国承担全球治理、广泛履行的国际条约相结合。

一、国家公园城市概述

1. 理念

2013年，地理学家、国家地理探险家丹·瑞文·埃里森（Daniel Raven-Ellison）提出了"国家公园城市"（National Park City，NPC）的理念，即市民努力让城市变得更绿色、更健康、更具野性，让更多的人愿意更积极地参与户外活动。国家公园城市是一种承诺，即环境、文化、遗产、教育和健康问题将成为那些申请加入国家公园城市的中心议题。这些标准是由国家公园城市基金会、世界城市公园、自然保护联盟和萨尔茨堡全球研讨会制定的。世界城市公园的主席杰妮·米勒（Jayne Miller）说，尊重、保护、增加绿色空间，对于全世界的城市都是一项挑战。

国家公园城市基金会（The National Park City Foundation/NPCF）与世界城市公园及萨尔茨堡全球研讨会展开合作，为国家公园城市创立了首个国际宪章。NPCF制定国家公园城市计划，旨在通过加强这座城市中居民与游客间的互动，让大家更

多享受户外活动，也让城市更绿色、更健康、更"狂野"，进而帮助改善城市生活水平。NPCF已经与英国及世界多地的城市进行讨论，帮助它们获得"国家公园城市"的称号。该计划到2025年至少要命名25个国家公园城市，这便意味着国际大都市都将陆续转型为更加生态更加环保的绿色城市。

2. 意义

（1）环境改善。城市的绿地、生物多样性与健康的自然生态系统为人类社会带来了益处，城市绿地降低空气污染、水污染和洪水的概率，提供了更为清洁的水，减少了洪涝风险并吸收二氧化碳增加了碳储存，为不断升温的城市降温，等等。

（2）健康福利。国家公园城市的绿地对人体健康有益。国家公园城市还通过减少传染病和其他一些疾病的发病率，降低了卫生保健的费用，使得城市及其周边地区享受到同样的福利，在卫生服务方面节省数十亿美元的成本，从而更加有益于人类的健康。丹麦的研究发现，童年时期接触绿色空间，包括城市里的自然空间，可以降低青春期和成年后罹患一系列精神疾病的风险。日本研究表明，在大自然中沐浴几个小时的"森林浴"，可增强身体免疫细胞的活性，还可以减轻压力、降低死亡率、促进儿童的认知发展。通过对伦敦绿地的评估发现，由于人们心理健康状况得到改善，每年可节省3.7亿英镑，而由于人类身体健康状况的改善每年则可节省5.8亿英镑。

（3）健身空间。国家公园城市提倡推广绿色健身房，为人们日常体育锻炼留出空间，将体育锻炼与自然保护行动结合起来，以促进参与者的心理健康、社会融合与活动质量。在我国，国务院办公厅印发《关于促进全民健身和体育消费推动体育产业高质量发展的意见》，鼓励人们在工作学习之余能更多地走出门去，享受绿色，强身健体，选择更为亲近大自然的生活方式。国家公园城市提供健身空间，代表了国内外普遍认可的健康自然的城市发展方向。

（4）创新之源。自然资源丰富的城市更宜居。城市充满了活力，是创新与改变的源泉。全世界都在寻找创新之源，国家公园城市就是创新发展的策源地。

（5）生态修复。国家公园城市建设充满活力的城市和绿色空间、河流和自然栖息地，尽所能帮助应对全球气候紧急情况和生态危机，应对生物多样性的下降。目前各地开展的城市生态修复、城市修补，提倡用城市绿化进行城市生态修复，用园林来提高生态修复的速度，就是在改善国家公园城市的绿地环境和开展生物多样性建设。生态修复不是挖湖堆山，大搞土建，大尺度改变城市的竖向立面结构，而是大面积园林绿化和生态绿化，提高生物多样性。国家公园城市的生态修复与生态建设，构建人与自然和谐共处承担的重要任务和重要使命。

（6）全社会参与。让公众参与，全民参与，打造属于大自然的新场所，获得身处绿色城市的自豪感。使非政府组织以及环保主义者、卫生从业人员、科学家、规划人员和其他民众聚集到一起，共同认识到生态系统和保护区的益处，并积极履行广受认可的国际条约。在我国国内引领生物多样性保护和绿色发展的非政府组织，非常重视绿色城市的建设与城市生物多样性的保护。

二、各国的国家公园城市建设情况

1. 世界第一个国家公园城市伦敦

2019年7月22日，伦敦被正式确认为世界上第一个国家公园城市。各个参与的组织和市民代表与伦敦市长萨迪克·汗（Sadiq Khan）一起，签署了一份《伦敦国家公园城市宪章》，以支持"伦敦将成为一座更绿色、更健康、更具野性的城市"。

伦敦，一座拥有900万人口的城市，平均每2.6平方千米生活着1.4万居民。伦敦的树木几乎和人一样多，据不完全统计，这里有大约800万棵树木。同时，伦敦也是野生动物的乐园。"城市中的狐狸、猎鹰和其他野生动物同样有价值"。英国15世纪以前曾是一个森林资源丰富、木材足以自给的国家。18世纪产业革命后，由于滥垦滥伐，毁林放牧致使森林资源几乎丧失殆尽；至今英国所需木材90%以上需要进口，整体森林覆盖率仅有11%。由于强烈的生态危机意识，"二战"后，英国立法推动人工造林，制定了恢复森林资源的长远规划，森林覆盖率逐渐恢复。根据Esri公司的数据，伦敦的公共绿地面积约占城市面积的16.8%，与巴黎等其他国际主要城市形成了对比：Treepedia网站显示全球城市的绿化密度，指数仅为8.8%。而伦敦近一半的地方若不是绿色的，就是蓝色的河流、运河和水库。

伦敦充满自然气息，生机勃勃。伦敦绿地信息中心（GIGL）描绘这里除了茂密的绿色植被外，也是野生动物的乐园：有近1.5万种物种，包括8种蝙蝠、英格兰境内数量最多的锹甲虫，还有几百种鸟类。伦敦有超过250个组织参与，有90%的伦敦人支持让城市变得更绿色、更健康、更具野性。伦敦人在自家阳台和院子里种满了适合野生动物生存的植物，在公园和公共场所种了不少蔬菜水果，让混凝土墙和砖墙爬满了常春藤，在围墙上凿了些小洞，方便刺猬穿行，城市充满自然气息而又不杂乱。

自2016年以来，伦敦通过资助200个绿地改善项目和种植17万棵树木，保护了伦敦的绿化带。伦敦还开发了数字绿色地图，以确定首都的绿色空间范围，并监督改善。伦敦市长萨迪克·汗发起举办国家公园城市节（National Park City Festival），该节日由300多个活动组成。

"为了让伦敦成为一个更健康的城市,并且适应气候变化带来的影响,我们通过这些大胆措施提升空气质量,以净化伦敦'烟雾缭绕'的空气,处理废物,并且推广更清洁的能源;须保护、改善和扩大绿色空间!接下来需要继续投资环境,与市镇和社区展开合作,这样才能改善生活在伦敦的每位市民的健康和福祉。"伦敦市长萨迪克·汗设定的目标为:2050年前,将伦敦的绿化程度提高一半,其中包括后花园等私人区域;在2040年的时候,让所有在伦敦市区行驶的新型道路车辆必须实现"零排放"。

2. 美国的世界公园城市

现在也已经有了国家公园城市(NPC)第一个国际宪章,希望世界各地的其他城市也能迅速采取行动。对于美国首座国家公园城市将花落谁家?世界城市公园北美区的主席斯科特·马丁(Scott Martin)说,"如果没有中央公园,曼哈顿可能并不适合家庭居住",同时,该委员会认为美国的第一座国家公园城市将会是一个中等规模的城市,它的市长很有远见,愿意为野生动物和人类打造一座伟大的城市。人类文明进步,工业发展的同时,地球也在遭受着巨大的创伤,修复地球、维护生态和谐,多物种共同繁荣是国家公园城市的责任。

国家地理学会人类生存计划的主任乔纳森·贝尔(Jonathan Bell)认为,教育和对话可以传播国家公园城市的理念,促使人们重新思考住在城市里的意义。美国的国家公园城市面临的挑战之一在于,首先要了解这是一个由城市与公众共同促成的理念。城市可以借此机会通过教育和对话来普及和传播国家公园城市理念,打造繁荣的生态系统和可持续的生物多样性。森林、绿地、湖泊和生物,在维护水源、调节气候、保持水土、保持地球的物种多样性方面起着至关重要的作用。国家公园城市建设带来很多好处,包括让公众参与打造属于大自然的新场所,获得身处绿色城市的自豪感。

三、用园林打造扬州的"国家公园城市"

中国园林有几千年的文明史,在世界范围内,城市园林都已经开始成为生态修复的主力军。中国园林植物极其丰富,我国的植物数量在世界上大约排在第三位,但是园林植物,中国排在第一位,因此中国被称为"世界园林之母",影响力很大。大小不等的城市公园、广场绿地、河岸林荫和城市所有元素交织在一起,构成了城市面貌。截至2016年,全国已经建成15 370个公园,城市建成区绿地率已经达到36.43%。城市园林承担着生态、休憩、景观、文化和减灾避险五大社会功能。

扬州是一座有着悠久历史和文化积淀的古老城市，扬州古称广陵、江都、维扬，是中国首批历史文化名城之一。地处江苏省中部，位于长江北岸、江淮平原南端。东部与盐城市、泰州市毗邻；南部濒临长江，与镇江市隔江相望；西南部与南京市相连；西部与安徽省滁州市交界；西北部与淮安市接壤。扬州是南京都市圈紧密圈城市和长三角城市群城市，是上海经济圈和南京都市圈的节点城市，国家重点工程南水北调东线水源地。有着"淮左名都，竹西佳处""月亮城"等美称。

扬州境内地形西高东低，从西向东呈扇形逐渐倾斜。平均海拔149.5米。扬州属于亚热带季风性湿润气候向温带季风气候的过渡区，四季分明，日照充足，雨量充沛，气候宜人，是一座环境优美的休闲城市。古运河扬州段是大运河中最古老的一段，扬州与运河的兴衰息息相关。李白的"烟花三月下扬州"、杜牧的"春风十里扬州路，卷上珠帘总不如"、徐凝的"天下三分明月夜，二分无奈是扬州"等，千古名句深刻描绘了扬州图景。

扬州园林甲天下。《扬州画巧录》有"杭州以湖山胜，苏州以市肆胜，扬州以园亭胜。三者鼎峙，不分轩轾"。扬州园林最盛时期达到三百余处。今天，扬州主要在开发利用的园林有瘦西湖、个园、何园、汪氏小苑、大明寺等。扬州园林是北方皇家园林与南方私家园林之间的一种介体，既具有皇家园林金碧辉煌、宏大壮丽的特色，又有大量江南园林中的建筑小品，自成风格。扬州园林不仅讲究诗情画意，其布局、理水、叠石、植被配置等也都有自己独特的风格。让中国传统的园林走向世界，更具国际化的视野，那么通过园林建设国家公园城市就成为可行途径。

扬州城市园林在继承传统和发展创新当中建议融入新的时代精神，要吸引国际人居环境方面的最新成果。生态是园林的第一个功能。新的城市公园绿地和广场、行道树、居住区和单位的绿化形成现代新园林的主体，园林建设纳入城市群、区域统筹、城乡一体化规划，通过绿地系统规划、城市生态修复、棕地改造等丰富新时代扬州城市园林的内涵，建设国家公园城市，进一步推动扬州走向世界。

四、打造我国国际视野的国家公园城市

国家公园城市基金会（NPCF）与世界城市公园暨萨尔茨堡全球研讨会展开合作，发起了一项计划，计划在2025年到来前评选出至少25个"国家公园城市"。泰恩河畔的纽卡斯尔将提交方案，力争成为英国第二座国家公园城市，苏格兰的格拉斯哥也开始行动起来。其他主要候选城市有内罗毕和开普敦，因为它们都有着丰富的物种多样性；波哥大、马瑙斯、西雅图、成都、万隆、清迈和沙巴等城市也在评选之列。我国很多城市自然环境很好，森林覆盖率很高，例如桂林的森林覆盖率为

70%，南平为75%，龙岩为78%，丽水为80%，郴州为81%。森林覆盖率高往往与森林多样性相联系，在丽水市内，植被、菌类等大概有四千余种，还有两千多种动物。扬州的园林首屈一指，森林覆盖率也很高，应该面对世界，站在国家前沿，申请成为亚洲第一个"国家公园城市"。

　　尊重、保护、增加绿色空间，对于全世界的城市都是一项挑战。我国过去经济快速发展，但也付出了较高的生态环境的代价，环境问题已经成为发展之困，民生之痛。今后，在继续改革开放的道路上，综合生物多样性、健康与城市政策要求，建设国家公园城市，引领绿色城市的建设、绿色发展以及城市生物多样性的保护，积极履行包括《生物多样性公约》（Convention on Biological Diversity）和《新城市议程》（New Urban Agenda – Habitat III）等在内的国际条约，将成为我国未来一段时间的重任和发展方向。让传统与现代、让历史与未来、让中国与世界在打造我国的国家公园城市的中碰撞出人类最璀璨的智慧之光。

城市公园中的游憩休闲与户外运动

白墨

随着我国进入新时代，从高速到高质量发展阶段，经济社会已开始由工业化时代向后工业化时代转变，国民生活水平和生活质量大幅度提升，休闲也从精英阶层的小众化走向了平民百姓的大众化，未来呈现井喷式发展。但我国目前的游憩运动休闲空间缺乏，游憩设施不足、休闲服务落后等，无法满足国民的基本运动游憩休闲需求，特别是城市公共空间的缺乏严重影响了国民的运动游憩休闲质量。根据调查，影响公众参加体育锻炼的最主要的客观原因是"缺乏场地设施"（13.0%）。可达性高、体力活动场地设施完善的城市公园是应对场地设施缺乏的理想选择之一。在现代生活方式下，体育活动对居民的健康具有显著的影响。我国2015年城市公园数量约为1.4万个，面积为38.4万公顷，平均每万人城市居民拥有0.3个公园，人均公园面积为$8.3m^2$；而同期美国（人口数量最稠密的前100个城市）的城市公园约为2.2万个，面积为82万公顷，平均每万人城市居民拥有3.84个公园，人均公园面积为$129.8m^2$。与成熟完善的美国城市公园系统相比，我国城市公园还具有极大的发展空间。

一、游憩、运动与城市公园概述

1. 概念

游憩源于英语recreation，意思是"to refresh"，恢复更新，含有"休养"和"娱乐"两层意思。游憩是个人或团体于闲暇时间从事的活动，包括被称为旅游、娱乐、运动、游戏以及某种程度上的文化等现象。游憩至少包含三个方面：从产业角度，游憩是广泛意义上的旅游；从地理角度，游憩是作为城市的一项基本功能，是在城市范围内（包括城市区、城市郊区，乃至城市附近周边区域）进行的活动，有别于休闲的随意性；从行为心理角度，游憩是物质追求与精神追求的统一体。另一方面，游憩过程又是一种能量生产、消耗和积蓄的过程，游憩系统是城市社会能量储存与生产系统。游憩过程也是获取能量的过程，使游憩者有更充沛的精力、更丰富的知识、更健康的身体从事生产和创造性活动，促进社会物质文明和精神文明的发展。

休闲是指在非劳动及非工作时间内以各种"玩"的方式求得身心的调节与放松，达到生命保健、体能恢复、身心愉悦的目的的一种业余生活。科学文明的休闲方式，可以有效地促进能量的储蓄和释放，它包括对智能、体能的调节和生理、心理机能的锻炼，休闲是一种心灵的体验。休闲之事古已有之。休闲的一般意义指两方面：一是消除体力的疲劳；二是获得精神上的慰藉。将休闲上升到文化范畴则是指人的闲情所致，为不断满足人的多方面需要而处于的文化创造、文化欣赏、文化建构的一种生存状态或生命状态。

体育运动是人类有意识地对自己身体素质的培养的各种活动。采取了各种走、跑、跳、投及舞蹈等多种形式的身体活动，这些活动就是人们通常称作的身体练习过程，包括竞技运动、娱乐体育、大众体育、医疗体育等。《"健康中国2030"规划纲要》指出，到2030年经常参加体育锻炼人数要达到5.3亿，增加幅度超过1.5亿。世界卫生组织（WHO）推荐的成人体力活动标准为每周不少于150分钟的中等强度体力活动，或不少于75分钟的高强度体力活动，或等效时长的混合体力活动，2010年全球约有23%的成人无法达到推荐的体力活动标准。我国出台的《健康中国行动（2019—2030年）》等相关文件，对于我国的大众体育运动提出了要求，要求城市公园提供"健康公共空间"服务功能。"健康中国建设"成为国家战略层面需要统筹解决的重大和长远问题。城市公园是人们进行休闲时从事体育锻炼活动的重要建成环境，增加与优化可达性高、设施完善、免费或低收费的城市公园被认为是促进居民进行体力活动的有效途径。

目前，学术界对城市公园尚无统一的概念界定，不同时代对城市公园的概念界定有所不同，不同的学者对其界定也存在差异，有的强调城市公园的卫生环保意义，有的侧重其美育功能，也有的突出其综合功能、政治文化意义。城市公园是城市空间的一个重要场所，它既是城市生态景观，又是居民休闲的娱乐场所。城市公园包含以下几个内涵：首先，城市公园是城市公共绿地的一种类型；其次，城市公园的主要服务对象是城市居民，但随着城市旅游的开展及城市旅游目的地的形成，城市公园将不再单一地服务于市民，也将服务于旅游者；最后，城市公园的主要功能是休闲、游憩、娱乐，而且随着城市自身的发展及市民、旅游者外在需求的拉动，城市公园将会增加更多的休闲、游憩、娱乐等主题的产品。城市公园作为一种公共空间，作为城市居民交际、约会、讨论的社交场所，已经成为城市普通居民生活的一种延伸，具有公民社会属性。

城市公园从产生至今，经历了几次大变革，从最初的田园风格模式到几何布局，到加入"娱乐设施"的实用主义设计,再到运动休闲观念的贯彻和露天场所体系的形成等,城市公园的功能内涵越来越丰富。城市公园能成为一个城市的标志,也是城市文明和繁荣的标志。作为城市的主要公共开放空间,公园建设不仅是休闲传统的延续,更是城市文化的体现,代表着一个城市的政治、经济、文化、风格和精神气质,也反映着一个城市市民的心态、追求和品位。美国景观设计之父奥姆斯特德曾说过,公园是一件艺术品,随着岁月的积淀,公园会日益被注入文化底蕴。因此,城市公园既是群众游览休憩的场所,也是文化传播的空间;既是向群众进行精神文明教育、科学知识普及的园地,也是政府促进社会和谐、培育城市文化的重要资源。

2. 分类和功能

国际上的城市公园分类不同,美国城市公园的分类标准主要参照美国国家游憩与公园协会制定的 *Park, Recreation, Open Space and Greenway Guidelines*(以下简称"NRPA指南"),但各城市根据实际情况制定各自的城市公园分类体系。NRPA城市公园分类体系(以下简称"NRPA体系")将城市公园分为迷你公园(Mini-park)或口袋公园(Pocket Park)、邻里公园(Neighborhood Park)、社区公园(Community Park)、区域公园(Regional Park)、专类公园(Special Use Park)、学校公园(School Park)、自然保护区(Natural Resource Area/Preserve)、绿色廊道(Greenway)或公园路(Parkway)和私有游憩场地(Private Park/Recreation Facility)。参照服务水平标准、对应的公园面积和使用目的,并建议平均每千人至少应拥有 2.53~4.25 hm^2 较完善的各类公园空间。其中,迷你公园、邻里公园、社区公园和区域公园是NRPA体系的核心类型,也是城市公园游憩、体育运动空间专项规划的重点。具体来说:

(1)迷你公园是公园系统中最小的公园类型,也叫口袋公园,面积一般不超过 2hm^2,主要服务 400m 范围内的城市居民,服务水平标准为每千人 0.1~0.2hm^2。一般设置有游戏设施、长椅、野餐桌台和一定吸引力的景观;使用目的多为被动型休闲活动,以野餐、散步等为主,通常只设置儿童活动区和器械区,选择性设置健康步道,不宜开展组织性体力活动或社区群体活动。

(2)邻里公园是最普遍的公园类型,面积为 2~8hm^2,服务 800m 范围内的城市居民。从理念上看,邻里公园将丰富的游憩活动和设施集中在有限空间内,服务范围视周边居民密度和其他公园数量而定。一般一个邻里公园服务 1万~2万人,服务标准为每千人 0.4~0.8hm^2;同时满足主动型体育活动和被动型休闲活动,适宜团队训练、比赛及公共空间游乐,不宜开展节庆活动或定期的大型活动。

(3)社区公园是涵盖功能最广泛的公园,有满足所有使用者的游憩需求和兴趣"一站式公园游憩中心"特点。服务范围超出一个甚至包含几个社区。公园尽可能多地提供各类设施和服务，满足不同年龄段使用者全天候使用需求。一般设置有大型设施，如大型室内健身中心或多功能运动综合体，并拥有自然风景和宽阔水面。公园面积为 8～30hm^2，服务 5 万～8 万人，服务水平标准为每千人 2～3.2hm^2；同时满足主动型、被动型及其他主被动混合类型的休闲活动。

（4）区域公园是面积最大的公园类型，一般选在建成区面积较大、对当地居民具有独特吸引力的地域。公园面积为 20～100hm^2，服务半径大约为驱车 1 小时内可达。公园内拥有大面积自然区域，多种交通可达。一般视场地条件提供相对特殊的游憩活动，如大型水上乐园或马术运动场。

我国城市公园分类标准核心参照绿地的功能和用途，以描述性用语为主，仅对个别类型公园服务水平标准及对应的公园绿化率作出辅助性说明，城市公园分类体系的导向性不明显。我国现今仍没有专门针对城市公园分类体系的指南或者法律法规，早期分类体系参照 1992 年版《公园设计规范》（CJJ48—92）和《城市建设统计指标解释》，分别从设计和统计的角度对公园的类型进行划分，有明显局限性。现阶段主要参照 2002 年颁布的《城市绿地分类标准》（CJJ/T 85—2002），将绿地划分为公园绿地、生产绿地、防护绿地、附属绿地和其他绿地 5 大类，其中公园绿地按照其主要功能和内容，分综合公园、社区公园、专类公园、带状公园和街旁绿地 5 个中类及 11 个小类。公园小类设置仍基本对应 1992 年版《公园设计规范》（CJJ 48—92），现行分类与早期并没有显著差异，仍然无法提供对应不同公园种类的合理明确的面积、服务半径、设施配置和风格特征等关键信息。

3. 功能

生态功能：城市公园是城市绿地系统中最大的绿色生态斑块，城市中动植物资源最丰富之所在，在防止水土流失、净化空气、降低辐射、杀菌、滞尘、防尘、防噪音、调节小气候、降温、防风引风、缓解城市热岛效应等方面都具有良好的生态功能，被称为"城市的肺"与"城市氧吧"。城市公园对于改善城市生态环境、保护生物多样性起着积极的、有效的作用，也是城市绿化美化、改善生态环境的重要载体。

空间景观功能：城市公园是城市中最具自然特性的场所，有大量绿化，是城市绿色软质景观，和城市灰色硬质景观形成鲜明对比，使城市景观得以软化。公园也是城市的主要景观所在，可重新组织构建城市景观，组合文化、历史、休闲要素，使城市重新焕发活力。因此，其在美化城市景观中具有举足轻重的地位，甚至成为城市重要的节点、标志物。随着城市旅游的兴起，城市公园也起到了城市旅游中心或标志物的功能。

防灾减灾功能：城市公园由于具有大面积公共开放空间，还担负着防火、防灾、避难功能。在承担防灾、避难功能上显示了其强大作用，可作为地震发生时的避难地、火灾时隔火带、作救援直升飞机降落场地、救灾物资集散地、救灾人员驻扎地及临时医院所在地、灾民临时住所和倒塌建筑物临时堆放场。

美育功能：城市公园自诞生始，就被赋予了美学意义。城市公园纳传统艺术、现代艺术的各种流派，融生态、文化、科学、艺术为一体，能更好地促进人们的身心健康，陶冶人们的情操，提高人们的文化艺术修养水平、社会行为道德水平和综合素质水平，全面提高人民生活质量，成为传播精神文明、科学知识和宣传教育的重要场所，有助于陶冶市民情操，提高市民整体素质，形成独特的大众文化和城市文化。

休闲游憩功能：城市公园是城市的起居空间，作为城市居民的主要休闲游憩场所，承担着满足城市居民休闲游憩活动需求的主要职能。

预留城市用地和公共设施之用：城市公园在短期内可为城市居民提供休闲活动场所，在远期作为城市公共用地的公园大可以作为城市预留土地，为城市未来公共设施建设提供一定可能性，从而作为城市土地急需之用的主要预留用地。

带动地方、社会经济发展：城市公园作为城市主要绿色空间，在带动社会经济发展中的作用越来越明显。最显著的作用是能使其周边地区的地价和不动产升值，吸引投资，推动该区域经济和社会发展。

促进城市旅游业发展：旅游已日益成为现代社会中人们精神生活的重要组成部分，城市公园已成为各大城市发展都市旅游业的主要部分。

总之，城市公园在阻隔性质相互冲突的土地使用、降低人口密度、节制过度城市化发展、有机地组织城市空间和人的行为、改善交通、保护文物古迹、减少城市犯罪、增进社会交往、化解人情淡漠、提高市民意识、促进城市的可持续发展等方面都具有不可忽视的功能和作用。

4. 意义

《雅典宪章》与《马丘比丘宪章》都强调，在推进城市建设中，应留出足够公共空间作为公园和运动场。随着城镇化进程的不断加快，人们的生活方式发生变化，表现为"三高三少"：城镇化水平提高了，自然生态绿地少了；生产机械化、自动化水平提高了，人们体育锻炼的体力量少了；住房成套率水平提高了，人与人之间的交往少了。自然绿地少了需要以生态空间来弥补，体力劳动量少了需要以体育运动量来弥补，人员人际交往少了需要以增进交流交往的公共活动来弥补。总之，人民群众对环境、健康、休闲、游憩、运动和公共活动空间等方面的需求越来越强烈了。

把体育健身休闲和交流交往需求作为城市最重要的民生和公共服务，把宜居城市建设的重点聚焦到生态体育休闲游憩公园建设上，可达、可入、可亲近，使得广大市民可以在城市公园里运动、交友，享受健康，享受生活。城市公园成为富裕起来的人民群众生活的必需。

公园不仅惠及百姓，也重塑了城市。我国传统的城市形态以街巷体系为主导，沿街设店，顺巷布宅，公共活动空间只有庙宇和祠堂。工业化时期的城市形态以生产为主导，强调功能分区，公共活动空间以街道和商业区为主，少量的成片绿地也是位于居住区和工业区之间的生态屏障，不具有可达性和可入性。推进公园城市建设，将公园体系作为城市规划建设的重要组成部分，以均衡分布的城市公园作为城市的重要节点，以沿路沿河绿化将城市绿地系统连为一体，锚固了城市形态，实现了市民公共活动空间从以商业街区为主到以生态体育休闲公园为主的切换。公园还是城市避灾场所、文化教育基地、步行交通的连接枢纽和提升城市价值的重要平台，是城市重要的功能性设施。无论是世界宜居城市温哥华，还是繁华城市纽约，公园多、大中小成体系都是其共同特征。

公园不仅能影响一座城，也能改变一城人。我国新建的各类公园基本上涵盖生态、体育、休闲元素，兼顾群体和个体、年长和年幼不同层次群众的需求。这些老百姓家门口的公园，中老年人在这里健步、下棋、聊天、晒太阳，年轻人打篮球、踢足球，参与各类体育活动，孩子们滑滑梯、荡秋千、玩跷跷板、嬉戏游乐。各类体育、游憩、休闲组合也应运而生，人们的交往圈不断扩大，朋友不断增多，公民意识、规则意识不断增强，公园成为受欢迎的城市空间。城市公园让城市更温暖、更包容、更温馨、更温情，改变着居民的体格和体质，以园化人，符合公民社会建设主旨。

二、国外城市公园简史和案例启示

1. 发展简史

中世纪之前的城市并不存在任何城市公园。文艺复兴时期，意大利人阿尔伯蒂首次提出了建造城市公共空间应该创造公园用于娱乐和休闲。此后，公园对提高城市和居住质量的重要性开始被人们所认识。近代城市公园萌芽于英国，诞生于19世纪初期，其出现是为应对当时日益突显的城市环境问题，发展和成熟于美国，1873年建成的纽约中央公园被认为是最早的近代城市公园，同时也是美国城市公园运动的起点。其后，逐渐发展成为城市建设的重要内容。

城市公园有两个源头：一个是贵族私家花园的公众化，另一个源头源于社区或村镇的公共场地，特别是教堂前的开放草地。19世纪随着工业化和城市化的快速推进，英国城市出现一系列人口密集、居住拥挤、环境恶劣、犯罪增多、疾病流行、生活贫困等社会问题，普通的城市居民对空气清新、环境优美和秩序井然的新型公共空间有着强烈的愿望，城市公园应运而生。城市公园作为大工业时代的产物，为工业化大生产所导致的城市问题提供了一种有效的解决途径。在当时，各国普遍认同城市公园所具有的价值，即保障公众健康、滋养道德精神、体现浪漫主义社会思潮、提高劳动者的工作效率、促使城市地价增值等。

1843年，英国利物浦市动用税收建造了公众可免费使用的伯肯海德公园，标志着第一个城市公园正式诞生，英国城市公园的建设引起世界其他国家有识之士的高度关注，城市公园运动在美国得到了进一步的发展。各地的城市公园不断涌现，有效解决了许多城市问题，并影响了城市空间的发展。在英国，城市公园蓬勃发展。19世纪40年代后期，曼彻斯特也开始为创造一个美丽城市而行动，英国很多城市政府建造城市公园，至19世纪晚期，仅伦敦一地就有大量公园建成。从近代城市发展历程看，英国的城市公园是公共空间的创新和探索，与以往相比有了明显的进步。

城市公园运动为城市居民带来了一片清新安全的绿洲。现代意义上的城市公园起源于美国，1858年，设计师唐宁（A. J. Downing）和奥姆斯特德（F. L Olmsted）倡导纽约建立中央公园后，全美各大城市都建立了各自的中央公园，形成了公园建设运动。城市公园开现代景观设计学之先河，标志着城市公众生活景观的到来。公园已不再是少数人所赏玩的奢侈品，而是普通公众身心愉悦的空间。城市公园系统建设获得美国法律认可并成为美国城市公园建设的一种模式。20世纪初，生态学逐渐发展成一门独立的学科，城市公园的建设与生态改善的发展联系也愈发紧密，城市公园系统的规划中更加关注对生态环境的改善。直至今天，国内外城市中所广泛建设的绿道、绿色基础设施、绿色网络等都是在城市公园系统上的延续和发展，对于塑造城市空间和整治生态环境起到了重要作用。现今美国许多人口稠密的城市或地区已拥有成熟完善的城市公园系统，如纽约、大波士顿区域、圣弗朗西斯科和明尼阿波利斯等，拥有超过9000个地方公园与游憩服务机构，管理着超过10.8万个公园和6.5万个室内场所。

2. 案例赏析

多伦多库克镇（Corktown）公园：多伦多市区的库克镇公园所在处是多伦多过往工业历史的遗存，遗留下来的只有一片迫切需要清理和修复的棕地。公园将景观设计与城市防洪措施完美结合，为城市公园设计树立了新的典范。公园滨河空间的绿地并未多加修饰，在雨季这里将被洪水淹没。而西侧9英亩的高地则常年保持干燥，为城市居民提供多样化的娱乐休闲活动场地。设计后的棕地场地作为西登岛（West Don Land）中的第一个城市公园，重构的自然将无人问津的城市边缘地带转化为深受众人喜爱的休闲场所，为多伦多公园生态多样性的建设树立了新标准。起伏的地形不仅可以阻挡洪水的侵蚀，创造了多样化的微气候植被区，同时阻挡了外围铁路、高速道路等基础设施与工业空间给公园带来的不良景观视野与噪声，不分季节吸引着人们与动物前往。

伯德菲尔德公园：坐落在泰晤士河南岸，毗邻诺曼·福斯特设计的大伦敦政府大楼。公园拥有独特的滨水位置，视野十分开阔，可以看到伦敦绝大部分的最具标志性的历史丰碑，如伦敦塔桥、伦敦塔以及远方变化万千的伦敦市天际线。公园为泰晤士河沿岸增添了一系列新元素。伯德菲尔德公园翻新工程最富挑战的一面在于，以相对较小、较为紧凑的使用空间来满足各类型的使用者群体，如居民、上班族、访客及游客。

新西兰怀唐伊公园：怀唐伊公园的前身是一块棕地，改造后的公园主要分为五大区域：活动区、长廊区、文化展示区、种植区以及基础设施区。这些区域有机结合，统一成不可分割的整体，为娱乐活动提供了各种各样的可能。无论从设计上，还是工程方面，它都充分体现了可持续性，做了大量的创新性展示。

布朗哈特花园（BrownHart Gardens）：是一个富有历史感的高架公共广场，位于一个二级变电站的屋顶上方。新的进出台阶和玻璃升降台将购物者和游客带到了这个新的目的地，提供了一处轻松的沉思空间，远离附近牛津大街的喧嚣。人和植物是这里恢复活力的关键，可重新造型的定制花盆和家具创造了灵活的空间，可提供多种使用用途。而新的咖啡馆与景观环境有机结合，全年都可使用。

布达佩斯城市公园：建于1817年，是捷克最大的公园，为英雄广场后面的森林公园，面积约1平方千米，有温泉、动物园、游乐场、植物园，属于适合各个年龄层的复合式公园。园内有一座农业博物馆，属罗马式、哥特式、文艺复兴式及巴洛克式的混合式样。城市公园内的温泉泳池是喜欢温泉的人千万不能错过的地方，公园里的塞切尼（Szechenyi）温泉有一百多年历史，由3个大型露天公共温泉池和数十个特色室内小池构成，人们可以一边"泡汤"，一边下棋娱乐。与动物园相邻的是游乐园，其中的环形旋转秋千得到了"我们的欧洲"奖，是城市公园里值得观赏的一景。

明尼阿波利斯城市公园系统的迷你公园莱文三角地（Levin Triangle）：设置有儿童活动区、自行车骑行道和步道。主体为设有部分围栏的儿童活动区（占总面积的1/3），体力活动设施包括沙坑、攀爬设施、滑梯和秋千等；其他面积大部分为草坪和树木，并设有两处供人休息的长椅。公园始建于1909年，儿童活动区是在1977年翻修改建时添加的。

明尼阿波利斯城市公园系统的邻里公园洛根公园（Logan Park）：设置有室外棒球场、篮球场、美式橄榄球场、冰上活动场、足球场、垒球场、网球场、儿童活动区、涉水池、步道、野餐区、公共卫生间和喷泉式饮水器，及室内游憩中心（包括社区厨房、微机室、手工教室、体育馆、会议室和多功能室）。由于有较丰富的运动场地，该公园是举行团队运动、临时赛事或者其他特殊活动的理想场地。洛根公园将固定场地与非固定场地相结合，一方面设置设施依赖度高的固定场地，如网球场、儿童活动区、涉水池和游憩中心等；另一方面设置非固定的混合使用场地，如棒球场、垒球场、美式橄榄球场和冰上活动场地，让这些场地的使用在空间上交叠、在时间上交错间隔。此外，公园还设有停车场，方便远距离居民到达公园。

明尼阿波利斯城市公园系统的社区公园庞德霍恩公园（Powderhorn Park）：设置有室外棒球场、篮球场、美式橄榄球场、足球场、垒球场、网球场、沙滩排球场、冰上活动场、涉水池、步道、钓鱼码头、儿童游乐场、花园、烤架、野餐区、公共卫生设施、喷泉式饮水器、压水井、自行车打气筒及大型室内游憩中心。另外，公园内有大型水体，方便人们开展丰富的水上运动。该公园是公共集会、节日庆典和艺术节的常驻场地，其设施完善、自然景色宜人，具有"一站式公园游憩中心"的特点。

明尼阿波利斯城市公园系统的区域公园密西西比北区公园（North Mississippi Regional Park）：设置有北密西西比区域公园路、船坞、钓鱼码头、野餐区、儿童游乐场、涉水池、公共卫生设施、喷泉式饮水器及室内解说中心。公园地处密西西比河西岸，植被茂盛、自然景色独特，河滨环境能为当地居民提供多样的游憩空间。此外，室内解说中心也为公园使用者提供多项户外自然体验项目。

3. 启示

城市公园是社会转型时期的产物，也是城市公共空间演变和社会生活方式转变的结果。城市公园提供了一种新型的公共空间，在功能上实现了公众社交、聚会、休闲、娱乐、运动与教育活动相结合的理想，在内涵上体现了社会平等和尊严。这样的城市公园不分种族、等级、性别和年龄，可以自由而免费出入，最终成为一种理想的城市公共休闲空间。

城市建设公园的目标是给予市民"更多的健康和幸福"。城市公园是城市空间的一类重要场所，它既是城市生态景观，又是居民休闲的娱乐场所。城市公园作为一种公共空间，作为城市居民交际、聚会、讨论的社交场所，已成为城市普通居民生活的一种延伸，具有公民社会属性。

城市公园系统在促进本国居民进行体育和体力活动、提升国家公共健康水平方面发挥了巨大的作用。城市公园是人们进行游憩休闲运动的重要建成环境，在现代生活方式下，对居民达到体力活动的推荐标准和健康水准具有显著的影响。增加与优化可达性高、设施完善、免费或低收费的城市公园被认为是促进居民进行体力活动的有效途径。美国城市公园系统对促进本国居民进行体力活动，提升国家公共健康水平发挥了巨大的作用。

三、我国的城市公园发展史

1. 小史

（1）近代公园的发展。我国近代城市公园产生于19世纪下半叶，最早出现的城市公园是上海英美公共租界的外滩公园，当时称之为公共花园，此公园于1868年开放，是中国第一个城市公园，为少数西方殖民统治者服务，规定"华人与狗不准入内"，这与西方国家倡导的追求自由、平等的"城市公园运动"形成了鲜明对比。1904年，齐齐哈尔城西仓西公园落成，即后来的龙沙公园，是中国人最早自建的公园。从抗日战争到解放战争期间，由于民族灾难深重，国民政府腐败，人民生活疾苦，城市建设每况愈下，公园建设基本停止。

（2）建国初期公园的发展。中华人民共和国成立后，党和政府出于对人民群众业余休闲娱乐活动的支持与鼓励，城市公园的建设逐渐受到重视，由于当时我国刚刚走出战乱，公园建设受到了经济、思想、技术上的限制。所以，在城市公园发展建设初期还是以学习苏联的文化休息园的形式为模板，加大了恢复和整修力度。基于新中国成立前遗留的近代城市公园和纪念性园林基础，大量兴建了为广大人民群众服务的各种类型公园，促使公园的数量不断增多，类型日趋丰富，规划建设与经营管理的水平亦不断提高和完善。1949年底，全国城市公园112个。北京市成立公园管理委员会，确定公园的经营方针，决定在自给自足的原则下开始实施城市公园的重点恢复与建设。中山公园、北海公园两个重点公园开始着手修缮，也开始对其他古建进行修缮；上海在整顿旧有公园的同时，将政府接管的帝国主义租界跑马场改建为人民公园，这是上海人民按自己意愿建设的第一个城市公园。

（3）改革开放初期公园。改革开放以后，我国的公园建设进入了新时期。国家对园林建设的投资明显增多，各地城市公园建设速度普遍加快，数量和质量都有了较大提高。由于与外界的交流也日益增多，我国的公园建设出现了许多新的形式。例如哈尔滨游乐场、广州东方乐园的兴建以及公园中游乐设施的增多，表明我国公园建设已由纯粹的被动观赏转向被动观赏与主动参与相结合的方式。

（4）我国当代城市公园发展的历程。1985—2011年间，公园数量从1026增加到

10 780个，一方面综合性多功能公园出现，多集文化活动、休息娱乐、服务设施于一体；另一方面专门的特色公园也大量涌现，如广州雕塑公园。2013年，我国拥有城市公园1.2万余个，平均每个公园拥有体育场地1.7个。2015年，我国城市公园数量约为1.4万个，面积为38.4万公顷，平均每万人城市居民拥有0.3个公园，人均公园面积为8.3m²；由于历史原因，我国城市公园发展与世界公园发展存在着明显差距。

2. 城市公园发展中的问题

城市公园作为城市环境基础设施之一，在过去得到了极大的改善。但是我国城市的加速发展与城市基础设施落后存在矛盾，城市基础设施数量不足以满足人们日益增长的需求的矛盾，导致我国城市公园建设与城市快速发展存在着不相适应问题。其中，城市公园建设缺少长远而合理的规划，使其存在着较为严重的系统性问题。其主要表现是在城市公园的建设过程中选址的随意性大，使城市公园的布局无论是在使用上，还是在设计上都极不合理；设计风格随意性大，使城市公园在传承文化、延续城市文脉等方面都没有发挥应有作用。

（1）城市公园可达性问题。服务半径反映城市公园游憩服务能力，也是评价城市公园服务是否合理、规划布局否符合人本原则的标准。现有使用的公园最大服务半径并不统一，而且服务半径大多来自城市公园规划者，而没有考虑到公园使用者的需求。同时，城市公园建设相对市政建设滞后，使得各级各类绿地服务不完善，造成城市绿地服务半径不合理，不能方便地满足居民享受城市公园的需求。同时，这也影响到大型绿地在城市防灾中发生时、发生后所起的作用。

（2）城市公园可持续管理问题。目前，我国城市公园从总体上实行的是财政拨款，经费较紧张。对照国际经验，我国许多公园的经营理念和体制落后，基本停留在门票销售、软饮售卖的经营模式阶段，导致商业化泛滥，预期收益差。城市公园是优化生态环境、美化市容面貌、完善城市功能的造福子孙后代的民生工程。按照生态文明建设、"美丽中国"要求，积极顺应我国城市公园快速发展新形势，应加强对城市公园提档升级和管理。

（3）城市公园创新性问题。继承传统与发展创新一直以来都是我国风景园林事业发展的精神，在传承传统园林设计精髓与技法的同时，结合时代科技，如新材料、先进理念、施工工艺与计算机应用等，应开启城市公园数字化建设。城市公园的动态监测、合理布局、服务半径可达性的合理性研究等，都是近年来我国城市公园研究的新课题。

（4）城市公园不均衡问题。由于我国自然地理条件、社会历史文化、经济状况等区域差异，使得我国城市公园类型、性质、价值、发展方向等体现出地域差异与不均衡性。其一，自然、人文资源分布不均衡。其二，居民需求表现也有地域不平衡性特征，东部地区的公园个数、数量、绿地面积等指标远远高于中、西部。因此，各地应兼顾自身的资源、设施与需求发展特色城市公园。

四、休闲、游憩、运动与城市公园

与城市公园快速发展相伴随的是体育运动的兴起，英国城市公园早期倡导者乔舒亚·梅杰认为"公园会促进人们加强体育锻炼，帮助人们远离疾病，而且自打不再从事诸如种地和打猎之类的体力劳动以后，许多城市居民都感觉要有地方发泄日渐积累的压力"。他设计的女王公园就包括射箭、掷环、保龄球和体育馆等设施。19世纪晚期，城市公园成为体育运动最重要的公共空间，1880年曼彻斯特的肖斯坦福特公园已有大量体育运动设施。在19世纪90年代，伦敦巴特西公园也已配备了板球场、足球场、草地网球场、保龄球场和体育馆。伯肯黑德公园在规划和设计过程中充分考虑了城市居民的休闲、运动需求，为当地居民营建了板球、曲棍球、橄榄球、草地保龄球和射箭运动的场地，还建设了军事训练、学校活动、地方集会、展览以及各种庆典的场所。利物浦市民以此为傲，甚至赞誉其为"人民公园"。英国伦敦摄政公园，原为皇室猎场，占地166万平方米，其中央草坪提供了橄榄球、垒球、足球、板球、长曲棍球等运动场地。围绕公园草坪、湖泊、山坡布局了不同长度和类型的健身步道，供锻炼者选择，是伦敦最大的可供户外运动的公园。

美国城市公园系统在促进本国居民进行体力活动、提升国家公共健康水平方面发挥了巨大作用，城市公园分类体系以体育运动体力活动需求为导向。根据美国国家游憩与公园协会2016年调查结果，美国居民平均每年访问当地公园和游憩设施的次数是29次，同时在受访的公园使用者中，52%的受访者表示进行体力活动是促使他们访问公园和游憩设施的关键因素；31%~85%的公园使用者利用公园进行中高等强度体力活动。

德国慕尼黑奥林匹克公园，借鉴了英国自然风景园林式设计手法，以开阔湖面为景观基调，沿岸配合大片变化起伏的草坪，中间分布了33个体育场馆，深刻体现了"近距离的奥运会"这一建筑设计主导思想，是市民最佳的体育运动去处。

西班牙巴塞罗那蒙锥克公园，将城市文化、体育运动和生态环境有机融为一体，合理安排剧院与博物馆、花园与林荫道、各类运动场和游乐场，特别是突破了大型体育场馆的地域限制，转而以小型体育场所和运动设施结合公园融入城市社区。

日本三木综合防灾公园，由中央的城市道路将其划分成东部"运动森林"和西部"自然体验森林"两大区域，"运动森林"区域中的体育场和体育馆可作为储备仓库,"自然体验森林"区域中的网球场、草坪广场和游乐园可作为临时避难场所,具有平灾结合、体育运动场所和区域防灾避灾中心相融合的双重属性和功能。

五、城市公园展望

随着全球经济一体化的高速发展,城市的规模和数量正在快速增长。城市公园伴随城市的发展而快速发展。发展趋势有以下几方面:

1. 公园形式多元化

随着人们消费需求的不断变化,对娱乐项目的要求越来越高,公园形式多元化成为今后城市公园建设的新趋势。为在建成区获得新的公园用地,推崇混合开发公园形式的新思路,如公建屋顶、开放式校园绿地、租赁式社区花园的公共部分、水利设施用地、跨高速公路的人行立交区、废弃的道路、停车场和垃圾填埋场等各种潜在的绿化游憩用地。应对用地紧缺的现状,城市公园用地形式出现创新,不变更用地性质,但可建设成公共游憩绿地,从而具备公园的实际使用功能。

2. 商业区公园化

商业区业主支付更多的房地产税(BIDs)用来支持商业区公园化(PBD)的改造发展。BIDs作为一种新型的公平投资办法,用于发展步行商业街的公园化改造,维护和管理新建的公共生态开放空间,使得城区的商家可以和郊区的购物中心竞争。资金用于花草树木和其他植栽生态管理、垃圾清除、安全设施提供及室外游憩活动项目的安排。PBD的改造与管理是直接由周边的业主和广大市民负责,标志着商业区公园化的一种发展趋势。

3. 社区公园体系化

全面梳理重要的自然、交通廊道,通过综合用地评估,识别沿线可改造的商业、工业或公共地产,将横亘北京市中心地带的防洪水渠改造成兼具游憩和生态功能的各类社区公园,并沿河精选"社区发展机遇区"作为优先发展区和各种改造方案的实践检验区;2019年内,北京全市将有50处袖珍公园建成开放。

4. 公园绿道线形化

绿道是在公园路的基础上发展起来的。绿道具有休闲、水土保持、生态廊道、交通替代等功能,其独特的线形连接了社区公园、城市公园、郊外绿地、国家公园等，使得城市内部公园系统、市域公园系统、区域公园系统、国家公园系统等不同等级的公园系统连接成为整体。相互交织的绿道发挥的连接性功能是公园形成系统整体的基础，也形成了未来城市公园系统绝对的结构性优势。

5. 公园生态网络化

构建城市公园生态网络是保护城区、城乡和城际之间生物多样性、恢复景观格局、保护生态环境、提升城镇景观品质、提供高质量生态服务等的重要途径，是促进人与自然和谐发展，统筹区域发展、城乡发展，构筑完整连续的城市公园生态系统的重要方法。近年来，城市公园生态系统的网络化规划已逐渐成为21世纪户外生态开放空间规划的国际趋势。

6. 公园管理自动化

公园管理自动化发展分硬件和软件两大类。硬件类包括历史公园、海岸地带、社交花园、植物园、树林、林地、鸟类活动地、城市绿道、草坪、会馆、动物园。软件类包括城市精神、公私参与、公共艺术、环境教育、革新步骤、收入与魅力、地域管理、评价与观测技术、实践、奉献、公园管理、室外活动空间、协调、信息、活力、个性化展示、资金积累、技术革新等。城市公园的管理自动化发展趋势是在对现有的设施质量进行维护的基础上，进一步提高其生态价值的自动化网络管理，措施包括安装系统完善的网络工程，利用计算机程序控制喷灌、音像展播、灯光调节、监控系统、游人交通、商业活动等，借助机械设备来解决雨水利用、园区清洗、植物群落修整等，以满足城市公园的多种功能要求。

六、小结

现阶段，在"健康中国建设"的背景下应重新审视我国城市公园的功能定位，确保城市公园全民健身的功能定位在标准规范制定、规划设计实践等不同层面得到充分表达和体现，为"健康中国建设"战略的落地与推进提供可行的规划对策。城市公园作为全民健身游憩休闲场地设施的重要组成部分，在新建和改造提升两方面都具有紧迫性，但同时也具有极大的发展潜力。未来，城市公园为打造"健康中国"将发挥更大的作用。

康养旅游已经成为文旅产业的"新蓝海"

李伟明

在我国全民对健康关注越来越强烈的大趋势下,国家大力发展康养旅游产业,对大健康产业、康养城市、森林康养、康养小镇、康养综合体等都出台了相关政策,给予土地优惠和政策扶持,我国的康养旅游产业正处在蓬勃发展时期,康养旅游已成为我国旅游经济发展的"新蓝海"。中国康养旅游产业已成为投资热点,康养旅游项目投资与发展迎来了新机遇。

一、康养旅游解读

2019年"健康中国"成为国家发展的基本战略,把人民健康置于"民族昌盛和国家富强的重要标志"地位,并要求"为人民群众提供全方位全周期健康服务",表明健康中国建设进入了全面实施阶段。国务院发布的《"健康中国2030"规划纲要》中指出,应积极促进健康与养老、旅游、互联网、健身休闲、食品等融合,催生健康新产业、新业态、新模式。

"养生"最早见于《庄子养生主》书。原指道家通过各种方法颐养生命、增强体质、预防疾病,从而达到延年益寿目标的一种医事活动。"康养"是一个具有包容性的概念,比一般意义的"健康""养老""养生"和"疗养"等概念涵盖范围广,既可以是一种持续性、系统性的行为活动,又可以是诸如休息、疗养、康复等具有短暂性、针对性、单一性的健康和医疗行为。

康养旅游从本质上讲是一种广义的健康概念,是随着人们的健康理念的延伸而产生的,它围绕着人的衣食住行和生老病死,关注各类影响健康的危险因素和误区,提倡自我健康管理,即不仅有科学的健康生活,更要有正确的健康观念。康养旅游产业主要包括医疗服务、医疗保健器械、医药产品、健康咨询等生产与服务领域,以及与文化养生、医疗旅游、养老产业、运动康复等融合产生的新业态。近年来,疫情防控使人们对"健康"的需求愈加显著,不同地区依托当地生态资源,发展出山地、湖泊、滨海、乡村等多种康养形式。不少地区还通过提升健康服务基础设施来吸引游客，更有一批运动度假与生态养生相结合的度假地涌现出来，积极开发水上运动、冰雪运动等体育运动健康旅游项目。

随着生活质量的提升，加之现代社会亚健康的情况较为普遍，人们的健康理念发生了以下变化：（1）从客观化向主观化转变，除了身体客观指标的健康，还强调心理、精神、社会等方面的全方位健康。（2）从标准化向个性化转变，人们需要更加个性化的健康服务和医疗服务。（3）从传统医疗向数字化转变，各种可穿戴设备获得了长足发展，为健康医疗的数字化、大数据化奠定了基础。

康养旅游产业发展的意义在于：（1）有利于丰富文化旅游行业内涵。现阶段，随着国民收入和全民素质的提升，文化旅游产业也随之进行产业升级和发展，从原先简单的观光、游览、休闲的功能，发展健康、体育、文化体验、会展等延伸产业。（2）有利于改善人们目前的亚健康状态。据研究显示，我国慢性病死亡率已占死亡总数的86%，白领的亚健康状态已达76%。在国家深化医改、全民小康、改善民生的政策指导下，大力发展康养旅游有利于人们享受健康服务，改善全民的亚健康生理、心理状态。（3）有利于弘扬传统中医药文化，促使人们对健康、养生、休闲、福寿文化加以重新认识。中医提倡的很多养生调理理念和康复理疗的主旨不谋而合，所以康养旅游的发展离不开传统的中医药文化。（4）有利于促进当地一、二、三产业的融合。康养旅游的发展多数是打造健康医疗中心、康养产业园，除了养老养生、医疗护理、体检等主要健康产业外，还会带动餐饮、医药、保险、老年用品、金融、旅游、教育等多产业的共同发展。

二、疫情对健康理念的影响

1. 康养相关旅游产品加速调整升级

经过几年的疫情，人们对生活的认知发生了改变，人们将更加注重环境和卫生、注重健康，生活习惯将逐步调整，对文旅产业健康卫生要求更高。乡村田园游、森林生态游、康养运动游、亲子健康游、温泉康养、中医药康养游、周末近郊游、自然教育活动等将成为发展方向。要积极谋划健康绿色旅游发展，特别是要开发与健康方向有关的旅游产品。

2. 在全域旅游中健康的价值观得以提升

全域旅游要在全产业链里将健康的要素融进去，通过产业要素串联景区、园区、城区，从硬件和软件两个层面营造健康环境，愉悦游客，以此繁荣当地旅游业，推动一方经济发展。全域旅游规划应融入健康规划。公众对健康、康养、休闲的需求提升，倒逼全域旅游规划"健康价值观"的导入，健康规划、健康指标应纳入全域旅游规划的范畴和规范标准。

3. 旅游饮食健康安全及公共服务保障提升

消费者会更加注重饮食安全，对无公害食品、绿色食品、有机食品、药食等需求日益增加；旅游要素"食"的安全和卫生管理要求提升。旅游目的地要重点在旅游餐饮服务方面实现提升，同时要严禁食用野生动物。安全、卫生、健康成为游客关注的焦点，要以公共服务为切入口，推动文旅医疗卫生设施建设。要加快文旅医疗卫生设施建设，重视公共卫生管理、垃圾处理、污水集中处理和厕所革命，整治提升人居环境。应加强与城乡综合医院的合作，实现旅游行业与公共卫生无缝对接。

4. 全龄康养旅游产品迎来高速发展提升

康养产业将迎来巨变，全民健康推动康养旅游产业进入高速发展阶段。现在已进入全龄康养旅游时代，追求健康成为休闲生活主流，康养旅居度假也催生一系列新业态，成为新时期经济发展的一种新模式。康养旅居催生更多具有市场竞争力的项目和运营企业，形成康养小镇、康养村落、康养综合体等产品。全龄康养能够满足不同年龄层人群全龄化的康养需求。（1）30岁以下需求——运动养生：登山、自行车、跑步，亲近自然山水、森林、田园以及研学、体验风土民情等。（2）30岁至50岁需求——休闲养生：美容足疗、品茶、观鸟钓鱼、休闲消遣等；户外亲子：体验生活、儿童户外拓展、家庭聚会等；自驾游：野营、野炊、房车露营、烧烤等。（3）50岁至60岁——养性养生：禅修、国学、太极、静修等；调养养生：温泉疗养、中医养生、膳食养生等；治未病：调理亚健康、保健理疗等。（4）60岁以上人群需求——医疗养生：健康检查、康复训练、药物疗法等；护理照料：家庭医生、护士护理、生活照料等；养老：养老社区、健康管理中心、康疗中心等。

5. 体育运动休闲旅游项目将有更大发展提升

全民健康需求助推体育运动休闲产业快速发展，各种运动休闲文旅项目发展将进入实质性内容导入和有效运营阶段。休闲运动项目是以运动为主体、以休闲为目的的休闲方式，更注重健康运动休闲。项目有跑步运动休闲、自行车运动休闲、登山运动休闲、滑雪运动休闲等。消费需求会向运动健康领域不断拓展带动运动康体综合开发，形成体育公园、体育小镇、康体综合体、运动休闲基地等产品。在业态上，运动休闲产业融合了赛事、户外运动、教育培训、餐饮、购物、休闲、娱乐、健康、养生等多种业态。

三、康养旅游发展模式

1. 康养旅游城市

健康城市建设以构建医药产业体系为基础和核心，围绕医药产业形成教育科研产业体系、医药科技产业体系、健康金融服务体系、健康产业生产体系、疗养康复服务体系、享老度假体系六大产业体系，主要目的是建设城市人口居住与康养产业密切融合、服务于城市居民全生命周期的未来健康创新型城市。典型康养城市在发展早期都是依托不同的资源，但是都逐渐发展成为以健康管理、医疗为主的综合型健康旅游城市。

2. 康养旅游小镇

康养旅游小镇（健康小镇）的发展结构是以特色产业的产业链聚集为基础，以服务配套产业的发展为支撑，以产城融合为最终目标。健康小镇纵向打通产业链，向上往研发延伸，向下往应用、营销、管理、服务延伸；横向与旅游、教育、会议等相关产业及配套产业进行广泛融合，实现全产业链聚集。通过全产业链的聚集实现人才、科技、资本、信息等高端要素的聚集，实现健康小镇产业的转型升级与创新体系的建立。配套产业和服务产业将成为健康产业发展的支撑体系，这也是健康小镇真正区别于产业园区，拥有更多"小镇"内涵的关键。

3. 康养旅游综合体

康养旅游综合体模式是一种以康养产业与旅游度假产业双轮驱动的区域综合开发模式。这一模式以东西方养生哲学与东西方养生理疗技术为支撑，构建健康产业链与旅游度假产业链两大产业体系，打造延年益寿、强身健体、修身养性、康复理疗、修复保健、生活方式体验、文化体验七大健康主题，形成区域健康生活综合体。康养综合体一般选址在空气优良、环境优美、私密性强的区域，主要针对中高级白领、企业主等多元亚健康群体，通过运动健身、心灵疗法、美容养颜、生活方式管理、休闲娱乐、养生度假等完善的养生项目体系打造，塑造区域健康养生的核心主题，使游客获得身心上的健康。

4. 大健康产业园区

产业园区模式是在医疗教育、研发、疾病治疗三大核心功能主导下，配套完善机构和行政服务，形成以医疗为特色的区域开发模式。这一开发模式的特点在于，对医疗条件、医疗技术、医疗专业人员、医疗服务的要求较高，还须将医疗与度假结合起来，为病患人员提供相对安静、生态、健康的度假方式，并提供较长时间居住的便利条件。此外，医疗教育、医疗研发与治疗服务相辅相成，教育与研发为治疗服务源源不断地提供人才与技术，治疗服务为教育与研发提供资金。在此过程中，区域内逐渐形成教育机构、科研院所、医院的聚集结构，并在此结构带动下，实现区域的共同发展。

5. 康养旅游示范区

在政策推动下，以康养旅游示范区（中医药旅游示范区）为发展引擎成为区域开发的一种重要模式。中医药旅游示范区区域开发模式依托特色的中医药资源，将其与旅游的食、住、行、游、购、娱、厕、导、智、商、养、学、福、情、奇、文、体、农等市场需求对接，打造以医养生活保健服务为核心的旅游产品体系，形成以服务企业为实体的示范基地、示范项目，以及形成医药产业集群的示范区。

6. 康养享老社区

享老社区模式是依托区域良好的生态环境，通过养老社区与城市社区共生模式的打造以实现区域综合开发的目标。享老社区的打造既需要构建旅居度假产品，更需要康养配套。享老社区不同于以往的养老模式，要从物质和精神两个层面予以规划，通过舒适愉悦的生活环境、人性化的专业侍候体系、智能化的专控服务体系、便利性的特色产品体系保证老年人的身体健康；通过良好的人际交往环境、多元的休闲娱乐项目设置，使老年人获得心理上的享受。养老社区主要是以养老为核心，区域内最终形成集培训、诊疗、科研、监控、养护、修复、体验于一体的享老产业链，以优化产业结构，增强核心竞争力。这一类的典型案例有美国太阳城、中国乌镇雅园等，主要是房地产和健康养老、养老教育、体育健康、老年康复的融合，在老龄化严重的中国，具有巨大的发展潜力。

四、康养旅游项目类型

文化驱动型：以区域深厚的养生文化底蕴为基础，打造地区文化品牌，复合文化旅游、养生、会议娱乐、休闲度假等多种功能，形成度假区多个特色项目。如常州茅山度假区以茅山道教文化为核心，重点打造养生理念，打造养生文化旅游，复合养生、会议娱乐、观光旅游等多种功能。

资源依托型：以自然资源为核心吸引大量游客，依托温泉与自然生态资源的优势，以温泉疗养为主导，以休闲娱乐、会议、康体健身为辅助，打造功能复合型度假区。如陕西黄陵森林公园，公园提出"养生轩辕谷"的宣传口号，依托公园独有的黄帝养生文化，把优美的森林资源与轩辕养生文化相结合，建成以黄帝养生文化为主题的森林生态养生度假地。

医疗保健型：依靠医疗美容、高端疗养、精准医疗等区域特色康疗资源，复合康疗、休闲度假、观光旅游等功能为一体，成为商务人士旅游的重要目的地。如泰国奇瓦颂健康养生度假村，被誉为"最专业的疗养胜地"，拥有专业的疗养方式、复合健身等功能。

运动康复型：以当地的特色体育活动为核心，结合康复、养生、休闲旅游等，将项目地发展成为综合型健康旅游目的地。如印度瑜伽胜地瑞诗凯诗，每年2月第一个星期举办国际瑜伽节，适宜进行瑜伽静修和冥想。

五、康养旅游产品

1. 文化型康养产品

依托传统中医药文化开发，开发健康养生类产品。中医药养生学的精髓在于通过时间养生和以经络连接的脏腑养生达到精、气、神的"和合"。项目设计理念定位为突出和谐养生主题，将文化养生、五脏养生、环境养生、运动养生、时间养生等中医养生内涵与景观营造相结合，打造集养生知识宣传、养生习操、互动体验与休闲娱乐于一体的中医养生基地。中医养生博大精深，游客能够在基地中真正学到一些切实有用、简单易行的养生知识是非常重要的。此类项目设计思路见下：

五行养生文化设计：根据经络联系五脏（五行）五个特色区域——火区（心区）、木区（肝区）、土区（脾区）、金区（肺区）、水区（肾区）——的中医学原理，其间穿插时间养生、运动养生、环境养生等理念和内容作出产品设计，力求知行统一。

火区（养心）。（1）主要色调：暖红色。（2）表现形式：主要通过暖红色透水砖的铺装形式、红色调的景观小品来表现主题。（3）景观节点：长廊、广场、涌泉、红色主题雕塑。（4）植物配置：植物主要以红色花系为主，主要选择的植物有红花刺槐、紫叶矮樱、碧桃、贴梗海棠，点缀黄色的连翘，并在河边栽植垂柳。

木区（养肝）。（1）主要色调：青绿色。（2）表现形式：以大面积的绿色草药种植以及中医科普的展示来表现主题。（3）景观节点：草药圃、中医药展示廊、针灸铜人像、木雕五禽戏。（4）植物配置：主要以具有药用价值的植物为主，主要选择的植物有黄芪、沙参、北柴胡、薄荷、北苍术、铁线莲、芍药、防风、地黄等。

土区（养脾）。（1）主要色调：黄色。（2）表现形式：以运动广场为主，配以黄色观花植物来表现主题。（3）景观节点：养生运动广场、"二十四节气"主题雕塑等。（4）植物配置：主要以黄色观花植物为主，主要选择的植物有连翘、棣棠、黄刺玫，配以秋天黄叶的银杏、元宝枫，再点缀海棠、雪松等。

金区（养肺）。（1）主要色调：白色。（2）表现形式：以林下休憩广场为主，打造新鲜的呼吸空间，并结合栽种白色观花植物来表现主题。（3）景观节点：养生休憩广场、健身步道等。（4）植物配置：主要以白色观花植物为主，主要选择的植物有广玉兰、木绣球、白丁香、麻叶绣线菊，以七叶树、侧柏、银杏等高大乔木的栽植形成林下养生空间。

水区（肾区）。（1）主要色调：暗黑色。（2）表现形式：采用黑色为主的铺装形式，配以常绿植物的深绿色来表现主题。（3）景观节点：思邈广场、喷泉、叠水等。（4）植物配置：主要以常绿植物为主，主要选择的植物有油松、雪松、青杆、华山松、沙地柏，配以紫丁香、金银花、金银木、棣棠等。

2. 自然资源型康养产品

森林康养产品： 国家不断出台森林康养基地、森林康养试点等政策，还编制了《森林康养基地质量评定》规范森林康养的发展。森林养生作为一种新兴的健康产业，是指依托优质的森林资源，将现代医学和传统中医学有机结合，配备相应的养生休闲及医疗、康体服务设施，在森林里开展以修身养性、调适机能、延缓衰老为目的的森林游憩、度假、疗养、保健、养老等一系列有益身心健康的活动。森林健康旅游通过提供多种形式的旅游项目，以促进游客强身健体、修身养性为目的，满足不同人群生理和心理健康需求。大多数生态环境良好的景区都可以发展森林康养作为当地旅游业的补充。

温泉康养产品： 我国利用温泉的历史已达千年，温泉疗养、温泉美容的旅游产品在国内也拥有庞大的市场。温泉疗养旅游产品的开发有两种，一种是纵向产品的延伸，以温泉为依托的产品类型，打造多样的温泉疗养和娱乐休闲活动，改变温泉产品的单一性和重复性；另一种是横向产品组合，利用度假区与度假区的组合方式，整合温泉资源、山地生态、宗教文化、民俗风情、田园风光，突出"温泉、山地、田园"三位一体、天人合一的自然、和谐、生态的理念，打造集聚温泉度假、会议会展、休闲观光、体育娱乐、温泉住宅、乡村度假等功能为一体的生态型情景式休闲度假温泉目的地。

3. 医疗型康养产品

医疗康复中心：综合医院康复医学科及康复医学专科医院是在康复医学理论指导下，应用功能评定和物理治疗、作业治疗、言语治疗、心理康复、传统康复治疗等康复医学诊断和治疗技术，其诊疗对象包括上述伤病急性期、亚急性期出现身体结构与功能异常、个体活动以及参与能力受限的患者。医疗康复中心主要为患者提供全面、系统的康复医学专业诊疗服务，并负责为社区卫生服务网络提供康复医学专业咨询、培训和技术指导。

中医药产业园：中医治疗是我国的传统医疗，有着独到的医疗理念和治疗方式。国家强调充分发挥中医药防病治病的独特优势和作用，为建设健康中国贡献力量。中医药产业园以当地中医药文化产业为核心，以自然资源和运动康复为重点，发展健康旅游。中医药产业园有很多发展模式，如秦岭中医药健康养生产业园是以医疗康复为主的半医院化模式，但是更多的产业园只是药材种植、药材加工、中医药研究、中药销售等为主引进相关企业，为园区提供多样化的健康服务。

4. 体育运动型康养产品

以当地特色体育活动为核心，以全民健身、全民运动为契机，以体育运动、体育赛事为抓手，以建设国际阳光康养旅游目的地为目标，结合康复、养生、休闲旅游等，紧抓"运动+康养"的命题，努力打造一批"运动康养胜地、体育制造基地"，探索出一条康养与运动相融合的体育事业和产业发展之路。运动型健康旅游产品多数是作为健康城市或者其他健康旅游综合体的组成部分来开发，比如高端的运动康体中心、健康配套设施、森林康养里的生态走廊等。太极就是一个很好的突破口。太极不像中国的其他传统武术那样具有很大的运动强度，是一项适合亚健康人群和老年人群体的低强度健康运动。较为典型的是湖北武当太极湖和河南陈家沟太极村等案例，利用太极这项运动，打开了健康旅游的客源市场，更能帮助项目地打开国际市场，提升国际知名度。

5. 五感健康花园产品

五感疗法：以视觉、听觉、嗅觉、触觉和味觉五感为主的感觉刺激带给人的心理、生理效果，通过感官接受环境的积极信息，使大脑处理并通过内分泌等的调节做出积极的反馈，继而达到身心疗愈的作用。五感疗法由视觉疗法、听觉疗法、触觉疗法、嗅觉疗法、味觉疗法构成。

（1）视觉疗法：主要是通过自然景色或者具有疗效的色彩来进行疗治。如采用不同的色彩，借助植物的季相变化和目之所及的各种不同事物的颜色打造视觉景观，运用不同的植物配置刺激患者的认知能力。患者通过眼睛观察刺激记忆力，减轻精神焦虑和负担，减少疲劳感，有助于缓解焦躁的情绪。

（2）听觉疗法：主要是用各种令人舒适的声音使患者身心得到放松。如在亭阁、回音廊等景观节点打造听觉景观，种植的树木叶片的摩擦声、乐曲，还有模拟大自然的虫鸟鸣声、水声、雨声，在这种环境下，会不由自主地感到身心舒畅，从而达到缓解消极情绪的效果。

（3）触觉疗法：主要是通过皮肤感受来增加对外界的感知。用不同质感的铺装和各种互动装置打造触觉景观，设置一些新的锻炼器材，刺激患者手足，可改善患者肌肉紧张的症状。如在室外设置鹅卵石步道来按摩患者足底的经络；室外水景提供了与水亲密接触的途径；在座椅、轮椅、栏杆等的扶手上使用一些有凸点的装置，也是触觉疗法的一种方式。

（4）嗅觉疗法：植物具有芬芳气味，通过让患者闻花香、叶香、泥土香等，可以对患者健康产生积极影响。用芳香植物和景观装置打造嗅觉景观，如茉莉增强机体抵抗力，令人身心放松；桂花消除疲劳，宁心静气；丁香净化空气，使人沉静轻松。运用芳香气味的植物时，应将同一科属的植物配置在一起，以免与其他种属的植物互相反应、影响效果。

（5）味觉疗法：用食物打造味觉景观。如种植一些可食用的植物，如丝瓜、西红柿、茄子等颜色鲜艳的果蔬植物，患者可以品尝自己种植出的瓜果蔬菜，提升患者的自我价值。采摘、种植可以使患者的身体得到训练、交流，为生活增添色彩。

（6）五感健康花园作用：①五感花园以人为本，追求生态上的回归自然，环境上的和谐统一，能够满足不同人群不同场所的不同需要，活动体验满足康复过程中的心理和行为需要，释放压力，缓解负面情绪，达到身体良好的平衡状态。②五感花园追求人与自然的和谐。以阳光、植物、水景等自然和生态要素应用于景观，通过五感园艺治疗方法，使用当地材料营造景观，运用乡土植物资源营造舒适、健康的环境，令使用者增强自我康复能力，得到更快速恢复。③产生空气负离子，释放植物芳香气味，辅助治疗，缓解身心压力、焦虑、抑郁，获得常规医疗达不到的疗效。④运用五感体验的设计元素营造不同色彩、质感、高度的花园景观。除了植物的生态作用外，深入挖掘植物的疗养和康复作用，积极调节身体舒适度、人际关系和精神压力等，能够产生生理和心理上的健康增益。⑤提供减缓工作压力的场所，释放生活中的紧张压力。在城市内部，为弱势群体、病人和访客提供安静平和的互动环境。

浅谈城市夜经济的创新发展策略

夏冬利

城市夜经济是作为改善城市中心区"夜晚空巢"现象而提出的经济学名词,源自20世纪70年代的英国。英国在1995年正式提倡实施"城市夜晚活动多元化"这一政策。"夜经济"又称"24小时城市"(The 24-Hour City)。据统计,仅伦敦一个城市的夜晚,就为英国创造了6%的税收,夜经济为伦敦提供了130万个工作岗位,年收入达660亿英镑,甚至拯救了因网上购物冲击而没落的高街(high street,指一个城市的主要商业街)。在美国,居民已有1/3的时间、1/3的收入和1/3的土地面积用于休闲,而其中超过六成的休闲活动是在夜间完成的。如今,随着都市人群工作节奏的加快,繁忙职场和生活的压力充斥于白天的工作时间,于是夜晚便顺理成章地承担了休闲娱乐功能。而居民收入随经济深入发展而普遍提升,大大促进了夜间经济的繁荣壮大,"夜游"在放松身心之外,甚至逐步成了一种时尚与潮流。城市夜经济的兴起和发展与人们生活水平不断提高直接相关,在人们消费能力提高和生活方式发生转变下,满足了人们对多样化消费的需要。"夜经济"已经成为城市活力系数的风向标,也充分反映城市的时尚度和活力程度,夜经济发达,其城市的经济发展更充满活力。如2022年的国庆长假,城市夜经济再一次表现出强劲的经济消费力,美团数据显示,全国夜间消费规模占比达到46.7%,较去年同期上涨1.7个百分点,北京、上海、广州、成都、深圳等城市"夜间游玩"搜索热度较高。目前,夜经济在满足消费者精神、文化需求等方面尚存在不足,主要体现在创新夜间消费产品的供给不足。因此,通过应对策略促进夜经济的发展极为必要。

一、城市夜经济发展现状

1. 夜间消费需求旺盛,供给日益丰富

基于各类研究调研数据显示,我国城市夜间消费需求日趋旺盛。据《北京市夜间经济高质量发展研究》调查显示,83%的受访者有夜间消费经历,42%的受访者

每周有1~3次夜间消费，75%的受访者夜消费时长1~3小时，夜消费已成为北京居民的常态化消费行为。在疫情期间，北京居民的夜间消费由线下向线上线下结合转变，线上夜消费集中于网购和外卖，线下夜消费集中于餐饮、购物和观看演出。夜间消费是受天气影响较大的消费形式。北京代表了北方活跃城市，南方城市的夜经济的需求更加旺盛，其消费的时间更长，能创造的经济价值也更大。各地也针对夜间消费的需求，策划了较为丰富的消费活动，提供了丰富的消费场所。

北京：北京推出"夜京城"活动，异彩纷呈，点亮"十一"假期。"2022北京消费季·夜京城"推出节庆消费大餐，如昌平乐多港万达露天电影、清河万象汇户外灯光、大兴大悦春风里城市夜巷啤酒节、华熙LIVE麻辣摇摆舞会、蓝色港湾艺术季等带动夜间消费。八达岭"长城·Night"文化街区、怀柔雁栖湖"星光璀璨夜·越夜越风光"绚丽灯光伴随夜游、夜娱、夜食、夜购，描绘休闲消费美景。监测数据显示，"十一"假日期间，夜间服务消费人次同比增长9.1%。

上海："夜上海"始终是上海的一张亮丽名片。上海在充分挖掘"一江一河"的特色空间禀赋的基础上，沿滨水岸线打造、串联一批丰富的夜间载体与活动。截至2022年2月，上海共有400余家夜间商场、8万余家夜间餐厅和超4000处夜娱场所，它们共同形成一张强大的"夜态"网络。在此基础上，更有4000余处运动场馆、700余家书店、3700余家24小时便利店和800余家星级酒店为城市注入更多的亮点。

2. 注重文化主题融入，业态体现创新

文化具有精神性与独特性等特征，城市文化是地方发展的精神土壤，随着文旅深度融合，文化正不断成为旅游的灵魂，旅游也不断成为文化的载体，助力传播地方文化。城市的夜经济已经成为城市文化旅游的重要组成，在提供和打造夜间文化产品时，地方也开始注重文化的融入，通过夜间文化体验，来传承和展现地方文化，同时也增加了体验项目的独特性。

虽然夜经济发展很快，但在业态创新上还存在一定差距，主要表现在特色夜间品牌的打造进程滞后，文化主题、深入人心的特色性夜间项目相对欠缺。因此，在创新业态开发上，要从文化的深入挖掘、模式创新等方面进行优化。

3. 基础设施逐渐完善，夜间设施提升

夜经济的消费行为是依托城市基础设施、公共服务设施来进行的，为鼓励夜经济，很多城市出台延长公共服务设施运营时间的文件。2022年5月北京市发布的《北京市公共文化服务保障条例（草案）》明确提出"公共文化设施应当根据其功能特点以及服务对象的需求合理确定开放时间，不得少于国家和本市规定的标准，鼓励延时开放、错时开放、夜间开放"。越来越多的公共文化设施将在夜间向人们开放。

公共文化设施延长运营为人们的夜间休闲提供了更多的选择，但与此同时，夜间出行出现了较大的问题。2022年北京地铁运营时间表显示，大部分地铁始末站结束运营时间在23:30左右，同时在市内增加的夜间运营的公交车也基本在24:00前后结束运营，只有极少数线路是24小时运营，在人流集中的文化场所，出租车、网约车的呼叫等待时间也是非常久，容易形成人员滞留的现象。因此，夜间的交通出行及其安全性是发展夜经济过程中应该得到提升的。

二、城市夜经济创新发展的对策

1. 业态创新

传统的"夜经济"业态以餐饮、购物和娱乐居多，随着近几年夜经济与文化、休闲、体育等要素的融合，为夜经济的业态提供更广泛的方向。在完善"夜购、夜食、夜游、夜赏"等传统夜间业态基础上，我们须结合文化的挖掘，通过对市场需求调研、服务客群画像等研究，策划出具有吸引力的特色化的创新业态和与此相匹配的体验活动。

融入文化主题：根据夜间消费调查得出，书社、茶社及剧院都是比较受人们欢迎的夜间文化消费场所。文化场所逐渐成为人们夜间消费的主要选择，融入文化主题有助于改善夜经济结构，提高夜经济稳定性。同时，在夜间消费场所也应充分融合地方文化，通过夜间文化体验，使文化得到传承。

特色场景营造：要结合文化主题的特色来打造精彩场景，吸引消费者的关注，以特色化的场景来吸引消费者。对于休闲街区或商业综合体，可以根据商业街区的业态定位，通过对商业街区的空间改造更新，营造具有特色的商业场景。

定制产品体验：进行定制化环境设置，将人群进行细分。可以对现有商家进行分析并做整合规划，方便不同细分消费群体便捷匹配适合自身消费的场所。

2. 数字创新

近年来，随着文化产业数字化战略的深入实施，以数字技术和互联网为依托的新型文化业态蓬勃兴起。数字孪生、虚拟结合、跨模态交互、跨时空等新技术的应用，满足了各类群体多样化的沉浸式体验需求，更有利于文化的传播。2022年5月，中共中央办公厅、国务院办公厅印发的《关于推进实施国家文化数字化战略的意见》提出，到"十四五"时期末，基本建成文化数字化基础设施和服务平台，形成线上线下融合互动、立体覆盖的文化服务供给体系。围绕这一目标，许多文化机构纷纷与科技企业合作，推出各具特色的数字文创产品，丰富文化服务供给，给人们带来全新的文化消费体验。

在此发展背景下，数字文化产业在夜经济中也能大放异彩，尤其是在疫情期间，人们的夜间消费形式转变，一部分夜间体验是在线上实现的。在充分结合数字文化、影视文化和VR技术的基础上，消费者能够从夜间文化消费场所中得到强烈的消费体验满足感。我们可以通过数字化的文化消费新场景，催生新业态、新模式。

AI数字场景：以往人们大多只能在博物馆里欣赏到的历代名家的书法字迹，如今，通过"AI造字"等创新形式被更多人看见、学习和传播。

元宇宙场景：通过元宇宙技术，实现虚拟与现实的场景交融；同时也可以运用元宇宙改善和提升夜间交通出行的便捷和安全性。

3. 政策创新

夜经济的发展离不开政府的指导，相关政府管理部门应当在充分结合当地夜经济发展形势的基础上，提出切合实际的发展目标，如打造文明、环保、繁荣的夜市。在确立夜经济长期发展目标后，政府部门还要强化对夜间经营行业的管理，构建与夜间经营者的稳定沟通渠道，以此保证夜经济的有序发展。

创新的人才机制：夜经济的高效发展离不开专业人才的支持，政府需要在规划设计、运营管理、市场监管、公共服务等诸多方面增加人力资源投入。因为夜经济的发展是在日间经济的格局基础上产生的，不同程度上会与城市居民夜间生活互相交织和影响，所以在夜经济发展的过程中，应结合城市空间布局、公共设施分布、交通组织等体系进行合理的规划，同时应充分结合周边功能合理选择业态，后期经营（运营）管理过程中，也应从安全、协同发展的角度进行维护。因此，夜经济需要建立创新的人才引进和服务机制，吸纳更多优秀人才进入智力团队，用高水平的管理和服务实现合理运营，维持夜经济的平稳发展。

完善的管理体系：政府部门应根据不同区域、不同项目制定针对性的管理办法，建立完善的管理体系。除管理手段以外，政府还可以通过财政资金手段引导和帮助夜经济发展。包括对夜经济聚集区公共设施的智能化改造，对创新型夜间产品的开发予以支持等。此外，政府部门要加强监督和管理，尤其要加强夜间消费活动的安全保障工作。

三、城市夜经济的发展前景

2021年，《"十四五"文化和旅游发展规划》明确提出要大力发展夜间经济，推进国家级夜间文化和旅游消费集聚区建设。打造夜间消费聚集区、丰富夜间消费供给、提振夜间消费能力，在全国上下已成共识。2021年11月，文化和旅游部公布了首批国家级夜间文化和旅游消费集聚区名单，共120家。据数据统计，2022年国庆假期，第一批120家国家级夜间文化和旅游消费集聚区累计夜间客流量达3995.6万人次，平均每个集聚区每夜客流量达4.76万人次。近几年，我国夜经济得到蓬勃发展，2020年规模就已突破30万亿元，商务部调查数据显示，我国有60%的消费发生在夜间。夜经济对于扩大内需、繁荣市场、创造就业等方面都有显著的促进作用。

夜经济是城市经济发展的新引擎，也是满足人民美好生活向往的重要依托。随着各级政府对夜经济的支持力度不断加大、夜间消费场所的增加以及人们夜间消费需求的攀升，我国的城市夜经济的发展规模也表现出快速增长的趋势，前景可观。在发展夜经济的过程中，需要政府部门、规划设计单位、经营（运营）者建立紧密的联系，以在国家政策导向下，根据市场需求，利用新技术、新知识，不断地更新思想、创新产品，同时，注重项目的可操作性和可持续性，在顶层规划思想的引领下，建立完善的城市夜经济系统，保证夜经济在文明、环保、高效的基础上为社会建设贡献力量。

"鲜花"里开出的产业——赏花经济

白墨

我国地域广阔，花卉资源丰富，全国各地各种花卉每年都吸引大量游客到往。近年来，乡村文旅日益丰富、创新提升，国内目的地将赏花与当地特色文化、精品特色民宿、露营等相结合，不断丰富花卉旅游业态，大大提升了花卉旅游的产业吸引力，花卉旅游产业释放出更多消费能力与价值创新。花卉旅游也逐步实现了从单纯观光向休闲体验转变，成为促进乡村产业转型升级、推动乡村振兴的重要引擎。

一、花卉旅游的概念及起源

1. 花卉旅游的概念

花卉的概念有狭义和广义之分：狭义的花卉指草本的观赏植物，包括观花和观叶植物；广义的花卉，是指具有观赏价值的植物，包括木本与草本。花卉中的草本花卉，由于其生产周期短、成效快、色彩变化多样等特点，在花卉旅游中得到最广泛的应用。木本花卉的强季节性使其在花卉旅游中的应用较少，但它比时令花卉能更好地与花卉文化相结合，形成品牌式的花卉文化旅游。对于观赏草类和多肉类植物而言，由于它们的新奇、少见等特点，将会是花卉旅游发展新的亮点，是很具潜力的花卉类型。

花卉旅游产业是花卉产业与旅游产业有机结合的产物，是人们为了非工作目的而前往花卉资源集聚区域进行的花卉生态审美休闲与花文化体验认知活动。发展花卉旅游，既可以完善和优化目的地旅游产品结构，又可以提升旅游产业竞争力。近几年来，花卉旅游在我国已经成为游客青睐的热门旅游主题之一。

2. 花卉旅游的起源

自古以来中国人有养花、用花、赏花、食花的习惯，历经千年形成独特的花卉情结，使其成为中国传统文化的一个重要象征。我国古代第一部诗集《诗经》歌颂了桃花的繁盛状态："桃之夭夭，灼灼其华。"牡丹、梅花、菊花、梨花、杏花、海棠、荷花等等诸多花卉品种都深受古人今人喜爱，这些花卉被人们赋予了多种多样的文化与美学内涵，也为今天花卉旅游发展提供了深厚的基础。

中国早期始于花卉的旅游活动应追溯至为采摘食用和药用花卉而引发的空间移动，注重花卉食用和药用的实际功能。中国的食花习惯最早出现于商代（约公元前1600年）；自汉始，历朝历代皆有花木酿酒的记载。花卉养生最早出现于战国或秦汉时期（约公元前300年）。在汉、晋、南北朝时期，花卉业开始从纯生产事业转向以欣赏为主。造园栽花活动盛行，赏花活动也从宫廷普及至民间。

自宋朝开始（约1000年），我国花卉旅游注重物质和精神方面的消遣娱乐，将观赏花卉与休闲结合，形成"赏花三品：茗赏上、谈赏次、酒赏下"。花卉旅游活动更加雅逸，花卉游赏风俗也逐渐流行于民间，花卉节庆繁荣，花卉产区遍布全国，形成一些名产区。在唐代明确以二月十五日为花朝节，并与元月十五元宵节和八月十五中秋节合称为三个"月半节"，是重要节日之一。我国繁荣灿烂的花卉文化顺应历史长河不断发展。如今花卉旅游因在旅游市场中具有巨大的发展潜力而呈现蓬勃发展的态势。

二、国外花卉旅游经典模式分析

1. 荷兰模式：花卉 + 主题公园

荷兰人通过营造美不胜收的花田景观吸引游客，通过举办花车巡游和"花绘"比赛等节庆活动扩大影响，建立花卉主题公园进行花卉品种的集中展示和宣传，春季的荷兰被誉为"世界上最美丽的春天"。其模式特色为注重景观营造，叠加配套活动，以休闲观光为主。发展重点：（1）景观规划：荷兰的花卉种植面积大，素有"欧洲花园"和"鲜花之国"的美誉。每年春季各色鲜花盛开，大地被鲜花覆盖，花田中还有风车、农庄、小城堡等点缀其间。荷兰的库肯霍夫公园是世界上最大的郁金香主题公园，公园内郁金香的品种、数量、质量以及布置手法堪称世界之最。库肯霍夫公园自2006年起设置了开园主题。每年的开园主题各不同，主题会体现在园区的整体设计上。（2）配套活动：每到3、4月，这里都将举行为期8周左右的花展，公园内除了大片的花海之外，还有展馆内也会有各种各样的花展、花卉的栽培示范活动、插花艺术展等，更少不了绘画和摄影展。此外，还有特别为儿童设计的探险之旅、花园迷宫、牧场等活动。（3）文创纪念品：郁金香特色的纪念品和工艺品。

2. 日本模式：花卉 + 创意文创

日本花卉旅游以日本樱花文化为底蕴，以覆盖整个国家范围的花卉资源为支撑，形成了全球性的樱花旅游品牌。以樱花命名的街道、车站、市镇、商标、饭菜、茶点、汤饮等比比皆是。樱花已经成为日本的国家名片和形象代言。其模式特色为突出文化特色，注重IP打造与文创设计。发展重点：（1）节庆活动：樱花作为日本的国家名片和形象代言，每年的3月15日到4月15日是日本的樱花节，日本各地都要举办各种赏樱活动，它的热闹非凡不亚于日本任何一个全国性的节日庆典。目前，日本樱花节已经成为世界知名的旅游节，吸引着大量世界游客前往日本旅游，每年春季是日本旅游旺季，赏樱外国游客达千万人次，对日本旅游经济起到重要作用。（2）文创开发："樱花之国"日本，在开发樱花文创方面经验丰富，不仅推出了限量版樱花味的食品，樱花主题的胶带纸、便签等商品，还将樱花融入当地的服饰文化、茶文化中。星巴克、麦当劳等连锁品牌，每年也都推出相关主题的产品。2022年星巴克推出的多款"樱花杯"以及樱花口味的咖啡，一上市就受到热烈追捧；星巴克曾经推出的桃花主题情人节系列商品也颇受欢迎。（3）文化传播：目前日本有樱花30多类，300多品种，并在全世界传播，如中国武汉大学的樱花已经成为武汉市的主要景观之一，美国华盛顿依托其几千株日本樱花每年举办樱花节。日本樱花文化也催生了日本国民对其他花卉的热爱，并带动了日本花卉产业的发展，日本花卉产业在世界上占有重要地位，是花卉的主要生产国和消费大国。

3. 法国模式：花卉 + 工业旅游

法国普罗旺斯的薰衣草主题的花卉旅游，通过将薰衣草制作成香包、精油、香水等，延长花海的产业链和引入特色旅游节庆活动，极大地带动了当地旅游的发展。其模式特色注重链条开发，发掘产业资源。发展重点：（1）景观规划：法国的普罗旺斯地区连片种植的薰衣草打造出令人震撼的田园美景，营造出"花的海洋，香的世界"。薰衣草盛开时节，整齐的花垄随着山坡地高低起伏，点缀着树木、房屋，展现出优美的画面，吸引着世界各地的游客。普罗旺斯乡间最传统的建筑，极具原始气息，以土黄石块砌成的农舍与薰衣草紫色田园相映生辉，形成绝美画面，吸引大量游客以及摄影家的到访。（2）工业旅游：从19世纪开始，法国普罗旺斯的瓦伦索就开始种植薰衣草，产量在世界上高居榜首，时至今日它仍然供应着全世界对这种花卉需求量的四分之三以上。（3）美食旅游：游客不仅可以欣赏薰衣草花海，选购一系列薰衣草产品，还可以体验当地的特色美食——橄榄油、葡萄酒、松露等，美景和美食相辅相成，旅游业也间接促进了这些美食享誉世界。

4. 英国模式：花卉+科普观光

英国 EDEN（伊甸园）通过植物展示+科研教育+特色活动，通过环境再生，建造一个人间"伊甸园"。模式特色：以科普考察为主，策划一些趣味性的科普教育活动或景观小品等提升景区的观赏性，增强游客的体验感。发展重点：(1) 自然生态区：1994年英国人提姆·史密特首次提出要在一个已经受到工业污染和破坏的地区重建一个自然生态区的想法，2000年在英国南部康沃尔郡废弃的矿山上兴建的伊甸园的项目成为全球最大的生态温室。汇集了几乎全球所有的植物，超过4500种、13.5万棵花草树木在此，是一个集科学与娱乐为一体的博物馆，不仅成为人们休闲娱乐的场所，还是一个开展生态教育的天然课堂。通过它，人们可以了解更多的生物学信息，它是后工业时代环境再生的绝佳范例。(2) 园艺产业：英国从园艺消费出发，发展出了完整的园艺产业链。园艺用具、肥料、草花、苗圃、园艺装饰等通过各种渠道很容易购买，书店里介绍园艺的书也数量众多。据英国花园快递网（GardeningExpress.co.uk）2014年一项随机调查显示，在调查了540名英国家庭园丁的消费习惯后，发现迷恋于栽花种草的英国成年人平均每人一生在园艺上花费约3万英镑。英国园艺中心已形成品牌化经营并不断开发新的经营方式，例如增设园艺体验区、宠物店及家庭娱乐休闲区、儿童娱乐区、餐厅等，以吸引更多顾客。

5. 加拿大模式：花卉+园艺旅游

加拿大布查特花园（Butchart Garden）是加拿大国宝级精致园林，坐落于加拿大温哥华岛，占地20公顷，是利用一个荒废的采石坑修建的，层次鲜明，四季可游，融汇世界园艺精华的精致花园。模式特色为以赏花经济为主导，园艺产业与旅游业结合，推动经济发展与环境保护。发展重点：(1) 景观设计：利用地势起伏构建景观层次，从单调园艺走向主题园。(2) 旅游业态：主要旅游产品包括玫瑰园、日式庭院、意大利花园、低洼花园、布查特（Butchart）家族陈列馆；相应的旅游配套包括游客中心、停车场、园艺咨询中心、种子和礼品店、餐饮厅；旅游盈利为门票+餐饮消费+纪念品出售。园艺学和旅游合作分别给园艺产业和旅游产业带来益处，并为经济发展、环境保护与整治、人类健康带来福祉。

三、国内花卉旅游发展现状、特征及问题

1. 国内花卉旅游发展现状及特征

近年来，新兴花卉旅游以从未有过的高关注度，在全国内地遍地开花。花卉苗木产业转型与旅游业产业升级耦合一起寻求新的发展机遇，花卉苗木产业与旅游业

的嫁接，是这两大产业需求突破的最佳路径之一。除了不断涌现的政府投资项目，还有行业外的资本进入，花卉文化、花卉生产、花卉旅游、花卉美食、花卉节庆等诸行业内的花卉企业也加大了对花卉旅游项目的开拓力度。

每年从3月初开始掀起花卉旅游热，3月下旬至4月上旬为最高峰，一般最晚延续到5月。油菜花、樱花、桃花、杜鹃花，游人跟着花儿走。国内有昆明、洛阳、江西婺源、武汉武大等传统的花卉旅游城市和景区。国外出境赏花游已渐成时尚，日韩（樱花）、荷兰（郁金香）等为最火的出境赏花目的地。花卉旅游时间段多集中于周五至周日，这是因为赏花游多为短途游。围着城市走，在大都市近郊，赏花游一日游、二日游居多，多为都市3小时车程范围内的近郊短途游；沿着高铁走，则由高铁将游人带到新兴赏花区域。

利用本地花卉资源和地方文化办节，不仅吸引了大量游客，也带动了当地经济发展。许多产业发展"以花为媒"，花卉旅游作为旅游业的代表，一直以来在旅游经济中占有重要地位。花卉旅游不仅丰富了旅游的特色与内涵，同时可满足人们对生态需要与旅游体验的双重要求，为旅游市场带来巨大的人气和商气，以踏春赏花为主题所带动的大规模花卉旅游带来巨大文化、经济和社会效益，花卉旅游消费效益已成为一块"诱人蛋糕"。

2. 国内花卉旅游存在的问题

近年来，我国花卉旅游获得了快速的发展，在国内形成一批以赏花经济带动旅游产业、提升经济发展的旅游城市。但目前国内花卉旅游产业经济尚处于初级阶段，产业支撑不够，产业发展存在着一些问题。

（1）标准化不足，配套要素差。如今服务标准化、便捷化已成为旅游景区品牌营销战略体系的重要组成部分，正从"被动"走向"主动"，成为旅游产品体验中不可或缺的重要内容。国内花卉旅游景区景点运行和服务模式有别于传统景区，多属于开放或半开放型场所，对各项旅游保障要素要求较高。但是，从目前各地花卉旅游服务现状看，由于客流量超过景区的接待能力，随之带来厕所、停车位告急，大客流缺少预警引导，陷入"人挤人"境地，加之各种不文明现象，大煞风景。

（2）花开周期短，"时忙时闲"的潮汐现象严重。每种花卉都有其特定的盛开花期，对于国内来说，各类花卉盛开时间高度集中，基本在每年的3月下旬至4月上旬，最晚至5月。国内花卉旅游产业严重依赖花卉花期，因此，极易形成"花开时忙，花落时闲"的潮汐现象，花卉旅游淡旺季差异严重。

（3）开发层次低，体验项目少，文化体验弱。目前的国内大部分地方花卉旅游深度开发不够，开发层次低，体验项目少，大部分花卉旅游景点或景区开发仍集中在花卉种植和花卉观光上,活动以单纯的旅游观光、休闲体验为主,在项目参与性、体验性、文化性方面有待提升。

(4)同质化严重,缺乏个性化的特色品牌。在国内花卉旅游发展过程中产生了大量超强人气"网红"植物,如柳叶马鞭草、粉黛乱子草、芝樱、油菜花、桃花等,一方面极大地推动了国内花卉旅游发展,另一方面也引发了各地项目开发的盲目追风,缺乏鲜明的主题,区域性、个性化品牌缺失。除了品种和造景方式雷同外,花卉旅游节庆活动也大同小异,主题和品牌之间没有区隔,与游客之间难以形成情感黏性,且活动时间相对扎堆。

四、花卉旅游产业高质量发展提升建议

丰富的花卉自然文化资源与巨大的旅游市场机遇相结合,促成中国花卉旅游产业的兴盛,发展潜力巨大。要实现花卉旅游产业的高质量发展,需要从以下几个方面进行提升:

1. 科学设计基础设施,配套目的地基础服务功能

科学设计基础设施,做好维护工作;用美丽的鲜花完善旅游度假的配套设施布局,合理布局停车场和出入口,合理调配人流车流;根据工作日和节假日天然存在差异性,在旅游内容和功能上有所侧重,如工作日可做会议市场,周末则主要做度假市场。

2. 注重景观营造,提升游客赏花体验

花卉旅游要专注景观营造和视觉震撼,塑造立体化、多维度观赏结构,形成色彩缤纷的大地景观,组织体验活动,利用春、夏、秋黄金时段,解决季节性差异问题,延长花期,打造长花季,使得花卉旅游从"一季花"向"四季景"转变。通过设计美轮美奂的花境景观,制定完美的观花路线等引人流连忘返。

如江苏省句容市天王镇就在樱花园内移栽补种了2000棵樱花树,3000亩园区樱花成海,不同品种的樱花开花时间不同,花期长短不一,次第开放,有效地延长了花期。陕西潼南地区,油菜花已经成为当地农民增收致富的重要支柱产业。当地采用了全新种植的3D陈抟像、3D倒福等大地艺术图案,实现农业与艺术的结合,同时,沿线新种植了粉色桃林,丰富了花色,提升了花海的观赏性与艺术性。

3. 发展"花海+"产业，推动消费释放

花卉旅游跳出"种植"和"门票"窠臼，着眼于景观延展性和消费释放。文化元素融入是实现花卉旅游差异化的核心环节，重视花卉旅游相关的花事体验、文创产品等新消费模式，将花卉旅游与当地文化特色、历史底蕴相结合。有特色、有体验、有文化，才能吸引更多人气，带来的经济发展才更有意义、更可持续。

重视产品创新和内涵，延长产业链条。花卉旅游要集花卉苗木种植、展览、观光休闲等项目为一体，进行产业链式开发，设置出花卉科研区、花卉展销区、主题花海观光区等旅游项目，从而以产带旅，以旅促产。充分挖掘花卉的多重利用价值，从单纯赏花到育花、护花、赏花、食花、拍花、咏花、画花、插花等多样发展，强化花卉附加吸引力。开设鲜切花制作、插花教学、花卉科普等花事体验项目，培育成为新经济增长点。

开发花卉旅游创意产品，重视品牌化，开发精油、鲜花皂、香薰、花烛、鲜切花等多种花类旅游产品，注册自有商标，进行系列化运营。结合实际情况推出主题食品、装饰品等特色产品，推出一系列旅游主题特色文创产品，将文化融入设计中，打造文化创意产品。如北京玉渊潭公园在第31届樱花节开幕期间，推出网红鲜花文创"樱花雪糕"，赚足了眼球，一"花"难求。在雁塔国际樱花节和西安首届樱花节期间引入的"樱花邮局"，通过向游客发放手绘旅游明信片，为游客带来浪漫体验。武汉东湖樱花园，推出了"鹿凤争樱""楚樱""夜樱""赏樱女孩""汉味"5个系列近40款樱花主题特色文创产品，将樱花文化与楚文化结合，产品精巧别致，深受游客喜爱。

4. 打造花卉观光活动，经济与文化效益双赢

通过结合当地传统文化和现代文化，开展特色民俗参与式活动，丰富游客的体验。如融入传统节日花朝节的节日习俗等，实现经济效益和文化效益双赢，让花卉旅游真正为当地发展"锦上添花"。打造各种与花卉观光有关联的活动，增加娱乐性。如打造花田运动、花汤养生、花卉美食、花间住宿等特色活动，让人们体验花卉带来的乐趣。以花田游乐为主要活动方式，将运动与娱乐导入其中，将花田设置成自行车赛场、花墙脚迷宫等趣味场所，增加花卉景观的娱乐性。

例如在新疆阿克陶县塔尔塔吉克民族乡，将杏花游与鹰舞、鹰笛、民俗婚礼等当地特色文化相结合，大大提升了赏花游的文化内涵，既提升了游客的旅游深度、参与度，又拓宽了农民的增收空间，实现以旅兴农。

体文旅产业融合发展路径及模式

王伟

体育旅游产业是国家提出的新型产业概念,官方最早见于2016年原国家旅游局、国家体育总局联合发布的《关于大力发展体育旅游的指导意见》,《意见》明确指出体育是旅游产业的重要资源,旅游是推动体育产业发展的重要动力。随着近年来国内游客需求层次的不断提高,在旅游的各环节中,文化体验消费逐渐成为消费需求的重点,在这一趋势的推动下,文化产业和旅游产业也在加速融合,2018年原国家旅游局与文化部改组成立文化和旅游部。自此,体育产业与旅游产业之间、体育产业与文化产业之间、文化产业与旅游产业之间各自的二元融合,逐步向着"体育—文化—旅游"三元融合的方向发展。体育产业与文化产业、旅游产业交叉渗透,形成内涵和外延都十分丰富的新产业形态,已成为国内体文旅产业发展的必然趋势和优化现代化新型服务产业结构、丰富产品体系的重要抓手。

一、体文旅产业融合内涵

1. 体文旅产业融合的定义

体文旅产业融合就是体育产业与文化产业、旅游产业弱化分界线,通过延长体育产业现有产业链、横向补充体育产业链或产业链重组等方式进行产业融合,并通过运动娱乐业、竞赛表演业、体育传媒业等形式为载体来表现和发展融合后的产业形式。在体育产业融合这个动态过程中,融合产生的新型产业始终以体育产业资源为发展核心,与其他相关产业在技术、业务、市场等方面进行优势互补、逐渐融合。

2. 体文旅产业融合的基础

任何产业之间的融合发展都不是一件简单的工作,不是两者或多者的简单叠加,而是一项系统性工程。因此体育、文化、旅游产业势必需要存在一定的基础,才能使三者有机、高效地融合。在产业性质上,体育产业、文化产业和旅游产业都属于开放性的产业,三者的边界模糊且存在交叉;在产业要素上,体育产业、文化产业和旅游产业的融合有利于资源利用效率的提升,进而促进产品创新和效益增加;在产业市场上,市场壁垒被打破,三者之间的有机结合可以取长补短,从而获得产业的叠加效应。

3. 体文旅产业融合的意义

(1) 为国民经济的发展提供创新点

体育、文化、旅游产业的融合发展将有效整合三者的产业资源,进一步提高产业发展品质,并推动体育、文化、旅游产业的内涵化发展,实现对既有资源和传统文化资源的整合,从而为我国国民经济发展提供创新点,优化国民经济产业结构,促进我国经济的协调发展、可持续发展,满足人们不断增长的物质、精神文化需求。

(2) 实现我国产业结构调整和升级

体育、文化、旅游产业的融合发展能够实现对传统思维的创新,基于资源整合的视角,进一步优化体育、文化、旅游产业资源结构,通过资源共用在多种产业之间建立起关联性,从而实现对传统体育、文化及旅游产业的调整和升级,减少重复性建设和资源浪费现象,激活我国体育、文化、旅游产业高质量发展的内生动力,实现产业可持续发展。

(3) 助力完善体育、文化、旅游市场体系

体育、文化、旅游产业的融合发展将基于产业可持续发展、开放式发展的客观需要,打破单一化产业发展模式,进一步完善体育、文化、旅游市场体系,使体育、文化、旅游产业的融合发展更加符合市场发展规律,建立起健康的市场发展环境,从而建立相对成熟的体育、文化、旅游市场秩序。

二、体文旅产业融合路径

1. 体文旅产业融合发展的资源路径

一般来说,某个产业的资产通用性越强,其资产转换成本就越低,则该产业与相关产业的融合程度就越高。体文旅产业的资源融合主要依托资源共享的方式实现产业的交叉、渗透与重组,进而形成产业的新形态。体育健身休闲活动、体育赛事和体育场馆三大体育本体产业资源对于旅游产业和文化产业都具有极强的资源通用性,这成为了体育产业与文化产业、旅游产业融合发展的内在推动力。体育健身休闲活动可以演变成为康养旅游体验项目,同时也可通过社交平台演变成为一种健身文化;大型体育品牌赛事可以发展成为举办地的一项重要旅游节庆活动,同时也可

利用其强烈的全球文化普及性（例如NBA、足球世界杯）或者浓郁的地方传统民俗性（例如内蒙古那达慕）形成富有商业价值的文化IP，并由此设计开发各类文创商品；体育场馆可以作为城市地标性景观吸引游客前去观光，同时也可为明星演唱会等文化娱乐项目提供场地。

2. 体文旅产业融合发展的技术路径

技术融合指因体育产业、文化产业、旅游产业中的某一领域或多个领域中的科学技术进步，间接促使三者相互融合，实现生产方式变革、组织结构升级，完成新产业形态呈现的过程。比如品牌赛事作为体育新闻内容的主要来源，是传媒业获得大众市场、获得市场回报非常重要的内容支撑，反过来移动传媒技术十年来的飞速发展，也促使各项体育赛事走向线上直播、网民参与的新玩法；同样，VR技术作为娱乐业的重要技术突破，在推出了一系列以体育赛事为题材的VR游戏的同时，也为改变运动员训练方式、提升体育旅游项目沉浸式体验带来了巨大的推动力，进而使许多体育训练基地推出了兼为专业运动员训练和游客深入体验特定体育比赛过程的VR娱乐项目。

3. 体文旅产业融合发展的市场路径

市场融合是指体育产业、文化产业、旅游产业通过相互之间的交叉、渗透与重组，共同开辟新的市场空间的方式。该路径往往表现为以三者之一的既有市场为平台，撬动其他两大产业的潜在市场，最终共同发展成为融合市场的过程。例如体育旅游地产业就是典型的市场融合业态，通过打造一流的体育场馆与设施，提供体育运动体验的过程中与周边高档社区住宅的配套建设共同完成了市场的开发，很大程度上提升了周边土地乃至社区的住宅品位，在整个区域形成健身、康养文化浓厚的品牌形象，进而吸引游客前来进行康养体验，并从游客中发掘潜在市场，撬动地产交易。

4. 体文旅产业融合发展的产品路径

体文旅产业融合发展的产品路径往往表现在体育、文化、旅游产品功能上的互补、结合，进而推动具有功能互补或功能复合的不同产业进行重组与交叉，实现产业多功能与价值扩展的融合发展（图1）。在旅游消费结构日趋高级化的外在力拉动下，旅游者的消费需求非常注重参与性和体验性，这就要求旅游产品带有更多的延伸功能或复合功能，而由体育、文化、旅游融合形成的新产品、新业态恰好能充分满足旅游者这样的消费需求，以高尔夫度假、冰雪体验、户外运动、竞赛表演等为代表的区别于传统"景点式"观光旅游的体育商务旅游、体育研学旅游、体育观赛旅游等融合产品蓬勃发展,并创造了更广泛的参与群体、更多元的消费需求、更显著的客户黏性。

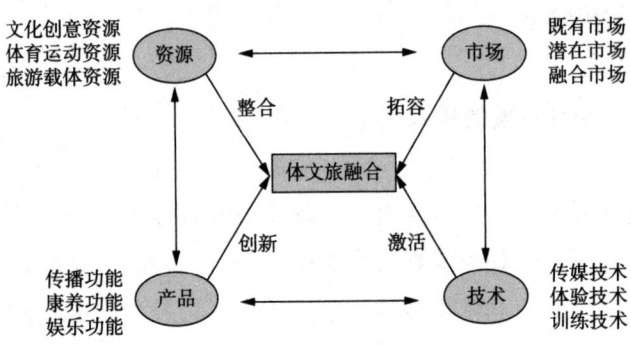

图1 体文旅产业融合发展路径

三、体文旅产业融合模式和案例

基于资源、市场、产品和技术中的一种或多种路径组合,体文旅产业融合往往通过以下四种常见模式得以实现。

1. 产业一体化模式

(1)产业一体化模式特征

产业一体化模式是指三大产业依托特定空间载体,通过产业空间共用、产业设备共用、产业技术共用、组织管理同步、活动举办同步等手段,实现产业"你中有我,我中有你"的融合发展局面(图2)。该模式的典型代表是体育产业园区,即体育、文化、旅游等高度关联产业的资源、技术、产品、市场、功能、业务等要素在一定的地理空间内集聚,通过打通融合产业新体系的供应链、技术链、服务链,形成具有一定价值增值功能的战略关系,不断培育具有鲜明特色和自主创新能力的大型体育文化旅游园区,并充分发挥园区的集聚效应和企业培育孵化功能,最终实现体育文化旅游产业一体化发展。

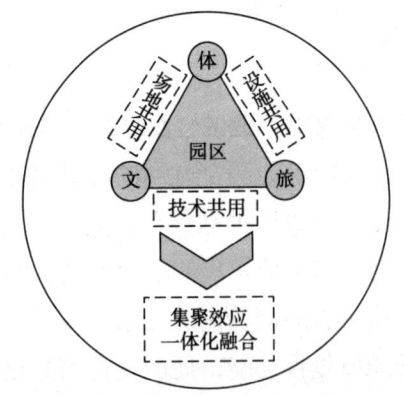

图2 体文旅融合产业一体化模式典型形式

（2）模式案例：深圳湄南河体育小镇

深圳湄南河体育小镇是深圳第一家体育产业园区，为推动深圳市体育产业高质量发展，自2017年开始，深圳市南山区决定将其打造成为体育特征鲜明、文化气息浓厚的综合型特色室内体育文化休闲商业园区。在保留篮球、羽毛球、排球、棒球、室内高尔夫、卡丁车、滑雪、射击等体育项目的同时，利用园区内场馆、设施和科技设备，引进了一批棋牌桌游馆、KTV、电玩城、文创咖啡厅等文化业态，以及摇滚音乐节、创意艺术展览、冰雪嘉年华等旅游业态，游客来到园区可同时畅玩体文旅各类项目，多元的业态、一站多玩式的体验，以及因体、文、旅三大不同领域带来的广泛客群，使其很快成为国内最知名的网红体育文化旅游目的地之一。

2. 产业重组模式

（1）产业重组模式特征

产业重组型融合是指在同一标准或集合下，将同一产业或关联产业的产品或服务，通过重组整合于一体，实现协调发展的过程，包括内容重组和商业模式重组，形成具体的融合发展项目（图3）。该模式不再是简单的场地或设施共用的"堆砌"，而是针对相近的客群市场，扩大由某一种产业资源可开发的产品或服务内容涵盖面，促使相近的客群市场合而为一，进而完成产业融合的经典范式。最具代表性的就是"品牌赛事＋文艺表演＋场馆观光"的模式，该模式常使许多职业大赛和体育场馆成功走出体育圈、走向国际，和世界流行文化、粉丝娱乐成功对接，是一种易于形成国际化、品牌化、规模化产品的融合模式。

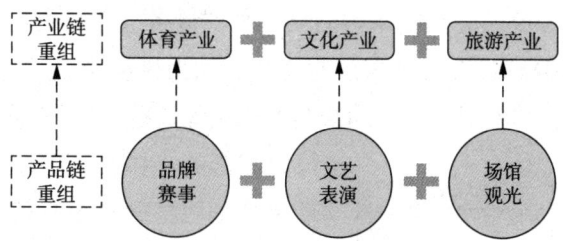

图3　体文旅融合重组模式典型形式

（2）模式案例：美国超级碗

素有"美国春晚"之称的超级碗（Super Bowl），全名是美国职业橄榄球大联盟（NFL）的年度冠军赛，被誉为世界上最具价值的体育赛事品牌。一般来说，NFL比赛正常中场休息是12分钟，但是超级碗中场休息是30分钟。主办方主要通过邀请著名流行文化巨星中场表演的方式，将普通的中场休息时间变成了后来著名的"超级碗中场秀"。1993年流行音乐天王级人物迈克尔·杰克逊助阵第27届超级碗，吸引了

83 000多人前来玫瑰碗体育场观看比赛,并通过电视直播传播到全球,收视率相比前一年提高了8.6%。自此每届赛事均会吸引全球游客来到举办场馆观光留念,最终奠定了超级碗"品牌赛事+文艺表演+场馆观光"的模式,造就了体文旅跨界融合的典范。

3. 产业延伸模式

(1)产业延伸模式特征

产业延伸模式是指体育产业与其他产业功能互补,在原有功能的基础上,赋予原有产业新的附加功能,创造新的流量和附加值,增强产业竞争力,形成融合型产业新体系,因此又被称为互补型融合(图4)。体育产业消费黏性强的特点增强了文化和旅游产品的用户体验和参与感:优质的赛事、活动等内容可以作为文化作品的重要素材;文化产业则善于艺术化包装体育产业运动场景,提高体育产品的品牌传播力度;而旅游产业融合能力强的优势则可以通过一系列大众娱乐项目弥补体育产业商业模式要素不足,并通过旅游节庆将基于体育赛事活动的文化创意形象化、显现化、可参与化。

(2)模式案例:南京高淳区桠溪镇

被国际慢城联盟组织授予"国际慢城"称号的南京高淳区桠溪镇,在静态的旅游项目上,推出了诸多与"慢体育"相关的文化节庆活动,如以"瑜"乐慢城·健康有"伽"为主题的高淳国际慢城万人健身瑜伽露营节,已成功举办四届,曾在两天的活动时间里,共有来自国内以及美国等近十个国家的万名瑜伽爱好者参与活动,现场成功挑战"最大规模的帐篷露营活动"和"最多人参与的瑜伽马拉松"两项世界纪录。在该案例中,万人瑜伽露营的体育活动为桠溪镇带来了大量的户外消费;同时通过文化传媒业扩大了该节庆的知名度和品牌效益,使其得以连续举办;最后,与之配套的小镇文艺表演、健康美食节等活动使其彻底打破体育功能圈,附加娱乐、休闲、大众体验等娱乐功能,获得了远超专业体育活动的客群规模,并使桠溪镇成为知名的康养旅游主题小镇。

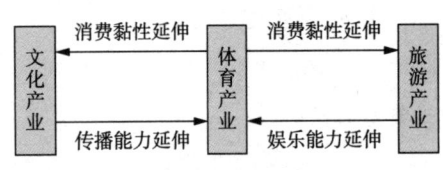

图4 体文旅融合延伸模式典型形式

4. 产业渗透模式

(1)产业渗透模式特征

产业渗透融合指发生在不同产业的边界处、表现为某一产业活动向其他产业自然而然渗透的过程,是相较高级的产业对相较低级的产业的提升与改造。体育产业与文旅产业的渗透融合模式，经常是以高新技术为主导诱因，引发三大产业融合业态价值链的自然解构与重构，进而形成全新的产品和服务（图5）。如通过APP、小程序等线上运营工具，收集发布信息、用户喜好等形式，得知用户更广泛的消费需求后，会在提升原产业核心产品质量的同时，附加其他产品的附加功能，进而拓宽了经营业务范围，实现了融合产品服务的进化。

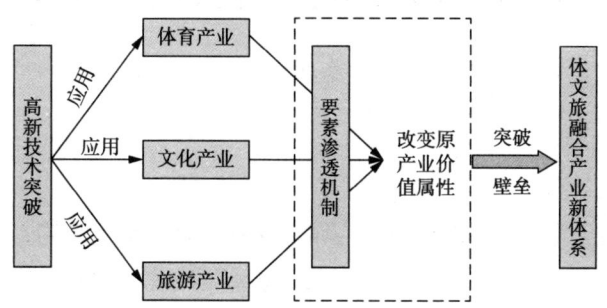

图5 体文旅融合渗透模式典型形式

（2）模式案例：KEEP

以Keep运动APP为例，该产品是"互联网+健身+社交"的新型融合产品，应用的核心设计点在于帮助广大受众合理利用碎片化时间进行有效的体育锻炼，同时配备健身饮食、运动社交、跑行、骑车、装备购买、健身教学六大功能。但除此之外，它还积极与线下赛事对接，以智能运动科技赋能传统赛事，并通过线下户外运动+社交的活动方式，带动当地旅游。比如在Keep Walking活动期间，通过举办线下马拉松和露营社交，拉动了每个线下站点城镇（尤其是山地、滨水等生态特色区域）的外来游客量，开创了"大众健身+社交文化+线下旅游"的新兴形式。

四、小结

体育产业与文化产业、旅游产业，通过技术渗透、功能延伸、产业重组与一体化发展等路径，促进体育产业与文旅产业的融合和对接，使产业边界趋向模糊，边界得以扩大，也使产业定位区间产生了漂移，促使体育产品从单一型向复合型转变，增加了文化创意和旅游活动的附加价值。但是，三大产业融合的实现并不是一蹴而就的，相关企业和政府主管部门还需认真分析资源配置的现状，充分考虑市场、特色、质量、资金、技术等相关条件，针对融合后的新产品、新业态、新需求，创新经营模式和产业价值链，才能使三大产业的融合做到可持续、高质量的互动发展。

乡村振兴视域下的产居融合有效模式

余明兴

田园综合体是伴随现代农业发展、新型城镇化而发展起来的，由政府、村集体、投资商、农民多方参与的"产业融合＋田园社区"开发模式。在乡村振兴的视域下，田园综合体是培育和转换农业农村发展新动能的有效抓手，对促进农村产业结构升级、区域综合改革、城乡融合发展具有重要作用。

2017年2月，田园综合体作为亮点措施被写入"中央一号文件"，意见明确提出"支持有条件的乡村建设以农民合作社为主要载体，让农民充分参与和受益，集循环农业、创意农业、农事体验于一体的田园综合体，通过农业综合开发、农村综合改革转移支付等渠道开展试点示范"。"十四五"新时期，在"全面实施乡村振兴战略"的背景下，田园综合体被赋予了促进"农业更强、农村更美、农民更富"的现实期望。

一、初心：田园综合体的原点，是破局"城乡二元"问题

乡村不仅是农业生产的场所，更承载着中国五千年农耕文化积淀与人们对"归园田居"美好生活的追求。现在与未来的乡村要打造的，是"暖暖远人村，依依墟里烟"的恬淡氛围，是"引壶觞以自酌，眄庭柯以怡颜"的态度情怀，是宜居、宜业、宜游、呈现现代化田园生活方式的理想家园。

田园综合体的概念，起源于英国"花园城市之父"埃比尼泽·霍华德（Ebenezer Howard）所提出的"田园城市"理论，其核心思想就是"城乡一体化的生活"，强调了城市生活的优点与乡村生活的美好相融合。百余年来，中国人在充分享受工业文明与科技进步带来的经济红利的同时，"城乡二元结构"问题也日益凸显。田园综合体的建设，是集"生态为依托、农业为基础、旅游为引擎、数据为支撑、金融为保障、健康为理念、市场为导向的智慧集约型大农业产业集群"与"美丽田园建设运营创新模式"为一体的中国特色"三农"问题全面深化改革的试验田，依托现代农

业、休闲旅游、田园社区"三位一体"的乡村产居新结构,促进城乡要素流动、收益合理分配、乡村产业综合效益提高、农民生活条件全面提升。

二、谋篇：解读文件精神，把握田园综合体开发理念

自2017年国家首次开展田园综合体建设试点工作以来,到2021年再次重启国家级田园综合体建设试点。两次创建工作的依据分别是《关于开展田园综合体建设试点工作的通知》(财办〔2017〕29号,以下简称《2017年通知》)和《关于进一步做好国家级田园综合体建设试点工作的通知》(财办农〔2021〕20号,以下简称《2021年通知》),通过比较两份文件的异同,结合当前农业农村政策环境的变化,能更好地把握国家级田园综合体的创建要点,指导各地田园综合体建设试点工作不跑偏、不变形、不走样,确实把财政资金用好,助力新时代乡村振兴的伟大实践。

《2017年通知》指出："深入推进农业供给侧结构性改革,适应农村发展阶段性需要,遵循农村发展规律和市场经济规律,围绕农业增效、农民增收、农村增绿,支持有条件的乡村加强基础设施、产业支撑、公共服务、环境风貌建设,实现农村生产生活生态'三生同步'、一二三产业'三产融合'、农业文化旅游'三位一体',积极探索推进农村经济社会全面发展的新模式、新业态、新路径,逐步建成以农民合作社为主要载体,让农民充分参与和受益,集循环农业、创意农业、农事体验于一体的田园综合体。"

《2021年通知》指出："坚持农业现代化与农村现代化一体设计和一并推进,支持有关地区立足资源禀赋优势,集智慧农业、创意农业、农事体验、科素教育为一体,贯通产供加销,融合农文教旅,建设生态优、环境美、产业兴、消费热、农民富、品牌响的乡村田园综合体,持续探索将绿水青山转化为金山银山的有效路径。"

《2021年通知》与《2017年通知》对比,其不变的地方在于田园综合体是一个农业农村综合开发项目,需要农业现代化与农村现代化一体设计和一并推进。其变化的地方是对田园综合体属性特征的重新梳理和优化完善,《2017年通知》是4个"三"(农村生产生活生态"三生同步",一二三产业"三产融合",农业文化旅游"三位一体",集循环农业、创意农业、农事体验于一体),《2021年通知》优化升级为3个"四"(集智慧农业、创意农业、农事体验、科素教育为一体,贯通产供加销,融合农文教旅)和1个"六"(生态优、环境美、产业兴、消费热、农民富、品牌响)。具体而言：一是将一二三产业"三产融合"进一步提炼成更可操作的生产、供应、加工、销售四个环节的一体化模式;二是将农业文化旅游"三位一体"扩充为农业、文化、教育、旅游,进一步拓展了农业的多功能性;三是将循环农业、创意农业、

农事体验细化为智慧农业、创意农业、农事体验、科素教育,突出科学技术在农业发展中的重要作用;四是将农村生产生活生态"三生同步"替换成"生态优、环境美、产业兴、消费热、农民富、品牌响"六个更为具体化的发展目标,为田园综合体指标体系的建立提供更为明确的指引。

三、求索:"试点"先行,探究田园综合体的成熟发展模式

自2017年国家开展田园综合体建设的18个省份试点以来,田园综合体成为乡村建设推进过程中重要的产居融合发展抓手,受到了地方政府及企业的高度关注、认可和支持。基于产业综合发展和社区综合发展的创新目标,田园综合体发展模式必须突破简单的农业开发结构,目前主要有以下三种较成熟的发展模式。

一是都市近郊型现代农业观光园模式。 该模式最突出的特征是地理位置主要集中于繁华的城市周边,深入挖掘并充分发挥都市近郊得天独厚的区位优势,依托当地良好的生态系统及令人心旷神怡的田园风光,创建一个规划合理、景色怡人的都市近郊型现代农业观光园。这样无论是身处繁华都市的城市居民,还是生活在偏远地区的农村居民,都能够花费较短的时间来到都市近郊型现代农业观光园,释放压力、欣赏美景,令人们保持愉悦放松的心情。

二是优势突出的农业产业园区模式。 此模式是以农村当地得天独厚的自然优势、充足优质的资源、特色出众的农产品等为基础,依托严谨合理、先进成熟的农业产业链条,从农产品的培育、种植、加工、交易等各个不同环节出发,向其他发展前景可观且附加值比较高的产业扩展及蔓延。因地制宜地构建优势突出,且难以被复制的农业产业园区,不仅有助于激活农村发展活力,也能促进农村的优势资源得到合理开发及优化配置,使其自身价值和作用得到充分发挥,实现农村产业规模化、现代化发展,并且切实增加农村经济收益,促使生活品质得到进一步改善。

三是文化创意带动三产融合发展模式。 此模式是基于田园综合体三产融合之上,灵活合理地融入文化创意元素,以此打造一个文化特色出众的产业园区,促其实现真正意义上的稳健化、持续化、长效化发展。在此共生发展模式下,园区在运营和发展过程中,充分考虑并灵活地融入当地特色传统民俗,通过特色创意打开知名度,吸引更多游客前来于此,打造一个融合乡风、乡俗和农事体验等多重内容且功能丰富的创意型田园综合体。

四、立足：田园综合体的建设，需要关注实际问题

美丽乡村的打造，需要土地、资金、硬件设施、软性服务等多重要素的保障。要立足乡村实际，从用地保障、空间布局、融资模式、产业效率等方面统筹田园综合体的建设。

用地保障方面，要解决田园综合体开发的用地指标问题。县域、乡镇政府应将年度新增建设用地计划指标确定一定比例来支持农村新产业、新业态的发展，并且允许通过村庄整治、宅基地整理等盈余建设用地指标以入股、联营等方式来发展乡村休闲旅游、养老等产业。农村宅基地的"三权分置"，也能为解决发展田园综合体所需要的建设用地指标来源问题提供良好的政策机遇。

空间布局方面，要正确处理产业发展与生活居住的平衡问题。乡村空间分为生产空间、生活空间、交流空间、商业空间等类型，与人们的生产生活密切相关。田园综合体在开发的过程中，要处理好产业发展与生活居住的关系，既为村庄居民提供良好的生活环境，也要从近期、中期和远期来规划形成旅居、养老居住、休闲居住、创业者居住等多种居住形式，配置工作、消费、休闲、度假等多样化功能，在保障农业生产的基础上，为乡村旅游、休闲农业、健康养生等第三产业的发展提供环境基础。

融资模式方面，要解决田园综合体建设资金筹措的问题。经济社会发展必须要有经济目标，企业盈利、农民增收、财政增长、多主体利益诉求决定了田园综合体的建设资金来源渠道的多样性，社会资本的注入可以解决现代农业发展、美丽乡村和社区建设中的钱"从哪儿来"和"怎么来"的问题。值得注意的是，要考虑各路资金的介入方式与占比，要始终坚持政府引导、市场主导、农民主体、多元参与的原则，比如政府做撬动资金，企业做投资主体，银行给贷款融资，第三方融资担保，农民土地产权入股等，继而形成田园综合体开发的"资本复合体"。田园综合体需要改变过去政府大包大揽的投资方式，要充分利用市场化的手段，整合各路社会资本，有效激活市场活力，但要以农民合作社为田园综合体开发主体，充分保障田园综合体的发展收益能更多地留在乡村，保障农民的话语权，坚决防止外来工商资本对农村资产的侵占。

产业效率方面，要关注不同场景的科技融入问题。科技是现代农业生产的第一生产力，同时还是品质田园生活、优美生态环境的重要保障，全面渗透、支撑田园综合体建设的方方面面。一方面，大力推广以资源节约、环境友好为特征的"一控两减三基本"绿色节本增效技术的推广应用，增强对生态循环农业的技术支撑，为打造绿色农居循环环境提供强有力的技术支撑；另一方面，要充分利用"互联网+"

等高新技术的优势,以物联网、农产品电子商务等手段,建立生产者与消费者之间良好的信任关系和畅通的产品供应渠道。科技的融入能极大地促进业态效率提升和业态融合,有利于构建良好的产业链生态关系。

五、前行:田园综合体开发的未来发展策略

田园综合体的开发,应遵循以下发展路径:

首先,应形成合理的现代农业生产体系。要充分分析资源与环境条件,构建农业生产体系,对农业生产与产业升级所必需的供水、供电、农业设施等进行整体升级,推进中低产田改造和高标准农田建设,积极构建现代农业生产体系,形成合理的农产品供给结构。

其次,以"农文旅融合"为引擎,促进产业结构升级。田园综合体的建设不只是简单的农业与乡村旅游的叠加,更要以"农业+"的思路打造一二三产业融合体系,有效解决科研、生产、销售脱节造成的市场供给与需求错位。同时,通过二三产业的导入,最大化提升农产品的附加值,增加农民收入,提高产业活力,带动区域社会经济综合发展。

再次,培育乡村现代产业新型参与主体,优化生产经营体系。田园综合体的建设,以合作社为主体,以龙头带动、农户参与等多种形式建设产业化联合体、利益联结共同体,通过引导农民入股等方式,强化农户、合作社与企业之间的密切合作,形成协同效应。同时,通过土地入股、代耕代种、土地托管等方式优化农业生产经营体系,通过要素整合、产业联合和利益分担等多种机制的紧密连接,实现区域内农民可支配收入的持续稳定增长。

最后,发挥支点作用,创新我国城乡融合发展的新模式。通过田园综合体的打造,打造产业、资本、市场、人才等要素整合平台,在资源综合开发、产业综合发展、功能综合配置、配套综合建设、目标综合打造、效益综合实现等方面为乡村振兴和新型城镇化联动发展提供支撑,形成以城市带动乡村、工业反哺农业、生产生态生活协调发展的城乡融合新格局。

交通+旅游融合发展理念下的旅游公路规划设计探讨

侯爱华

一、交旅融合发展综述

1. 交旅融合的背景和内涵

当前，我国旅游业正在从封闭的旅游自循环向开放的"旅游+"融合发展方式转变，是中国式文旅现代化的重要表现。作为具有支撑作用的交通运输行业，其丰富了文化旅游的内涵，激发出了旅游交通发展的新趋势与新模式。在休闲游、自驾游等旅游新业态逐渐兴起的背景下，游客个性化和多样化的需求为交通运输业和旅游业的融合发展提供了新的机遇。

交旅融合是指以便利出行、不断满足游客新需求为目的，通过转变发展理念、创新体制机制、优化供给结构等推动交通运输与旅游业的统筹协调、相互促进和合作共赢，实现行业发展的转型升级、提质增效。

2. 交旅融合政策导向

2016年11月，国家旅游局等十一部委联合印发《关于促进自驾车旅居车旅游发展的若干意见》，提出加强国家旅游风景道、旅游公路自驾车旅居车营地建设规划，形成国家旅游风景道自驾游营地服务体系，积极推动跨区域、跨境自驾游产品组合和线路合作。

2017年3月，交通运输部等六部委联合印发《关于促进交通运输与旅游融合发展的若干意见》，首次正式提出交通运输与旅游融合发展的概念，要求建立健全交通运输与旅游融合发展的运行机制，形成"快进""慢游"旅游交通基础设施网络。

2019年10月，中共中央、国务院印发《交通强国建设纲要》，提出深化交通运输与旅游融合发展，推动旅游专列、旅游风景道、旅游航道、自驾车房车营地、游艇旅游、低空飞行旅游等发展，完善客运枢纽、高速公路服务区等交通设施旅游服务功能。

2021年2月，中共中央、国务院印发《国家综合立体交通网规划纲要》，提出推进交通与旅游融合发展，加快国家旅游风景道、旅游交通体系等规划建设，打造具有广泛影响力的自然风景线，强化交通网"快进慢游"功能，加强交通干线与重要旅游景区衔接，形成交通带动旅游、旅游促进交通发展的良性互动格局。

2022年1月，交通运输部印发《绿色交通"十四五"发展规划》，提出推动交通与旅游融合发展，完善客运场站等交通设施旅游服务功能，因地制宜打造一批旅游公路、旅游服务区。

3. 交旅融合发展模式

随着近年来国家出台的众多关于"交旅融合"的政策文件，行业内专家针对不同的应用场景，结合相关案例提出了众多交旅融合发展的模式，本文认为针对旅游公路的发展主要适用于以下三种模式：

（1）依托现有道路升级为旅游目的地模式。作为交旅融合的重要载体，交通道路升级能够满足旅游者在途中的体验感，将原有的通道变成旅游风景道、自驾道等，形成以交通方式和服务设施为主要体验方式的旅游形态。而优质的生态环境、良好的空气质量、特色的民俗文化能够为游客提供多元的旅游空间。该模式主要是通过将旅游公路沿线的各种旅游资源、旅游线路和旅游产品进行有机串联，最终将区域打造成新型的旅游目的地，形成大旅游区的模式，从而促进传统旅游景点景区的转型升级。

（2）依托交通服务设施升级为交旅综合体模式。交通服务设施是满足游客交通需求、促进地方旅游经济增收的重要抓手，主要包括服务区、公路驿站、慢行驿站、观景区等。该模式主要是将旅游休闲、文化传播、商品展销、高端食宿等功能与交通服务设施进行融合，使其不再只是解决观景、停车、加油、餐饮、卫生间等基本功能需求的场所，而是变成一个个小型的交旅融合综合体，为游客带来全方位的旅游体验。

（3）依托特色交通创新文旅产品模式。随着游客旅游需求的不断提升，交通运输服务业也愈发向品质化、多元化和个性化方向发展，观光列车、旅游巴士、邮轮等特色的旅游交通创意产品应运而生。该模式主要是通过发掘具有吸引物价值的特色公共交通，将旅游消费场景与特色交通进行融合，从而将其包装为可以面向消费市场并具有营收能力的文旅产品。该模式关键在于"特色交通"可以作为一个核心吸引物，交通工具新奇有特点，或者交通路段景观极具特色，能够满足旅游者的猎奇心理，为其带来特殊的乘游体验。

二、交旅融合背景下的旅游公路规划设计探讨

本文以阿勒泰地区阿禾旅游公路及沿线旅游区的规划设计为例，结合文旅融合的政策导向与发展模式，从资源整合、产品创新、服务提升、风貌控制等四大方面解读在交旅融合背景下旅游公路的规划设计的注重要点。

1. 注重旅游公路的资源整合作用

旅游公路除了具有传统公路的交通属性以外，还包括生态属性、游憩属性、产业属性等多方面的复合属性，也意味着旅游公路具有多方面的资源整合能力。本文认为，旅游公路在宏观层面的资源主要体现在区域协同、产业整合及文化融合等方面；微观层面的资源整合主要体现在以旅游公路为骨架，利用公路慢行系统、服务设施、解说系统等，将沿线的生态环境、人文景观、服务配套以及其他不同类型旅游资源进行整合。

（1）宏观层面的资源整合。交通运输对于旅游业发展的重要性不言而喻，主要体现在它能够为旅游目的地提供可达性。可达性更是区域旅游联动发展的关键，为宏观区域的协同发展提供契机。阿禾旅游公路的开通，使阿勒泰市与大喀纳斯旅游区之间的联系更加紧密，缩短了两地的游览时间，游客可选择路程更近、风景更加秀美的阿禾公路抵达喀纳斯、禾木等地。阿勒泰地区素有"千里画廊"的美誉，"千里画廊"东线主要连接了阿尔泰山南麓的布尔津、阿勒泰、富蕴、清河等县，阿禾旅游公路是"千里画廊"东线的重要一段，将可可托海、将军山、乌齐里克、托勒海特、禾木、喀纳斯重要的景区景点串联成线，有效地将阿勒泰地区及阿尔泰山沿线整合为世界级旅游目的地。

对特色产业的整合也是旅游公路规划重点考虑的方面之一，阿勒泰地区有着悠久的冰雪文化，被誉为"人类滑雪起源地"，随着国家对冰雪产业的重视，阿勒泰地区对区域内的冰雪资源进行了有效整合。《阿勒泰地区冰雪旅游业发展规划（2019—2035年）》中将阿禾旅游公路及其沿线区域定位为"阿尔泰山滑雪产业带"，串联包括禾木、托勒海特、181牧场、多勒根、乌齐里克、将军山等多个冰雪组团，目标将其打造成为世界级的冰雪大区。

（2）微观层面的资源整合。充分利用好旅游公路的"主干"作用，将沿线通景道路的"枝干"与众多旅游资源的"树叶"串联，形成自然生长的"树状"资源合体，通过抓"主干"的方式，在旅游公路的规划中往往能够直达要点。全长208公里的阿

阿禾旅游公路沿线分布着大大小小的旅游资源单体达两百多处，以往不易被发现的地质奇观、隐藏在原始森林草原中的古老游牧文化通过旅游公路展现在游客眼前。同时应充分利用旅游公路的慢行系统、服务系统以及沿线游憩空间的展示系统，将旅游资源整合再利用。

2. 注重旅游公路的产品创新

利用旅游公路良好的资源整合作用，能够有效地促进交旅融合产品的提质升级与创新。通过深入挖掘地域的文化特色，充分发挥旅游公路的创新引擎优势，将交通资源转化为交通创意。

（1）与精品旅游线路的衔接。旅游公路能够深度地串联起各地优质的旅游资源，形成具有地方特色的旅游精品游线，阿禾旅游公路在规划中重点提出要融入"北疆旅游大环线""千里画廊自驾大环线""草原丝路自驾环线"等新疆经典的旅游线路，同时推出一些例如"千里画廊，百车自驾""穿越秘境"等具有代表性和影响力的旅游活动。

（2）对交通旅游产品的创新。应充分结合旅游公路沿线的旅游景区景点，规划一系列风格突出的公路旅游产品，例如紧邻阿禾旅游公路的小东沟，有着湍急的克兰河与茂密的原始森林；野卡峡有着广袤的草原与遍地的野花；托勒海特有着丰富的地形地貌与传统的游牧聚集点。依托旅游公路打造的房车营地、旅游驿站应充分与周围环境相融合，凸显交通旅游产品的独特性、创新性。

《"十四五"旅游业发展规划》中提出，要加强邮轮游艇、低空飞行器、旅居车、客运索道、游乐设施、冰雪装备等旅游装备研发应用和产业化发展。低空飞行旅游产品、轨道交通旅游产品等特色交通旅游产品的发展越来越成熟。规划中直升机滑雪、旅游观光火车、观光滑雪索道等产品的植入，也使阿禾旅游公路及其沿线旅游区的产品类型更加丰富。

（3）与特色旅游产品的融合。旅游公路的打造，使区域内众多特色旅游产品的开发成为可能，包括依托特色"慢游"系统的户外运动产品、依托通景道路打造的高端度假产品、依托沿线的森林、湿地、地质的科普研学产品等。在阿禾旅游公路的规划中对游牧文化、冰雪运动、冰雪度假等产品进行了重点设计，体现出阿禾旅游公路对特色旅游产品的创新带动作用。

3. 注重旅游公路的服务提升

旅游公路服务质量的提升是交旅融合发展的重点，是游客最具有切身体会的方面之一。规划中对阿禾旅游公路的服务质量提升主要从以下几个方面着手。

（1）建设高标准的"快进"交通干线。提升干线公路的技术等级和路况水平，能够充分发挥其对沿线景区景点的串联作用。同时科学地布局道路标识与景区标识，以保障道路通行的安全性。阿禾公路从最初设计的二级公路到最终确定建设为一级公路，提升了公路的通行能力及与主干衔接的作用，提高了阿尔泰山沿线众多旅游景区景点、野雪公园及自驾营地等区域的通达性和便捷性。

（2）打造具有地域特色的"慢游"体系。依托旅游公路沿线的地形地貌、地域文化及旅游资源，打造具有康体运动、文化体验、科考研学于一体的综合性慢游系统。结合阿禾公路沿途中的服务区、公路驿站等分段规划自行车道、登山步道；结合阿勒泰地区马文化、传统转场通道，打造多条特色骑行马道，从而体现"快进慢游"的理念，提升旅游公路的游憩价值，为游客提供慢速体验沿线自然风光与特色人文的条件。

（3）构建多层级的交旅服务配套设施。有别于传统公路服务设施的布局方式，旅游公路服务设施应兼具公路服务与游客服务的复合型功能。阿禾旅游公路规划设计了包括拉斯特、禾木、通巴、托勒海特等多处一级综合服务区，考虑其邻近城市或景区以及周边不同的风貌景观，充分融入地域文化使其各具特色；根据科学的规划与自然条件，点状布局汽车营地、观景停靠点、骑行驿站等次级服务点，形成功能适宜、各具特色的多层级服务设施体系。

（4）提高交旅融合的信息化服务管理水平。提高旅游公路的信息化水平，可以有效改进管理服务的供给，从而提高游客的旅游体验。重点依托旅游公路综合服务区，建立复合共享的信息服务平台、大数据中心和服务指挥中心，对在途游客的流量、流向、安全救援及意见反馈等多方面提供有效的、有针对性的管理服务。例如阿禾旅游公路的拉斯特综合服务区，在规划之初就考虑到对四季旅游的智能化服务，尤其对冬季阿勒泰冰雪大区的冰雪旅游、冰雪运动等提供全面的气候预测、信息发布及应急救援等服务，为冰雪运动爱好者保驾护航。

4. 注重旅游公路景观的风貌协调

旅游公路本身就是一个庞大的景观综合体，不仅包括道路节点及构造物形成的景观，还涵盖了公路沿线的自然景观与人文景观。在旅游公路的景观规划设计中应注重对自然和人文景观的利用，为游客带来特殊的形象美和意境美。

（1）旅游公路自然景观设计。旅游公路自然景观主要由公路两侧的地形地貌、植物景观、河流景观、日出日落、云雾雨雪等自然风貌组成。自然景观是最具原生态的风光，可直接反映区域自然景观的整体效果。合理利用朝阳、余晖、云雾、雨雪等时节赋予自然的变化，并将其充分体现在旅游公路景观设计中。在旅游公路自然景观设计中应遵循"自然、生态、文明、发展"的设计理念，注重对沿线景观价值较高的植被与地形予以防护，做好旅游公路修建中对道路两侧植被及地形的保护与恢复工作，最大限度保留自然景观本来的风貌。

（2）旅游公路人文景观设计。旅游公路人文景观主要包括沿线的房屋建筑、历史古迹、道路交通构筑物等社会文化产物，可反映景区文化特色与民族风情。旅游公路沿线风景优美、乡土民情深厚、历史文化色彩浓郁，可为游客提供欣赏自然风光和文化底蕴的良好条件，是观赏美景、品味历史、鉴赏文化的绝佳场所。在进行公路人文景观设计时，应充分借鉴利用当地人文资源，突显公路景观文化内涵，将人文景观与自然景观有机融合，通过视线诱导的形式吸引游客的目光。

三、结语

交旅融合是经济社会发展的一种重要现象，当前地方政府和有关部门高度重视交旅融合发展，已取得了初步成效。旅游公路作为重要的载体对于促进交旅融合发挥着至关重要的作用，如何打造一条兼具交通与旅游双重功能的旅游公路，需要运用前瞻性、因地制宜的思维从旅游公路沿线资源整合、产品创新、服务提升、景观风貌等多角度去考虑规划设计，使旅游公路不仅是运输通道，更能提升旅游服务质量，促进旅游公路沿线地区旅游资源开发和经济社会发展。

第四篇
中国式现代化与韧性发展

党的"二十大"报告明确"以中国式现代化全面推进中华民族伟大复兴的奋斗目标",系统阐述了中国式现代化的基本特征和本质要求。中国式文旅现代化要求满足旅游者在旅行中的"物"的享受,也要求更好地满足旅游者精神文化需要。文旅融合高质量发展,练内功、泛创新,既实现物质富足,也实现精神富有,助力文化强国建设。疫后文旅消费逐步释放,休闲农业、夜经济、文旅演艺、康养度假、冰雪旅游、数字文旅等百花齐放,从理念、技术、标准、规范等维度各显神通,推动生产发展、生活富裕、生态良好的生态文明发展。2022年6月19日,第九届博雅旅游论坛中国式现代化之文旅发展专题研究讨论会在北京成功召开,窦文章及其博雅团队充分论证此议题,现将部分论文收录此篇,以期引发更多的讨论。

全域旅游背景下旅游景区高质量创新发展

窦文章

2020年初突如其来的新冠疫情，使中国乃至全球文旅产业受到重创，2021年中国文旅产业可谓在逆境中前行。今天会议主题是全域旅游背景下旅游景区高质量创新发展，首先对当下文旅产业有一个总体判断，文旅发展的基本面和大格局从未改变！

因为从文旅市场来看，人均GDP稳步增长，"世界这么大，我想去看看"的渴望没有变；从政策层面讲，做为"美好生活的基石"的文旅产业依然是中国经济增长新极点，因为旅游业是一项综合性产业，具有关联度高、渗透力强、融合力强、带动大的特点，把旅游业培育成"国民经济的战略性支柱产业"和"人民群众更加满意的现代服务业"政策指向没有变，现阶段许多纾困政策，如扩内需、促消费、激发文旅消费、促进商业消费都说明了这一点；从产业层面，科技进步催生产品创新、业态创新和商业模式创新，诸如新经济、夜经济、粉丝经济、新媒体、短视频、网红打卡＋秀等新业态新模式涌现；从战略层面上讲，当前国家"大循环、双循环""高质量发展""新基建""国家文化公园建设"等新战略频出，特别是目前文化和旅游部强力推动文化和旅游深度融合，所谓"文化是旅游的灵魂，旅游是文化的载体，文化使旅游的品质得到提升，旅游使文化得以广泛传播"。这就要求文旅工作者，要进一步从旅游资源要素整合、构造旅游竞争优势的全域旅游思维出发，从"有没有、缺不缺"进入"好不好、优不优"，要求整体行业发展要"设法突围""浴火重生"，围绕"新需求、新技术、新业态、新产品、新投资"，使景区不断更新迭代，向阳而生。

一、我国景区发展现状与特征

5A级代表中国旅游景区的最高等级，同时也代表着中国世界级精品的旅游风景区等级。截至2020年11月9日，国家文化和旅游部共确定281家国家5A级旅游景区

（乔家大院于2019年7月撤销尚未恢复），其中人文类（古城古镇古村、历史建筑、遗址遗迹等）95家，自然类（山丘洞天、湖泊海岸、森林湿地等）119家，依托自然文化双遗产且业态丰富配套完善的综合类景区38家，以主题公园、国家级旅游度假区为特点的30家。我们以5A景区为例进行分析：

1. 景区动态化管理成为常态

为认真贯彻落实《国务院办公厅关于进一步促进旅游投资和消费的若干意见》（国办发〔2015〕62号），国家文化和旅游部等相关部门依法整治旅游景区门票价格、环境卫生、管理服务存在的突出问题，净化旅游消费环境，为此景区管理进入动态化管理阶段。比如景区摘牌，如曾经被摘牌的景区有秦皇岛市山海关景区（2018复牌）、长沙橘子洲（2017复牌）、重庆神龙峡（扩建）、晋中市乔家大院等。再如警告公示，如白洋淀景区、五台山风景名胜区、太阳岛公园、夫子庙秦淮风光带景区等；严重警告公示，如沈阳市植物园、佛山市西樵山景区、武夷山风景区、大连市老虎滩海洋公园·老虎滩极地馆、丽江市丽江古城景区、牡丹江市镜泊湖景区。

2. 5A景区门票高低不等，市场更关注产品性价比

公开数据显示，282家景区（281+1，含乔家大院）的门票均值约100元，最大值280元（雅鲁藏布大峡谷），有33家景区免门票，超过200元门票的景区有27家，多为人文自然综合类（图1）。从区位分布来看，多以东部中部景区为主。从游客评价来看，游客更多关注景区产品的性价比优势，所以综合体类景区或者有规模优势的景区比较受欢迎，像拥有世界双遗产、世界文化遗产、世界自然遗产、世界地质公园等世界级资源品牌的景区更受追捧；在价格方面，综合类景区或有规模优势的景区门票价格相对较高，如武陵源门票达到245元。

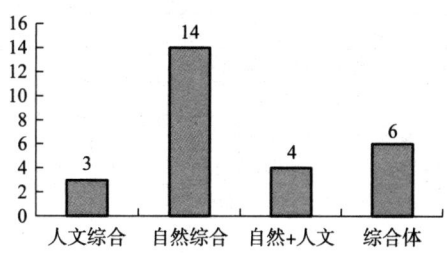

图1 门票200元以上景区的类型分布及区位

3. 5A景区品牌关注度参差不齐，差值巨大

根据百度搜索词条数据分析，282家5A景区的百度搜索词条最大值是北京市颐和园和杭州市西湖景区，超过1亿，而最小值为盐城市大丰中华麋鹿园景区，不到20万条；5A景区百度搜索词条平均值接近1000万条，中位数约为350万词条，如萍乡市武功山景区和保山市腾冲市火山热海旅游区。282家5A景区百度搜索词条超过千万级的景区有64家，在百万级的有167家，也有49家在几十万级。

从搜索词条TOP10来看，除丽江古城、乌镇景区外均为第一批公布的5A景区，这些景区资源丰度高，文化底蕴丰厚，自然生态优美，且开发周期长，产业产品业态体系相对完整，因而受市场关注（表1）。从景区5A批复时间来看，除深圳观澜湖（高尔夫球度假胜地）是第6批，其他的景区均是第25批之后，开发时间较晚成熟度低，因而市场知名度尚不足与老景区抗衡，其门票价格都在平均值（100元）以下（表2）。

表1 5A景区热度列表（以百度搜索词条为例）

区位	景区	批次	处罚	门票	百度搜索
浙江	杭州市西湖风景名胜区	1		0	100 000 000
北京	颐和园	1		30	100 000 000
山东	泰安市泰山景区	1		157	78 600 000
北京	故宫博物院	1		60	71 200 000
云南	丽江市丽江古城景区	7	严重警告	80	70 000 000
安徽	黄山市黄山风景区	1		230	65 400 000
湖南	张家界武陵源旅游区	1		245	59 600 000
四川	青城山都江堰风景名胜区	1		180	58 000 000
浙江	嘉兴桐乡乌镇古镇	3		150	54 400 000
江苏	苏州市周庄古镇景区	1		88	53 700 000

表2 5A景区批复时间、门票价格与关注度示例

区位	景区	批次	门票	百度搜索
江苏	盐城市大丰中华麋鹿园景区	29	45	164 000
广东	深圳市观澜湖休闲旅游区	6	0	183 000
西藏	日喀则市桑珠孜区扎什伦布寺景区	33	55	232 000
广东	阳江市海陵岛大角湾海上丝路旅游区	29	150	288 000
浙江	开化根宫佛国文化旅游区	20	80	303 000
新疆	泽普金湖杨国家森林公园景区	21	40	322 000
新疆	新疆生产建设兵团第十师白沙湖景区	32	45	331 000
内蒙古	内蒙古自治区满洲里市中俄边境旅游区	31	0	356 000
河南	南阳市中国西峡恐龙遗迹园-伏牛山-老界岭旅游区	27	90	370 000
吉林	通化市高句丽文物古迹旅游景区	35	0	393 000

4. 5A景区运营普遍重视景区智慧化的建设，强调科学技术的应用

从现有景区分析，大部分5A景区在数字化智慧化等基础设施上投入较大。5A智

慧景区系统普遍的基础功能配置包括了：WIFI、电子票务、门户网站、旅游软件景区APP、景区综合管理等；在公用移动通信网的基础上增设微网，要求在核心游览区、人群密集区等地段必须信号强、网速快、流量稳定；同时，也有景区开始运营建设数字虚拟景区，完善智能导览系统，增强游客的虚拟体验。例如九寨沟全景导览、都江堰景区主页的导览机器人、中山陵的3D导览等功能相对完善。

与此同时，博物馆、纪念馆等对展陈方式进行了科技升级。例如，北京市举行的沉浸式多媒体艺术展《子时发生》，根植于中国传统文化，将多媒体互动手段融合沉浸式感官技术，提取中国传统文化中万物共生的东方哲学，结合二十四节气、气候变化的自然规律，通过互动媒体的科技手段，打破传统文化与现代生活的壁垒。又如北京地铁公司开通的线上博物馆，该线上博物馆通过挖掘北京地铁文化的深度数据库，承载、记录、展示了北京地铁的历史文化遗产，通过系统性的文化服务功能，构建围绕地铁的公共文化生态，使北京地铁成为城市文化IP的活力助推器。

大多数景区重视产品业态的升级，其中增设演艺项目、主题影展是常见的做法：主题影片形式多样，震撼登场，科技助力，宣传引人入胜；演艺项目再现历史文化场景，增加体验性、参与性。例如北京博雅方略旅游开发公司和北京立根集团共同投资的山西晋城大阳古镇4A景区，围绕景区特色资源和历史文化，研发了《燕飞凤舞》等系列演艺项目。《燕飞凤舞》1.0版采用沉浸式空间互动技术完成对汉代美学的转化，运用现代科技诠释演绎传统魅力，让汉代美学基因与赵飞燕的舞蹈创意性整合，使观众游走于现实与虚拟梦幻之中。

总体来说，我国改革开放以来，"景区景点"模式为旅游业的发展壮大奠定了坚实的基础，它是旅游产业主体，既是旅游行为发生地和集聚地，又是吸引物主体，也是产业投资主体。正如我在专著《文旅产业讲稿（二）：品质生活》中《品质旅游下景区角色定位与全域旅游平台策略》一文中指出的那样，"景区是全域旅游网络中重要的载体"，"景区品质提升是旅游高质量发展的有力保障"，景区依然是文旅高质量发展的落脚点。我再一次强调：第一，景区承担文旅产业的主体功能。所谓旅游景区，包括了风景区、文博院馆、寺庙观堂、旅游度假区、自然保护区、主题公园、森林公园、地质公园、游乐园、动物园、植物园及工业、农业、经贸、科教、军事、体育、文化艺术等各类旅游景区。景区实现了游客的参观游览、休闲度假、康乐健身、参与体验等功能。从我国现有的各类旅游品牌来看，截至目前不完全统计：我国共有A级景区10 300多家，其中国家4A级景区3034家，国家5A级景区281+1家（乔家大院撤销未恢复）；国家级旅游度假区26家；除A级景区和度假区外，还有红色经典景区300家；中国旅游休闲示范城市10多家；新业态方面，在建自驾车房车营地900多个，通用航空旅游示范基地16多处。第二，景区汇聚了全域旅游中文旅产业新产品新业态,包括但不限于:观光游览的"青山绿水"、旅游度假的商务会所精品酒店、时尚生活方式的民宿沉浸式体验、康体养生、户外运动休闲、文创产品等等。这些基本涵盖了文旅产业的各类功能需求。第三,景区依然是区域文旅产业投资的主体对象。2019年全国重点文旅投资项目中,占比最高的是自然景区,占比约27.8%;田园综合体和主题公园项目占比分别为19.4%和14.8%;康养文旅和特色小镇项目的占比分别为13%和11.1%。景区的投资结构也发生变化,投资重点从观光产品逐步转移到度假产品和休闲业态,转移到提升基础设施和服务设施的品质(图2)。

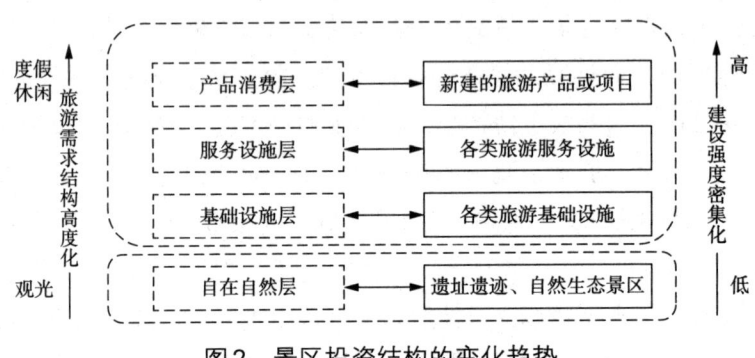

图2 景区投资结构的变化趋势

二、疫情常态化下,景区开发必须面向5新

我多次谈到,景区开发具有"路径依赖"的内在规定。当下在全域旅游背景下面向高质量发展,依然要从"路径依赖"为出发点谈景区提升。

首先,景区要想向阳而生,要想逆境中转型发展,必须时刻注意审视自己的路径问题。路径依赖最大的意义是让人们认识到路径依赖现象,知道自己处在什么状态进而决定是乘胜追击,还是调整航向另辟蹊径。要做到这一点,一个重要的方法就是,要跳出路径看路径,所谓"欲穷千里目,更上一层楼"。

其次,路径依赖具有两面性。因为路径依赖存在是客观的,用好用坏都会发生不可逆转的效用。为此,一是要审视旅游管理制度。(1)我国A级景区制度是我国旅游质量监管的初始模式,所以要想从升A的角度进行旅游景区开发,就自然被锁定在既有利益格局,形成了资源价值观、旅游产业认知和产业链培育方面的路径依赖。(2)A级景区需要在不断地寻求强化自身的产品升级、管理提升和经营惯性(门票价格)中做出创新选择和投入资金之间的平衡。(3)A级景区制度设立以来,已经产生若干既得利益集团,他们既要求巩固制度,提高A级景区品牌的福利,也要求对服务质量监管的放松,降低了模式创新业务创新的积极性,即使新的模式会更有效率。二是如何抓住"路径创新"的契机。(1)旅游业作为国家战略性支柱产业地位的确立,有许多政策机遇和金融创新机遇。(2)区域旅游构建全产业链模式,如何在政策支持下实现产品链延展、固化,锁定核心客源市场。(3)在大众旅游时代的背景下,旅游产业跨界融合趋势明显,旅游要素主体不断拓展产品空间,市场主体通过技术手段的应用与智慧(如大数据与自媒体等),不断催生新型产品业态,景区投资运营主体能否跟上市场步伐,通过完备的市场信息做到成功招商。

最后,景区品质提升,还要处理好所面临的三个"冲突":投资主体的资本化与本地化的冲突、项目盈利模式与门票盈利模式的冲突、专业运营管理与传统景区管理的冲突。

当前新冠疫情已经持续一年半时间,我们观察到文旅产业需求侧与供给侧出现了五个新的变化:

第一,新需求。因为地方疫情防控政策不同,居民消费行为发生了很大的变化,游客平均出游距离和目的地平均游憩半径呈现双收缩趋势(图3),消费者逐步回归"身边的风景""日常的美好",因此微度假、慢休闲的旅游模式成为越来越多人的消费选择。针对这一变化,许多景区或市场主体做出了产品结构调整。例如,杭州开元森泊度假乐园,启动"酒店+乐园"全天候一站式休闲度假综合体模式:以"大自然"为原点,包含"精品度假"与"奇趣游乐"两大核心板块,提供特色度假木屋居住体验,以及全年恒温水乐园、超大型儿童乐园、户外探索游乐、当地美食等休闲活动,建设一个集住宿、游乐、餐饮、商务为一体的大型休闲度假综合体。因为体验活动中强调了人群的相对隔离,因而这一创新模式受到了市场欢迎,取得了经营上的成功。

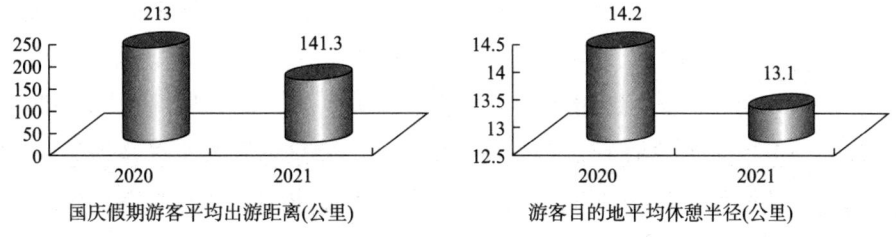

图3 游客旅游和休闲出行距离

第二,新亮点。在2021年文旅产业有四个热点产品,即红色旅游、冬奥会、乡村旅游和国家文化公园。红色旅游热是基于建党100周年的历史机遇,各级党委政府都重视红色文化挖掘保护和红色旅游产品开发;北京冬奥会是冬季运动休闲一个重大的契机,北京冬奥会的成功举办,激发了全国冬季冰雪运动休闲的巨大热情。乡村旅游是借乡村振兴的东风,充分发挥"农业+旅游"的潜力,特别是大城市近郊休闲农业的开发,是叠合市场变化与政策红利双重红利的结果。国家文化公园建设是彰显中华文化自信、弘扬中华文化传统的落地体现，当然是政策支持的重点和政绩体现的热点。

第三，新动能。主要表现在"文化引领生活，科技创造未来"。前面已提到，通过文化和旅游的深度融合，龙头景区多数开发了演艺项目、夜游产品等，业态创新成为景区生命周期过渡与转型的动力，科技应用成为旅游景区高质量发展的重要举措。

传统的演艺项目如《印象·刘三姐》《鼎盛王朝·康熙大典》《长恨歌》《文成公主》等大家耳熟能详。最近有一个比较火热的演艺项目是首部漂移式多维体验剧《知音号》——以年代为剧本，人人都是故事的一部分。《知音号》以20世纪初大汉口的商业文化为故事背景，从知音号码头露天部分拉开序幕，为游客设置了鲜活的老码头实景体验区，随后游客将登上一艘具有20世纪二三十年代风格的蒸汽轮船，分层移步观看触及心灵的武汉故事。《知音号》以20世纪二三十年代武汉民生公司"江华轮"为原型打造，船里上千件道具摆设，都是在阅遍武汉的图书馆、博物馆相关文献后，1∶1复刻而成，就连船舱里的钢琴，都是用老式钢琴经过维修、校音后，来呈现当年的演奏效果，力求"昨日重现"。《知音号》不分观众区和表演区，每一个角落都发生过、发生着或即将发生不可预知的故事，而游客就是故事的一部分。这种全新的表演形式取得了巨大的成功。

我们曾总结出科技成果在文旅景区有四种类别八大场景应用：一是景区文化文物活化1.0，即利用科技创新与数字经济技术，提升展陈水平，包括场景1"依托声光电等升级改造"、场景2"利用虚拟现实沉浸式互动交互"。二是景区活化2.0，即景区（超级）IP的延伸，通过规模化、系统化、品牌化，实现场景3"借助影视技术，进行实景演艺"、场景4"借助高科技实现文创IP化"。三是通过大数据、云计算、数字技术，实现场景5"借助地图技术、大数据等实现数字景区"、场景6"借助云计算等实现的云上景区（虚拟）"。四是技术集成化、管理协同共享以及智慧化、网络W化，通过大数据综合服务平台建设，实现场景7"助推在线旅游服务商实现服务升级"，如携程、同程、驴妈妈的服务创新等，以及场景8"建设城市数字旅游平台"。

第四，新内容。面向老百姓寻常生活，抓住需求引导消费，通过内容创新实现IP价值的变现。在产业链上游，通过原始核心IP源，轻资产输出文旅IP，产品形态趋向小而精、小而美；在中游，通过新媒体自媒体，增加IP影响力，低成本放大品牌影响力；在下游，更多的是IP的延伸，通过规模化、标准化手段，扩大产品链条，增加变现能力和渠道。例如西安大唐不夜城，可谓将夜经济玩出新花样，点亮夜间市场，形成新潮流；又如故宫文创模式，故宫参观人数创下1600万人次纪录，文化创意产品的销售额高达10亿元人民币，再加上纪录片《我在故宫修文物》的热播，故宫正在成为年轻人追捧的"网红",可以说六百多岁的故宫,实现华丽转身。

第五,新竞合。新基建是国家未来发展战略,其建设速度似乎没有受到新冠疫情的影响。随着基础设施的快速建设,在区域区际旅游格局中,市场上产生一大批"快旅+漫游"线路产品。高铁时代,一方面扩大游客的产品选择机会,另一方面也促进景区之间的良性竞争与合作。因为乘着高铁,年青人会来一场说走就走的旅行,让诗和远方近在眼前。"快消""深度体验"正在成为越来越多旅客的全新生活方式。

三、景区未来发展:"四合"路径与"六个热点"突破

毋庸置疑,未来景区发展必然面临一个硬约束条件,即绿色生态、"碳中和"与"碳达峰"目标。党和国家领导人多次强调"绿水青山就是金山银山""环境就是民生""青山就是美丽""蓝天就是幸福""把绿水青山建得更美,把金山银山做得更大,让绿色成为发展最动人的色彩"等等。"绿色"发展包括了财富、增长、福利三重内涵,这就催生出"绿色景区·全域全景"的发展理念,其核心就是注重文化、旅游、生态融合发展:文化为本,文艺、文博、文创等是景区发展的底蕴;旅游驱动,通过提升旅游要素质量,构建复合的旅游休闲功能体系;生态塑形,打造美丽景观使之成为吸引物、完善社区配套网络、建设一流的居住休闲集聚区,使之成为可持续发展的宜居社区,最终实现景城产人一体化。

1. 未来景区发展走"四合"路径

(1)整合:全域旅游是未来景区发展的基础条件和要素条件。全域旅游注重文旅及其相关资源的整合,就是要依托区域内所有可以整合的要素资源,打造全域全景新格局,因而全域旅游成为地方领导执政的重要理念和抓手。分析我国首批验收通过的71家全域旅游示范区,均有两个显著特征,一是旅游业发展基础深厚,资源独特,竞争优势明显;二是重视生态环境保护建设,奉行"绿水青山就是金山银山"的理念。同时还有七个细节特征,即区域核心吸引物体系建设比较完备、侧重大旅游大产业的融合发展、突出休闲农业与乡村旅游以及康养度假特色、在文创科创方面的成绩可圈可点、强调"全域全景""景城一体""山城一体"等、重视顶层设计明确发展方式、推行全域协同体制机制创新。

在全域旅游整体提升过程中,要实现资源重组,在空间上需要点线面结合。每个点就是吸引物,它可以是一个一个景区(点),也可以是特色小镇、商业综合体、民宿集群、艺术园区、户外基地等,都是全域旅游的重要节点;线是要素的串连,也是要素的关联通道,包括文化脉络线、情感脉络线、地域人脉线;面是旅游+,泛

全域构面，例如景区+美丽乡村、景区+特色小镇、景区+特色街区、景区+特色民宿、景区+文化艺术、景区+运动休闲等。

对于景区而言，聚焦产品、项目和服务丰度，通过资源"整合"，从点线面全面提升，实现景区升级。例如，博雅方略编制的《大乌伦古湖景区创5A规划》。乌伦古湖位于准噶尔盆地古尔班通古特沙漠北缘，临近额尔齐斯河，是第四纪构造运动及阿尔泰山冰川融化形成的断陷湖，被誉为准噶尔明珠，是中国十大淡水湖之一、中国四大盆地内最大的淡水湖、中国唯一与北冰洋相连的湖泊。拥有中国最大规模的滨水类墙状雅丹地貌。雅丹地貌呈南北走向，由情人谷、蛇谷、断桥谷、绝情谷、九曲回肠谷、仙鹤谷、迷魂谷、神鹰谷、猎隼谷九个峡谷组成。游客到此旅游，纷纷赞不绝口"美！太美了！她是活的，有生命力的魔鬼城！"。规划组针对景区面临的核心问题"缺乏与周边景区的联动性与资源整合、服务配套设施不健全、缺乏旅游产品的体验与创新等"，通过总体定位"准噶尔盆地明珠·北冰洋遗珠"，重点突破以创建吉大乌伦古湖国家AAAAA级景区为导向，硬8软4两大路径构建五大体系全面突破现实困境，实现乌伦古湖"二次革命"！同时，注重四季产品组合优化，产品覆盖春、夏、秋、冬，注重过夜游吸引物的打造，带动全市旅游向"四季游""全时空"的嬗变。

（2）融合：如果说整合强调资源要素整合，融合就是强调产业业态融合。通过文旅与艺术广电体育等融合，即"文旅+"与"+文旅"叠加，打造泛文旅产业全产业生态体系，多元融合形成业态集群。换句话说，文化+、旅游+是景区产品和业态重要的空间拓展，是构筑区域文旅生态圈的重要步骤。有关融合内容，在我的专著《文旅产业讲稿（一）：行向远方》中的《产业融合促进旅游全域发展》一文中已有详细阐述。

景区建设可以通过融合，聚焦业态丰度，创新特色产品和项目，做到景区上规模上档次。例如《吉州窑景区创5A总体规划》中的关键点，是围绕痛点问题——文化品牌影响力较弱、文旅+融合不充分、缺乏旅游产品的体验与创新等，从开发多元产品和布局综合业态入手（图4），统筹考虑，全面规划，为红线内片区量身打造一套完整的提升规划。在原有景区的基础上，根据游客的满意度和体验性，策划核心旅游产品。对景区内部重要节点进行提升规划，完善游览体系，打造多元旅游产品。规划提出三个结合的景区提升思路，即纵向结合、横向结合（红、绿、古）、周边核心景区结合，同时坚持21字方针，即政府主导、主管先行、社会参与、企业经营、市场化运作，远期紧盯一个大目标，即双遗申报成为世界遗产地和非遗传承地。这样形成了一本提升规划、一个明确的主题定位、一份完善的旅游产品体系、一系列旅游节庆活动、一个鲜明的文化内核，为景区发展指明了方向。

全域旅游背景下旅游景区高质量创新发展

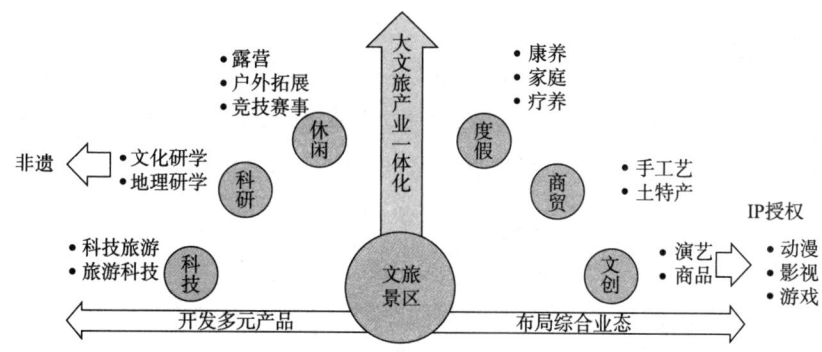

图4 文旅景区的开发思路

（3）极合：就是通过大项目带动，做大做强核心景区龙头景区，"日月同辉满天星"，政府平台与市场投资主体联动，聚集资源集中打造1~2个地方文旅的"太阳"和"月亮"吸引物，打造一体化文旅休闲度假综合体，给远方游客一个到此一游到此休闲消费的理由，扩大市场服务半径，增加区域文旅收益。如珠海的长隆国际海洋度假区，就是地文文旅产业的汇集地，吸引海外游客及国内远程市场前来观光旅游、休闲度假。再如，目前比较热点的工程就是中国文明溯源工程，围绕国家文化公园建设，形成地方龙头文旅产品。在博雅方略负责编制的《国家长城文化公园（朔州园）》方案中，强调极合的作用：一是要主动掌握长城文博话语权，做"民间的故宫"，通过文博产品展览展示、文博产品交易、文博产品传承，以及打造"山河上下·长城内外"系列实景演艺，做"长城"文化的集结号；二是要积极争做山西文化的代言人，同时要联合故宫博物院、国家博物馆、首都博物馆等单位，联合打造"华夏文化Mall"。当然，走"极合"的路径，地方政府也可以通过建设文化旅游创新园区，来把握休闲生活服务创新脉搏。如景德镇，就是借势"千年瓷都不同凡响"，通过建设好景德镇国家陶瓷文化传承创新试验区，打造知名的对外文化交流新平台。

当然景区发展通过极化效应全面提升，关键点在产品、服务的标准化和品质化。以上海迪士尼为例，1998年中外确定合作，2016年开园营业。上海市政府在股本注资的基础上争取了部分运营管理权，上海申迪集团与迪士尼公司采用注资的方式提供67%的资金来源，剩下的33%资金采用银团贷款方式解决。迪士尼做为一个区域的龙点景区，几个细节必须注意。一是无可挑剔的标准化服务，如此完美的服务全由一个名为"cast member"的团队提供。迪士尼的常客就是因为他们，年年回到同一个度假地，享受只有迪士尼才能提供的服务。二是精致、富有创意的造梦产品，迪士尼乐园整体的环境就如同是现实中的童话世界。乐园的设计不放过任何一个细节，精彩纷呈地为游客造梦。三是全年龄层的目标市场。在迪士尼可以看到无论是抱在手上的孩子，还是白发苍苍的老人，脸上都洋溢着满足的笑容。四是永远建不完的迪士尼。迪士尼的一个著名的口号是"永远建不完的迪士尼",它多年长期坚持采用"三三制",即每年都要淘汰1/3的硬件设备,新建1/3的新概念项目,每年补充更新娱乐内容和设施,不断给游客新鲜感。"满足顾客需要"是迪士尼乐园创新产品的原动力。更新乐园项目的前提就是要持续了解世界各地小朋友所想。五是营销战略——地产盈利的保证,一方面要注重情感营销,一个实现梦想及魔法国度的主题公园——梦想成真,提供一个家庭一同欢乐的场所的梦想;另一方面要培养顾客的忠诚度,迪士尼影视IP培养了大批忠诚的顾客;再一方面要注重市场培育,从影视(特别是动画IP)开始,尽可能大范围推广和普及使得迪士尼品牌深入人心。迪士尼的成功经验告诉我们,景区实力才是第一生产力!

(4)聚合:聚合就是整合、融合、极合的最后裂变,强调区域联动开发,依托地方特色资源与生态历史文化,依托已有区域经济点轴系统或"城-县-镇-村"城乡体系,面向全国乃至世界,打造一流的旅游目的地。

聚合方式之一是面向城市群发展,对大景区进行连片开发,拓展发展新空间。例如杭州余杭区"建设全域美丽大花园"。以景区的理念规划全区,以景点的要求建设城乡。通过大径山乡村国家公园和中国最具特色名镇品牌,把全域二十处景点串联在整个大径山旅游内,形成多元化的旅游产品线路,如禅修之旅、休闲之旅、文化之旅、慢生活之旅等。再如博雅方略负责编制的《嘉峪关5A旅游大景区提升规划》中,利用聚合方式,强调产品与项目的可持续与创新。针对各文旅产品的利基市场,做到"文化+创意+旅游+产业"四位一体,以市场为主导,互为主体,通过产业链各个环节上的商业价值倍增,实现文旅产业真正融合。在空间上构建"一核、一线、两翼"的大边关空间布局,以此推动区域旅游的高质量发展。一核即嘉峪关关城景区,一线即长城文化风情线,两翼是北翼(暗壁—悬臂长城)、南翼(明墙—长城第一墩)。

聚合方式之二是完善交通集散体系,打造区域旅游集散"投建运"一体化旗舰,特别是完善最后一公里。"站在更大区域层面",依托区域新地标和区际快速交通骨干体系,打造若干个国际标准度假区、主次级集散中心以及精品驿站等。

聚合方式之三是高标准高起点建设区域文旅主题示范基地,如博雅方略编制的《山西省森林康养旅游总体规划》强调,要通过对本土文化和企业文化挖掘,通过艺术化的形式表达,实现"文化鲜活化"的表达形式,成为地方特色主题。要实现产品体验化,旅游业态升级,丰富游客体验,通过文化产品的艺术化体验,增加户外车运动基地,增强区域旅游核心吸引力。促进康养产业化,完善区域休闲度假设施,与生态环境相融合,延展医疗、商务、养生功能,形成康养产业化的运作模式。文旅休闲时尚化,重点打造差异性产品,通过文化的艺术化表现形式,运动的多维展现方式,多主题的度假模式,形成文旅休闲时尚化的方式。

在聚合发展中，发挥数字经济与文旅人才教育、创业创新的作用尤为重要。首先，要建设区域文化旅游大数据中心，占领文旅数据流的高地，做区域旅游信息进出的"总开关"，对外积极对接知名的在线旅游平台和国内外知名的大型旅行社以及诸如度假村联盟、自驾车联盟等行业联盟；对内要推动文旅各行业主体如景区、旅行社、酒店、度假区等充分"接入"，实现互联互通，构筑区域数字文旅"智慧"版图。其次，要推动地方文旅产业创客空间升级，使之成为文旅发展的"新动能"。对接"双创"，即培育孵化一批文化创意小微企业，为文旅产业活跃发展不断提供产品创新、服务创新、技术创新等智力支持。对接文化旅游人才培养基地，抢占文旅人才储备的高地，做文旅服务标准的"黄埔军校"。对接"区内"教育资源，源源不断地为文旅发展储备人才，对接"区外"，筑巢引凤，积极引进专业人才。

2. 未来景区发展要抓住六个热点，创新转型，破茧而出

（1）文创+，通过文化活化切入生活方式，形成广泛共鸣。如故宫博物院的文创产品，从日历、水果叉到口红、糕点礼盒，甚至输入法，故宫在文创流量的变现上，将生意做得风生水起，爆品不断，实现文化创意延伸，收入不菲。

（2）科技+，新技术切入文物活化，新潮展陈方式引发大众追捧。如前面提到的VR沉浸式体验、AR情境互动体验、虚拟翻书、三维影片、360度沉浸剧场、互动投影体验、各类科技剧场等。

（3）生活+，以美食小吃为主体，调动当地元素，代入一种生活方式体验。如借火锅和小酒馆，深度体验成都的美。

（4）新夜游+，开拓夜游市场，点亮夜间市场，形成新潮流。如西安的大唐不夜城，将夜经济玩出新花样。据《光明日报》数据，2019年大唐不夜城客流量共计7861万人次，平均每月客流量超过650万人次。与开街前相比，客流量累计增长超过了50%。

（5）新媒体+，通过短视频，打造网红效应，形成广泛关注。如西安"十六朝古都，玩出新姿态"，一首《西安人的歌》深受网友喜爱，挑战"西安"网红打卡的最新方式，一夜爆红的"抖音之城"，惊艳了世界。

（6）新业态：轻旅游、微度假、泛户外、节庆会奖、嘉年华、文化（文物）活化等新业态不断涌现，以文旅为载体，在创意驱动、科技赋能及市场引领下，促进文旅产业链与创新链双向融合提质增效。

总的来说，新业态+多元活化，必将引动消费热潮。

本文同时参考了窦文章在2022年1月广州景区协会换届大会发言及2020年12月文化和旅游部中央文化旅游干部学院在沈阳举行的文旅干部培训班讲稿整理。

练好内功、创新突破，疫情过后文旅会更好

窦文章

新冠疫情防控常态化之下，旅行虽被"搁置"，但是文旅行业的发展不能被"搁置"。静则思变，变则通，过去人们把创新看作是冒险，现在不创新才是最大的风险，文旅行业需要更"新"的旅游。随着疫情过后的"春天"到来，文旅的疫后恢复也会更快，疫情期间暴露出的问题也将得到解决和改善，迎来升级和转型的加速。

一、品质旅游的内涵不断被充实，康养修心治愈系将成新宠

疫情过后正是春暖花开，心理旅游必将会在不久的将来得到迅速的发展。根据消费者对大自然场景的渴求，设立疫后心理康复文旅计划，根据旅游者更倾向非群聚概念，谋划设计以康养修心为主题的"心理旅游"体验，合理地选择旅游者、旅游线路、旅游景点和导游词，让旅游者身处良好的环境当中，通过一系列活动，放松身心、宣泄情绪，实现心理互动，满足心理需要的过程。一边游玩一边进行心理康疗，既解决了心理问题，同时满足疫后的旅游需求。

对以康养为主题的文旅景区，让游客既能在游山玩水中体验到美景带来的感官愉悦，忘记苦痛，最大限度满足人们的心理需求和精神需要，感受到相应的心理服务带来的心灵成长，实现"身心健康"双重收获，推进旅游产业和心理服务共同发展，同时为创建和谐社会探索新途径。希望2020年的新冠疫情成为文旅产业变革、产业升级、公共治理提高的一个拐点。

二、生态旅游、乡村旅游、郊野休闲作为贯彻实施乡村振兴和旅游精准扶贫的生力军将率先恢复成热点

2020年突如其来的疫情，改变了中国人对幸福、财富和健康的认知，也更认识到文化消费的急缺性，吃、住、行、游、购、娱、商、养、学、闲、情、奇的消费

习惯都将全面升华。文旅产业是幸福产业、富民产业、绿色产业。如何制定更多创新的产品和服务体系来满足新消费者的需求，推动行业自身的发展，是疫情过后文旅产业复苏的关键。郊区作为交通便利、空间开敞、生态安全、人流不过于集中的目的地，有望成为文旅率先复苏的突破口，将具有更大的市场匹配度和吸引力，迎来巨大的市场爆发。

同时，乡村文旅将迎来市场爆发。2020年"中央一号"文件中，乡村是文旅产业的重要舞台，是新一年乡村建设的重点。疫情暴发，暴露出乡村公共服务的优缺点，发展文旅成为乡村发展的抓手，文旅产业发展能改善乡村人居环境，完善提升乡村旅游和乡村民宿公共服务及公共卫生服务等；同时文旅产业发展，可以为传承乡村文化，促进传统乡村非遗、民间艺术的保护和开发；通过文旅项目开发和运营，能够最大限度盘活乡村的生态、农业、民俗、民居等资源。

三、科技将推动文旅行业全方位创新

科技革命推动旅游革命，要加快提升文旅企业的技术应用能力。（1）智能化赋能旅游行业，通过5G的普及使用，用新技术加快文化和旅游公共服务体系建设，提高公共服务效能。（2）智慧化赋能旅游服务，提供"无人接触服务"模式，通过人工智能服务体系，提升智能化的管理体系，提升外在服务与企业IP意识。

文旅业态新模式将会与"无人"模式紧密结合，无人超市、售货机、无人管家等实现标准化升级。强化科技应用，研发升级更具市场竞争力的旅游产品，充分利用互联网工具，通过电子商务，对核心文旅产业功能区的在线流量和社群，提供虚拟旅游、文创产品推广。

四、精致的慢旅游，让文旅成为"美好事业"。

在以"数字"和"速度"为衡量指标的今天，加速的职业化和专业化和快节奏的忙碌让人们疲于奔命。我们越来越缺少闲暇，没有闲暇去思考，生活越来越缺少反思和回顾。速度膜拜塑造着现代社会的时间观和效率观，催生了走马观花式的大众观光旅游。随着人们对加速现象和大众旅游的反思，慢旅游理念日益受到重视。放慢速度不是拖延时间，而是让人们在生活中找到平衡，在忙碌的工作之余依然能够回归闲暇。

慢旅族（low traveler）讲究一种放松的心态，追求闲庭信步中的精神的愉悦，充分享受没有压力的自由旅途。慢旅游将成为疫情过后的趋势，对推进旅游转型升级具有重要意义。我们应创新发展理念,培育休闲氛围,完善公共服务,升级旅游产品,塑造慢游形象,建设休闲型旅游目的地,体验回归自然和休闲放松状态,让文旅越来越独特,越来越美好,为人们的美好生活继续带去精彩。

五、练内功,求创新,让文旅企业越来越有"韧性"

在疫情防控背景下,各大旅游企事业单位纷纷采取关闭或取消活动措施。这些旅游企事业单位为春节旅游市场作了大量准备工作,关闭或取消无疑会给其带来很大损失,但是面对灾难,大家万众一心、众志成城,体现了责任和担当。作为文旅人,建议文旅行业深耕在线创新,练内功,求思变,增加文旅企业的发展"韧性",文旅游企业将会越走越远。

我们有理由相信,疫情过后文旅会更好!

关于中国式文旅现代化的几个观点

张建国

一、供给侧结构性改革是促进文旅业发展的好路径

供给侧结构性改革,是党中央国务院加快经济发展的重要举措,也是去产能、去库存、去杠杆、降成本、补短板、提效率的有效方法。中央提出并实施的供给侧结构性改革,是释放新需求、创新新供给的好形式,也为加快文化旅游业发展提供了良好的契机。

众所周知,中国步入新时代后,文化旅游产品的供给不足、服务不佳、业态欠缺、品质不高等问题亟待解决。故,供给侧结构性改革,是当今文化旅游业发展的新任务。文化旅游业供给侧结构性改革的任务是加快优质供给、减少无效供给、增加需求供给、扩大有效供给。着眼点是完善提高自我和调整自身结构,实施创新发展方式(文旅融合),从结构调整入手,创新发展空间,提高竞争能力,让市场在资源配置中发挥作用。从文化旅游产业自身建设入手,坚持理论自信、文化自信、制度自信、道路自信,加强治理,提高效能,丰富供给,满足需求,促进增长,惠济民生。落脚点是围绕文化旅游发展和建设来寻供给、优产品、找需求、促消费。我们应紧跟国家供给侧结构性改革战略,推动文化旅游业结构调整,实现文化旅游的再发展、再辉煌。

1. 构建新格局,做到大众参与

构建新格局是文化旅游体制创新的基础,文化旅游的机制建设是促进发展的关键,而结构改革的目的是满足市场需求。文化旅游业供给侧结构性改革重点是树立全域旅游发展理念,强化体制改革机制建设,实施"各行都是践行者、大家都是参与人"的社会化参与战略,满足社会日益增长的文化旅游业态需求,从而使文化旅游产品质量和服务得到提升。文化旅游产品质量和服务的提升,除构建格局外,还

要做好《文化旅游规划》。大家知道，规划，在文化旅游供给侧结构性改革中的作用非常重要。文化旅游规划是呈现文旅资源、文化现象、人文风情和景观环境的重要环节，是创造力、想象力的智慧产物。每一个地方和单位在做各类文化旅游规划时，都要将当地民俗文化、自然环境、人文景观和社会资源融入其中，使之成为指导文化旅游事业发展、进步的纲领性文件和必须遵照执行的通则，从而弥补格局不大、体制不新、服务不佳、品质不好的短板问题。

2. 适应市场需求，变革发展路径

文化旅游业的供给侧结构性改革，不仅仅是文化旅游部门一家实施的工作，文旅市场存在的问题，也不可能让文化旅游一家单位来解决。改变市场需求的根本出路，在于变革发展路径，注重政府、社会、市场三方面的相互作用，超前从政策、制度、投资、基础设施建设入手，促使文化旅游的活力在更广范围发力。

供给侧结构性改革的关键是释放新需求、创造新供给。就文化旅游而言，就是要创造新产品、提供新服务、激发新活力、提高新品质。

3. 优化文旅产品，推动品牌建设

文化旅游资源营造文化旅游产品，文化旅游产品缔造文化旅游品牌。在实施过程中，我们应依据自己的特色资源，打造自己的精品，做到"巧妇能做无米之炊"，打造"你无我有、你有我好、你好我优"的差异产品，并依据市场需求，把产业、产品做到极致，做好做优自己的品牌，用结构改革和转型升级的方式，满足供给、满足需求。

我们知道，供给侧结构性改革是靠实施转型升级来实现的。那么何为转型升级？本人认为：转，就是改变方式和方法。型，就是模样、样式和格局。升，就是用制度措施和手段来促使提高。级，就是层次、等级、水平和台阶。转型就是用智能创新的方式来改变现有格局；升级就是用制度、措施和手段来提升功能。转型升级具体讲，就是文化旅游业态上档次，结构趋合理，供给要优化，产品更优质。

4. 调整结构，理顺体制，用变革促发展

供给侧结构性改革的文化旅游业，要敢于打破旧体制、创立新机制、破除老做法、创造新作为。文化旅游的体制问题是抑制文旅发展的最大瓶颈。体制不顺、机制不活是严重影响文化旅游事业发展的主要障碍。要想解决这一问题，就必须调整结构，理顺体制，变革方法，完善抓手，学会借机、借策、借势、借法，解决好"有思路没有大突破、有目标没有大手笔、有项目没有大投入、有规划没有大整合"

的不均衡、不充分现状。

5. 用大供给理念发挥文旅动能

在供给侧结构性改革中,文化旅游业对社会、经济的促进作用显而易见。旅游是传播文明、交流文化、增进友谊的桥梁,是人民生活水平提高的一个重要标志。旅游业是综合性产业,是拉动经济发展的重要动力。文化旅游业是促进社会经济发展的重要引擎,也是拉动经济的重要产业。社会的进步、经济的腾飞从某种意义上讲,有赖于文化旅游产业的发展与繁荣。

总之,文化旅游业在供给侧结构性改革时,一定要把握好"度",通过与社会、经济及相关产业的相互促进、相互作用、相互融合,发挥好意识形态和经济基础的双重职能,为中国特色社会主义建设和实现"两个一百年"的奋斗目标做出贡献。

二、文化自信自强赋能文化创意产业创新发展

文化自信是中国共产党吸取马克思主义先进理论的基础,是我党意识形态的精准指南。文化自强是我们奔向现代化强国的支撑,中国特色社会主义文化自信自强更是新时代中国特色社会主义思想,激发全民族文化活力的传承、创新、创造。

文化的传承、创新、创造及激发活力,取决于创造性转化和创新性发展,也就是说文化创新与进步,依靠创新文化产业和创造性转化来实现,而文化创意产业的逐步完善、发展是靠文化自信自强来支撑的。所以说文化自信自强是文化的自我净化、自我完善、自我革新、自我提高。

从文化创意产业创新入手,能使文化内涵、文化动力、文化作用、文化活力得于彰显,从而实现文化自信自强的伟大文化复兴。

文化创意产业是新时代文化自信自强、延续和文化市场发展需求的新产物。随着文化需求层次的提升,文化产业也需同步,加之党对文化发展方向的明确定位和要求以及智慧文化的到来,促使了文化、文化产业和文化创意产业的繁荣。

文化创意是指以文化为元素,融合多元文化,整合相关学科,利用不同载体而构建与创新的文化现象。它以创新为理念、以创意为核心、以智慧为主导、以提升为目的,是新时代新型的智能文化。文化创意产业则是新时代战略性新兴产业和国民经济先导性智慧产业,是推进文化事业供给侧结构性改革,加快创造性转化、创新性发展的重要支撑。

文化自信自强将为文化创意产业融入经济发展领域,推动创意设计产业高质量发展,深度赋能产业升级提供支持,同时,通过进一步深化改革和机制创新,使之

成为新时代新的文化经济增长极(点),并带有一定的创新带动和孵化作用。

1. 领悟文化内涵,创新文化项目

文化创意项目,不仅是仿古和创意,也不仅只有深度、个性及特色,更重要的是要有文化的领悟、文化的灵魂与文化的魅力。我再次重申:对文化魅力的发现是一种智慧,对文化力量的运用是一种能力。我们要在认真领会党的"二十大"报告精神的基础上,进一步领悟文化内涵、创新文化项目,精准做到:精心创造、走入人心、项目吸引、文化生根,打造出以文化为引领、以创意为手段、以项目为载体、以发展为目标的文化创意产业新模式。

2. 把控创新原则,规范实施路径

在做好创意产业与实现创新产业过程中,我们要全面贯彻新时代中国特色社会主义思想的发展理念,融入构建新的发展格局,抓住文化产业经济发展的新机遇,用战略的思维和激发全民族文化创新创造活力的总定位来促进文化创意产业的发展,按照高质量发展的要求与原则做到:以市场为主导,以带动为主线,进一步整合文化资源要素、融入文化产业经济,构建出"多要素融合、多部门联动、多主体合作、多领域协同"的文化新体系。

3. 坚持政府引导,市场要素主导

充分发挥政府引导作用和市场在资源配置中的作用,推动有效文化市场和有为政府服务,以文化改革创新来激发市场活力、以政策引导市场来明确方向、以倡导社会主义核心价值观来规范文化市场行为等要素,形成政府引导、市场主导的良性发展机制,促进社会主义文化发挥新动能。

4. 实施创新驱动,注重文化支撑

推动创新链、产业链、服务链、资金链的衔接,推动文化及文化创新理念、方法、内容、项目、模式等变革与提升,建立文化创意基地、文创产业园区、文化科技人才培训机构等,推动文化产业、文化科技、文化人才、文化资本等协同发展,与此同时注重与"大众创业、万众创新"紧密融合,激发全社会创造活力,提高自主创新能力,使文化最终形成产业化、专业化、智能化、科学化,实现新驱动。

5. 精准重点突破,构建服务体系

依托文化、科技、智能及产业等优势,在实施政企共建、精准指导和重点支持文创产业发展的同时，找准突破点，瞄准创新点，强化文化服务体系建设，依据文化服务体系依存度高、增值率大、带动力强的特点，加大创新力度，集中优势力量破解文化关键领域和发展薄弱环节、瓶颈制约等突出问题，构建培育出新的文化服务体系和增长点，并以文化自信自强、创造性转化为抓手，形成体系创新优势，做精、做强、做大文化服务体系建设这篇新文章。

6. 推动跨域合作，融合区域协同

抢抓国家实施的文化项目重大带动战略、跨域合作、区域协同发展战略、文化创新发展融合战略等战略机遇，发挥区位优势，拓宽合作渠道，大力引进国内外先进文化经验和经典做法以及知名的文化创意机构、团队，积极培育和扶持文化创意产业，集聚精华推动文化事业改革开放、融合创新创造性转化，使之尽快步入时代发展的快车道，积极融入国内、国际的新循环。

三、赓续使命，让红色景区（基地）成为研学旅游的生动课堂

历史自信是使命的支撑、历史主动是斗争的传承、红色文化是革命的灯标、创新发展是赓续的动能，赓续使命让红色景区（基地）成为践行历史自信、弘扬红色文化的生动课堂。

党的"二十大"强调要深入开展社会主义核心价值观宣传教育，深化爱国主义、集体主义、社会主义教育，着力培养担当民族复兴大任的时代新人。讲好红色故事，发展红色景区（基地）（如纪念馆、博物馆、干部学院、红色教育培训场馆、陵园等），就是树立核心价值观和爱国主义教育、培养民族复兴时代新人的有效形式。

1. 发挥红色文化特殊效应，使景区（基地）成为常学常新的教育载体和生动课堂

（1）红色文化是特殊生产力。首先，红色文化具有生产力要素的内在特征。它不仅有大量的近似生产资料的政治文化和历史资料，而且还有活生生的人物、事件和事迹，这就构成了与生产力要素相应的内容和所具备的生产力要素和标志。其次，红色资源（革命传统资源）通过宣传会产生生产力效应，而红色文化资源则是政治、人文、历史事件和革命传统最广泛最丰富最生动最有说服力的见证和事实，它通过传承、挖掘、整合和优化而形成"产品"，再通过宣传（参观）被客体接受就会产生极大的动力，从而产生生产力效应。

（2）红色景区是丰富社会实践活动的好形式。红色景区（基地）具有很好的教育功能，它能使参观者重温党的光辉历程、业绩及优良传统，产生很强的爱国热情和

爱党、爱人民的进取之心。红色景区（基地）也是丰富社会实践活动的好课堂，它可以使参观者从革命故事里承载革命精神，并通过参观、学习、体验、感悟，真正理解"共产党为什么能、马克思主义为什么行、社会主义为什么好"的基本道理。社会实践活动与红色文化融合，也为红色景区发挥职能探索出了新的形式、新的内容、新的方法。

（3）红色景区（基地）实现常学常新，需要创新与改进。红色景区（基地）通过改进来创新内容，通过改进来满足供给与需求。具体包括景观、讲词、展陈、形式、氛围、设施、环境及服务的创新改进。

2. 发挥好红色景区弘扬红色文化的内在潜能

红色景区（基地）要发挥潜能，努力弘扬先进文化、革命文化，传承中华优秀传统文化，积极在创造中转化、在创新中发展。

第一，在三期《红色旅游规划纲要》的基础上，在不断总结、不断探索、不断实施、不断创新的前提下，做到不断发展。并努力将红色景区这一带有政治文化内涵的潜能发挥到极致。

第二，将红色文化、红色景区（基地）的丰富内涵加以深度提炼并做到以红色资源为依据，以政治文化（精神）为内涵，以学游活动为形式，以弘扬党的优良传统为宗旨。

第三，红色文化是中国传统文化传承的具体体现，红色文化通过创新，使之成为真正意义上的政治工程、社会工程及常学常新的生动课堂，从而更好地把红色资源利用好，把红色传统发扬好，把红色基因传承好。

第四，各级红色景区（基地）和做具体工作的同志，应遵循党政主导、主管先行、社会参与、企业经营、市场化运作的原则，按照党中央的部署和指示精神，发挥好主观能动作用，用智慧发挥红色潜能，用智能再现红色功能。

第五，发挥红色景区（基地）的潜能和功能应做到四个"新"三个"变"，并且一定要在"新"字上下工夫，在"变"字上做文章，依据中央对红色景区的具体定位和发展要求，进一步创新工作新思路、创造红色新品牌、打造经典新景区、开拓文化新领域，将红色资源转变为发展红色文化的优势，将红色景区由政府办转变为全社会复合型的教育业态，将红色景区由传统等客模式转变为百姓认可、市场认同、游客认知、大众愿为的好载体。

推进疫后文旅消费需求的有效释放

白墨

消费是经济增长的持久动力。随着经济发展水平和人民可支配收入的提高,服务消费在居民日常消费中占比越来越高,以满足大众精神需求为主的休闲旅游和文化娱乐等非实物性服务消费越来越旺盛,并逐渐成为拉动经济增长的重要动力。随着全国疫情防控形势持续向好、生产生活秩序逐步恢复,居民消费开始有所回暖,有人预期疫情过后消费行业会迎来一波"报复性消费",与之相似的经济学概念是"补偿性消费"。疫情发生以来,由于长期宅家,人们的文旅需求受到抑制,也积累了一些负面情绪。疫情过后,通过补偿性文旅消费释放情绪和需求,游客或将涌向旅游城市打卡或流连忘返于景区,那些被搁置的旅行计划将会重新摆上日程。经过了疫情的洗礼,全国旅游景区将依然欢迎八方来客,势必会带动文旅行业需求反弹。

一、文旅需求

1. 概况

2020年"黄金周"开启之时因疫情而按下暂停键,全国火热的文旅行业供给侧紧急刹停,温度降至冰点,损失重大。从全国来看,参照2019年春节,保守估计2020年"春节档"文旅产业直接经济损失不低于5000亿元。据中国旅游研究院预计,2020年"十三五"收官之年,全国仅国内旅游就要减收1.18万亿元。疫情冲击之下,国家统计局统计2020年1至2月份全社会消费零售总额增长20.5%,增速比去年同期回落28.7%。中国消费需求的下降并非居民的主动选择,而是防控要求之下的无奈之举,疫情期间的大量文旅消费需求其实是被隐藏、压抑和压缩的。如何尽快促进文旅产业恢复和振兴,成为今后行业发展的迫切需要和重要任务。

近年来,旅游消费需求不断升级,迫切需要旅游供给加快创新,引领并满足旅游消费需求。疫情会重挫国内旅游市场,但也能带来新的需求。各家机构预测疫情对消费的短期影响较大,中期趋于平缓,随着国家和地方出台促进消费回补政策落地，后期消费会逐步恢复。尽管大量服务消费需求（如文化和旅游）可能就此沉没，但隐藏的文旅服务需求却可以被重新激发和释放，一定程度上降低消费需求的下降。总之，疫情不会改变我国消费长期稳定和持续升级的发展趋势。

旅游消费信心指数调查由中国旅游报社、中国社会科学院舆情调查实验室、阿里巴巴集团共建的文旅产业指数实验室负责。旅游消费信心指数是文旅消费发展趋势的重要晴雨表。2020年3月16日，文旅产业指数实验室完成旅游消费信心指数调查报告（第一期），首次发布旅游消费信心综合指数为41.3，其中现状指数为13.8，还处于谷底。从对未来的预期看，旅游消费信心预期指数为63.4，处于中低。据调查，预计2020年5月份民航、铁路、公路等客运量可能逐步回升，6月份反弹趋势会进一步明朗。七成以上消费者预计2020年6月份以后旅游业才会恢复，两成消费者认为5月份以后恢复。调查消费者疫情后计划首次旅游形式，近郊游占43.5%，远途过夜游占20.1%，出国旅游占6.9%，还有约三成的消费者没有旅游计划。

2. 消费和旅游消费作用

消费是经济增长的压舱石，是推动经济发展的长久动力，稳增长首先需要稳消费。2013年以来，中国居民实际消费增长率稳定在8%左右，消费对经济增长的贡献率明显提升。2019年全年，消费对国民经济增长的贡献率为57.8%，拉动GDP增长3.5个百分点；规模稳步扩大，结构持续优化，稳定在60%左右。已连续6年成为拉动中国经济增长的第一引擎。消费对经济增长的基础性作用进一步巩固。尽管消费对经济增长的贡献在上升，但消费形势不容乐观。首先，中国居民消费率不高，而且有所下降，从2000年的47%下降到2008年的35.4%。金融危机后，消费率有所回升，但2018年的居民消费率也仅为38.7%，远低于英美等西方发达国家，也低于日韩等亚洲发达国家及巴西、印度等发展中国家。同时，受新冠疫情冲击，外部需求一时难以恢复。因此，稳定和扩大居民消费，稳消费和扩大消费任务十分艰巨，通过扩展国内市场、提高居民消费，促进消费回补和潜力释放，建立强大的国内市场是有效对冲疫情影响、提振经济的关键举措，对稳定未来中国经济增长至关重要。

旅游业对经济的贡献不可小觑，行业为全球贡献了超过10%的GDP。而在国内，旅游业更是成为国民经济增长的新引擎。文旅消费成为消费升级的主阵地，官方数据显示，近年来文旅消费持续增长，正成为消费升级的主阵地之一。2010—2018年国内旅游收入达到18.17%的复合增长率，2019年，服务消费需求持续旺盛。服务消费占比首次超过50%，达到了50.2%，比上年提高0.7个百分点。文化、旅游、康养等服务消费增长较快。中国早已跨入人均5000美元的"旅游社会"，旅行已成为国人的一种生活方式。2019年，国内旅游人数60.06亿人次，人均年出游次数已达4次，比上年同期增长8.4%。国内旅游收入5.73万亿元，比上年同期增长11.7%；出境游人数1.55亿人次，机构预估则约2万亿元人民币。文旅行业消费在抗疫中受到的冲击极大，疫情结束以后，一定会产生一波报复性消费。对照"非典"过后的2004年，国内游人数增长了26.6%，旅游总收入增长了36.9%。不管有没有疫情，旅游是最能拉动和刺激内需的行业，新冠疫情并不会影响旅游的长久发展。但文旅市场恢复很可能呈曲线型渐进过程。文旅需要迅速建立起顶层设计体系，才能迎来浴火重生。

二、释放延期的文旅需求

1. 政府政策

2019年以来，我国在促消费扩容提质方面已密集出台系列政策举措，建立发改委、商务部等20多个部门组成的完善促进消费体制机制部际联席会议制度，地方也纷纷推出举措。党中央、国务院始终高度重视要求稳定和扩大居民消费，文化旅游领域迎来很多支持举措，促进消费回补和潜力释放。2020年2月，文化和旅游部资源开发司印发《旅游景区恢复开放疫情防控措施指南》，要求按照分级分区原则稳步推进景区复工复产；2020年3月4日召开的中共中央政治局常务委员会会议强调，要把被抑制、被冻结的消费释放出来，把在疫情防控中催生的新型消费、升级消费培育壮大起来，使消费得到回补；2020年3月11日，国家发展改革委、中央宣传部、文化和旅游部等23部门联合印发《关于促进消费扩容提质加快形成强大国内市场的实施意见》（以下简称《意见》），出台共六个方面十九条政策措施，要求加快完善促进消费体制机制，促进消费扩容提质。围绕促进居民愿消费、敢消费、能消费主线，进一步改善消费环境，发挥消费基础性作用，助力形成强大国内市场，并专门用一个章节强调重点推进文旅休闲消费提质升级。

《意见》是2019年以来政策的延伸，同时更具整体性、连贯性和协同性，由23个部门联发，体现出政策力度之大。其中，"愿消费"着力提高我国产品和服务的质量和水平；"能消费"着力稳定和增加城乡居民财产性收入，完善消费基础设施；"敢消费"从维护权益角度考虑，着力打造诚信、安全、公平的消费环境。《意见》将有助于疫情期间受抑制的消费需求充分释放，预计2020年5月之后旅游等服务消费有望出现快速增长。地方也开始密集酝酿出台新一轮促进消费回补政策，如南京、宁波于2020年4月提出发放消费券等；上海则对困难行业企业出台补贴政策，补贴对象为住宿餐饮、文体娱乐、交通运输、旅游四类受疫情影响较大行业企业，每人补贴800元；广州出台12条措施促进文化旅游产业健康发展，统筹安排3亿财政资金用于促进文旅产业复苏。

2020年2月中旬以来，国内已有多家景区恢复开放，园中赏花、漫步的游客逐渐增多。推动数字文旅产业发展有四个方面：一是落实财政、税收、金融等帮扶政策，降低疫情影响，增强数字文旅企业的发展信心和后劲；二是把握产业发展新趋势、新需求，坚持正确导向，抓住5G、超高清等新技术的发展机遇，加快推进供给侧结构性改革，大力培育新业态，鼓励创业创新；三是扩大优质数字文旅产品供给，加快释放新兴消费潜力，发展沉浸式体验型文旅消费，引导和培育网络消费、体验消费、智能消费等消费新热点、新模式；四是抓住数字经济发展机遇，加强新型基础设施建设，推动文化旅游与数字经济深度融合。

2. 新技术造就新的文旅需求

随着技术创新日新月异，科技需要更多的实现载体，赋能文旅产业创新发展。文旅行业有极其丰富的应用场景、极强的跨界能力及庞大的产业规模，因此，新技术在文旅发展中能找到足够的施展空间。文旅产业只有靠智慧补缺，靠科技赋能，才能增强抵御疫情风险的能力。疫后，越来越多的科技应用，为游客带来更新颖、更智能的体验和更高效、更贴心的服务。加强全国及各地文旅信息化和大数据平台建设，强化智慧文旅安全监管与预警功能，加大数字资源开放力度，提升智慧文旅运营、管理和服务水平，将科技渗透到文旅产品创作、生产、传播、消费的各个层面和环节，积极应用AR、VR、MR、5G和人工智能等现代科技丰富游客体验，丰富数字化产品，提高文旅产品尖叫度；运用大数据助力公共文化旅游服务和市场精准营销，用文物数字化科技手段激活文化记忆；加快提升旅游企业的技术应用能力，推广应用远程办公、在线文旅教育（培训）、在线营销、线上云游、在线娱乐等新的运作方式，推动非接触式服务及相关产业发展；依托高校、研究机构与规划设计机构、专家智库及文旅技术力量，加大文旅科研和技术研发投入，增强文旅创新能力和科技对文旅产业发展的支撑作用，促进文旅产业转型升级。

旅游企业互联网化及企业线上业务的开发，将成为疫后文旅企业的常态化行为。基于5G、VR技术的云看展和云旅游，将不断升级技术，优化设计，提升公众体验感和浸入感；景区线上直播需优化内容设计，完善人员培训，提升游客的观看和互动体验品质；结合直播和云旅游设计，游客的云购物需求将被激发；文旅企业可将带货功能融入云直播和云旅游，将企业自有产品和目的地特色产品通过精心设计推送给游客；疫情后，旅游企业向生活端延伸，线上销售旅游目的地水果、农产品等行为，未来值得深入探索；旅游酒店业推行的智能化无接触服务，围绕人工智能和无接触服务的探索创新将成为酒店业发展的新趋势；线下体验线上下单，线上线下相融合的旅游体验店，可成为旅行服务企业的获客渠道、本地生活方式的展示地，促进文旅消费。

文旅用户在出游前有IP感知、攻略制作、预订出行票务服务；交通中有实时定位、线路规划、厕所和车位寻找；到酒店可通过信用入住无人酒店、智慧酒店；游玩过程中可通过刷脸解决支付、核销、排队预约、智能导览、智能客服及定制推送消费点餐、外卖、演出赛事等，文旅消费更舒适、更顺畅。

管理侧数字化运营包含IP设计、产品规划、服务分析；智慧旅游有智慧安保、智慧停车、智慧厕所；精准营销有游客洞察、线上投放、营销分析和设计。

政府监管统筹产业监管监测数据，将各景区、单位收集的数据进行整合分析处理，汇总成旅游大数据分析平台，打造服务化监管平台，对游客服务、人流预测、突发事件、行业分析进行监管；对旅行社、农特产品、乡村振兴等进行产业扶持。

景区做外围引流、中段导流、场内体验、智慧管理，实时交叉互动，不断循环前进，给游客做场内体验；园区智慧导览给游客推荐玩法、路线，做发券、打卡互动、AR互动、智能助手等营销。景区停车数据、游客门票数据，通过旅游智慧大脑、数据中台汇总，形成可用数据，用于游船、车辆调度和巡逻巡检等；通过智能调度减少游客排队等待时间，提升游客体验。景区通过空气质量、酒店好评度、人员流动、车辆信息等大数据，进行游客结构分析，为游客画像。应急指挥平台做应急场景、安防、游客特殊行为分析等。"一云多端"触达游客，让游客的旅行更便捷。

3. 新经济壮大文旅新需求

近年来随着经济社会发展水平提升，旅游出行需求大量释放，为中国旅游市场带来了难得的上升机遇。此次新冠疫情暴发倒逼中国旅游市场必须实现科学有序发展，彻底摆脱惯常的对门票经济的依赖。

新型消费将成为我国经济发展的新动能。疫情期间，以网络购物和网上服务为代表的新型消费，展现了强大的生命力。培育"互联网+社会服务"消费新业态、消费新模式，促进文化旅游服务消费线上线下融合发展。围绕消费提质和扩容，对消费客体、消费主体、消费载体、消费环境等消费经济全要素升级。

培育发展新消费，探索"互联网+商业模式""智能化+降低成本""数字科技+内容创新"等，鼓励发展线上线下融合消费新模式，促进传统销售和服务上线升级；鼓励使用绿色智能产品，促进养成健康生活习惯；坚持包容审慎监管，推动新消费健康发展。

"宅经济"崛起中释放推迟的文旅新消费。近几年来，文旅消费升级趋势不断增强，多样化、个性化、定制化的消费需求已经为"宅经济"等发展创造了合适的商业环境。在疫情得到控制后，文旅消费会较快稳增长，出现补偿性恢复。

丰富文化旅游产品和业态。加强文化遗产保护，深入挖掘文化内涵，开发文化旅游产品，培育旅游精品；支持世界遗产、历史文化名城名镇名村、文物古迹、非物质文化遗产以及博物馆、陈列馆、非遗传习所、古籍展示馆等各类文化场馆优化旅游功能；积极开展剧场、巡回演出等小型演艺活动，打造游客喜闻乐见的旅游演艺项目；支持文化创意、影视制作、文化展览和动漫游戏等各类文化业态发展，激发文化和旅游消费潜力；扶持有生产条件和市场竞争力的旅游文创企业发展，开发具有地方特色的文创产品。

以"文化+""旅游+"和"+旅游""+文化"等新产业模式，推动旅游（文化）融合度，打造"文化+旅游""农业+旅游""工业+旅游""商业+旅游""体育+旅游""康养+旅游""教育（研学）+旅游"等融合旅游新消费。

三、具体措施和建议

国内新冠疫情得到控制，各地复工复产复学有序展开，提振经济阻击疫情影响措施也在不断推出。2020年2月22日，广西桂林中心城区的多家景区、贵州贵阳息烽温泉景区开放；2020年2月23日，世界文化遗产杭州良渚古城遗址公园恢复开放；2020年2月24日起，福建福州三坊七巷逐步、有序对外开放部分场馆。截至2020年2月28日，全国有超过450个知名景区重新开放，全国景区的整体开园率也超过40%。积压已久的旅游"堰塞湖"在各地风景区的陆续开放中开始"泄压"，北京香山、杭州西湖、江西武功山均出现了开放首日游客爆满的情况。截至2020年3月16日，全国已有28省区市3714家A级景区（点）恢复对外营业，复工率超过30%，已恢复开放景区主要为山岳型景区、开放型景区和市民公园等室外场所，总体运行平稳，未出现疫情异常情况。不过风景区虽开放，但整体旅游功能并未恢复。

文旅产业是敏感性产业，也是韧性较强的产业。疫后文旅产业振兴发展，必须以高质量发展为导向，走中国特色的内涵式文旅发展之路。以符合市场需求的优质供给和优质服务，更好地满足疫后人民日益增长的文化和旅游生活需要，增强文旅产业核心竞争力。对于疫后的文旅消费提出以下建议：

从休假制度上引导客流需求的释放。疫情过后，建议国家层面率先做好顶层设计，从制度安排上未雨绸缪，尽早将带薪休假落到实处，避免出现短时间内景区客流饱满，平日门可罗雀的尴尬。

在出境游受限的时期，不能出境的消费者会在国内消费，未来（出境游）会在国内消化。因此，重启新一轮"国民休闲"计划，促进国内文旅消费升级。在做好防控、服务好游客的同时,加紧制定"恢复计划",着力做好产品创新和业态调整,抢占国内旅游市场先机。

大力发展入境旅游。在确保安全的前提下,完善入境旅游便利化程度和入境旅游的产业链,加强海外旅游市场精准营销,推动疫后入境旅游市场加快复苏。

红色抗疫旅游。推出针对抗疫人群的专项文旅行动。启动景区致敬抗疫英雄和白衣天使的全年门票免费行动,针对抗疫涌现出来的人物和事迹进行宣传,推出红色抗疫英雄专题旅游。

加快推进线上商城建设。转变经营模式,即由线下实体向线上网络转变,通过会员充值、折扣预订、套餐优惠等方式实现预约消费,既能保持景区热度,也可尽快回笼资金,化解企业运营压力。

推进文化场馆、旅游景区恢复和文旅企业恢复营业。景区恢复开放应当坚持分区分级的原则,疫情高风险地区应暂缓开放,疫情中风险和低风险地区开放由当地党委政府决定;疫情高风险地区的公共图书馆、文化馆(站)继续闭馆,中低风险地区恢复开馆工作;重大体育赛事举办延期或易地。因地制宜、分区分级、安全稳妥地逐步恢复文旅产品供给。

鼓励企业创新发展。利用大数据、云计算、人工智能、5G、区块链等新技术,培育数字体育、在线健身、线上培训等新业态。充分利用微信、微博、抖音、快手、学习强国、网红、动漫、微电影、手机APP客户端等新平台和新手段,提高文旅宣传促销效果。

大力发展健康安全文明旅游。疫后健康安全和自然生态旅游将成为消费者关注的重点,塑造健康安全的文旅目的地形象,针对疫后文旅消费观念和出游行为的新变化,加强健康文明和安全防范宣传,培育正确的文旅消费观念,让健康、安全、文明的文化旅游成为国民常态化的消费需求和习惯。

重视自然和健康生活导向的文旅产品开发,建设康养旅游基地、康养旅游示范区和康养旅游社区,为消费者提供更多个性化、差异化消费项目。适应新消费,加大文旅产品创新,培育和壮大文旅新产品和新业态。大力发展生态旅游、文化旅游、休闲度假、商务会展和乡村旅游,积极开发专项旅游产品,培育和发展夜间旅游经济,丰富和完善文旅供给。

强化安全保障的风险管控行动。疫情后,把生态安全、文化安全、经济安全和社会安全,特别是游客生命安全,视为重中之重,构建旅游安全保障体系,加强安全风险管控、预警、防范、应急管理、安全救援和安全信息共享制度,建立各级应急管理体系;创新文旅大灾保险和文旅产业防灾基金;深化文旅安全综合治理,完善安全联合监管,加强文旅目的地和文旅产品安全风险监测和评估,及时排查处置文旅安全隐患，重构和增强游客的安全感。

风雨过后见彩虹，严冬过后是阳春！文旅行业众志成城，万众一心，凝心聚力，共克时艰，用文旅消费拉动内需，壮大国内市场，实现后疫情时期文旅产业的全面振兴和创新发展。

注：本文撰写于2020年，文中"疫后"指疫情发生之后。

发挥文化旅游在转型消费时代的口红效应

白墨

我国文化和旅游产业融合发展已经进入到以消费为引领的新时期，文化和旅游消费已成为促进经济社会高质量发展的新引擎、新动能。如何加速推动、创新、发展文化和旅游消费，是新时期的大课题。

一、文旅融合引导的消费时代

2019年8月，国务院办公厅印发的《关于进一步激发文化和旅游消费潜力的意见》(以下简称《意见》)作为文旅消费领域的第一个"国字号"政策提出：顺应人民群众文化和旅游消费提质转型升级新趋势，深化文化和旅游领域供给侧结构性改革，从供需两端发力，不断激发文化和旅游消费潜力，促进文化和旅游消费设施更加完善、消费结构更加合理、消费环境更加优化，以高质量文化和旅游供给增强人民群众的获得感、幸福感。按照目前中国现有的人均收入和物价水平估算，中国文化消费支出总额应该达到4万亿元以上，而实际供给能力只满足了不到1/3的市场需求。而美国的数据显示，其文化产业产值占整个GDP比重的1/3，而中国不到3%。可见，居民文化消费的潜力巨大，发展的空间十分广阔。

《意见》推进消费试点示范。新确定一批国家文化和旅游消费试点城市。推动试点城市、示范城市建设国际消费中心城市。鼓励建设集合文创商店、特色书店、小剧场、文化娱乐场所等多种业态的消费集聚地。《意见》站在构建文旅消费新生态的高度，分别针对消费者、企业、行业等提出务实举措和指引，需求和供给两侧发力，从消费这一环节补足了文化产业、旅游业的产业链闭环，有利于真正使文旅消费成为稳增长、惠民生的"生力军"，有助于切实增强人民群众的获得感、幸福感。

文化和旅游部召开2019年第四季度例行新闻发布会发布数据：2019年前三季度，国内旅游人数45.97亿人次，同比增长8.8%。2019年，文化和旅游消费保持较快增长态势，消费活力进一步释放，大众获得感幸福感进一步增强。预计2019年全球旅游总人次将达到123亿人次，全球旅游总收入将达到5.8万亿美元；预计2020年全球旅游总收入将突破6万亿美元。

二、口红效应＋消费升级

1. 口红效应

口红效应是指因经济前景不明或萧条而导致口红热卖的一种有趣的经济现象，也叫"低价产品偏爱趋势"。在美国，每当在经济前景不明或不景气下行之时，口红销量反而会直线上升。这因为口红作为一种"廉价的非必要之物"，可对消费者起到一种"安慰"作用，人们会放弃买大物件而转向小物件的消费来满足自己的需求。口红效应作为一种经济现象，有其自身经济规律，其深层次原因如下：

（1）替代效应（substitution effect）。替代效应是指因该种商品名义价格变化而导致的消费者所购买的商品组合中，该商品与其他商品之间的替代。一般说来，当商品名义价格（或相当于商品的名义价格）上升或者收入下降时，由于替代效应的影响，该类商品的销售量就会下降。反之就会上升。

（2）收入效应（income effect）。是指在名义收入不变的条件下，因一种商品名义价格变化，导致消费者实际收入变化，进而导致的消费者所购商品总量的变化。一般来说，当消费者收入上升或者商品价格下降时，消费者消费的商品量就会上升，反之就会下降。在经济危机期间，人们由于收入下降，在耐用消费品和奢侈品上的消费就会大幅度下降，相应地就会把一些收入转移到较便宜的非耐用的日常用品上。

（3）有更多的闲暇时间。在经济危机期间，消费者被动地从紧张的工作节奏中松弛下来，也有更多的时间去进行消费，尤其是有更多的时间去欣赏娱乐节目。

（4）更需要感情的慰藉。在经济危机下，人就更需要感情上得到慰藉。而且由于生活压力的加剧以及工作机会的难找，就更需要找到一些感情上的寄托，相应地对这类产品的需求也更为强烈。

2. 世界著名的口红效应

以史为鉴，世界面临经济衰退时总有口红效应的身影。在美国，电影产业一直是口红效应的最大受益者，在1929—1933年美国经济大萧条时期，以百老汇和好莱坞为代表的演艺影视业却群星辉映，创造了美国娱乐业的巨大繁荣。那段时间涌现出了卓别林、秀兰邓波儿、奥黛丽赫本等伟大表演艺术家。美国的电影从此崛起。在美国前后七次大的经济危机中，好莱坞电影产业脱颖而出，从而奠定了其独特的产业地位。美国影院业联合会这样勉励同行："在过去的40年里，这个国家遭遇了7次经济不景气。但在这7次里头，有多达5次当年电影票房反而强烈地攀升上去。"在电影产业的刺激下，美国动漫和游戏产业也开始成为口红效应的另外两个受益产业。

在法国，1960—1980年经济萧条下分时旅游引发"假期狂欢"，旅游业火爆；2008年金融危机下出版发行市场逆势上扬，时尚消费迎来春天。在德国和英国，口红效应也有不同程度的体现，其中英国3D电影突围，话剧逆袭，电影戏剧产业迎来"口红效应"。

20世纪80年代末期，日本泡沫经济破灭，进入了长达十年的萧条。在此期间，与其他行业大萧条形成鲜明对比的是，日本的娱乐业在全球范围崛起，包括动漫、游戏这些新兴文化产业，给日本经济带来了巨大的收益。目前，日本是世界上最大的动漫制作和输出国，全球播放的动画片中有65%出自日本，在欧洲这一比例更高，达到80%。据统计，全球电子游戏的市场份额中，90%以上的硬件、50%以上的软件均被日本厂商所掌握。

韩国以亚洲金融危机为契机，1997—1998年亚洲金融风暴后，大力加强文化投入，当年即成立了文化产业基金会，使得韩国文化产业大发展，同时，催生了韩国动漫产业。此后，在世界文化产业尤其是我国的文化产业市场上，韩流阵阵。2005年韩国文化产品的出口额高达7亿美元，通过文化产业使整体经济的复苏加快了步伐。

随着中国文化和旅游部的成立，文旅融合有了新发展、新变化：机构改革，形成领导新合力；政策助力，汇集发展新动能；文化自觉，促进产业提质升级；市场引领，出现供需两旺的格局。我国文旅产业多年来一直保持两位数的速度增长。一段时间以来，网红博物馆成为年轻人的"打卡胜地"、一部手机游遍全省、创意园区里的各种小店火爆……文旅消费"火力全开"，成为韧性十足的中国经济图景中的一抹亮丽色彩。目前，各界普遍对文旅行业达成了一个共识：经济转型，从高速度发展转为高质量发展时，文旅产业反而容易出现口红效应，涌动着更多的机会。

3. 我国的消费转型 + 口红效益

2014年以来，随着我国经济增速不断放缓，下行压力不断加大，人们可能会砍掉很多大额消费，于是房地产、汽车、外贸出口等多个支柱性产业遭受到了冲击，但文化旅游产业强势崛起。文化、旅游、体育保持热度，因为人们需要一些便宜的方式让自己快乐一点。口红效应是眼下众多消费心态中的一种，于是，看电影、K歌、看演出、出去旅游、去博物馆、网络游戏……这些看似"非生活必需品"，但却"廉价而使人愉悦"的文化旅游娱乐消费也就顺势而上了。2019年底，经济学界出现了中国经济增长速度是"保六"还是"稳五"的争论，这恰恰预示了中国经济转型时

文旅产业讲稿（三）：心旅游——泛户外产业、健康休闲与中国式现代化

期和消费时代的来临。随着文旅的"口红效应+消费升级"叠加，我国文化旅游产业迎来黄金时代。

近年来，我国经济增速减缓，众多产业都在寄望口红效应，成为那支最大的"口红"。据有关专家分析，目前影响我国居民文化消费需求的因素可以归为三类：第一类是居民的收入水平，第二类是宏观经济发展、消费品的价格水平和价格环境，第三类是消费习惯、制度及其变化等其他因素。而在经济影响下，价格因素最为牵动人心。当前我国的文化旅游产业正符合这些条件，因而文化旅游脱颖而出，成为大众心中的那支需要寄托慰藉的"口红"。总结来说，就是文化旅游满足了一下三个缺一不可的条件：首先，价格够低；其次，具备心理安慰作用；最后，相比同价位的消费品，它的安慰作用更强。越是艰难，人们越喜欢便宜的和可以转移实现的东西，文化旅游、图书馆、博物馆、剧院演出等，文化旅游项目就是这种奇妙的综合体。在此背景下，文化旅游业不断兴起。

文化旅游产业属于大众文化，它的特点是以老百姓为主要消费对象，价格便宜，可以反复消费、批量生产。文化旅游应该充分利用这次经济转型的时机，激发文化旅游工作者的创造性和主动性，提高文化和旅游整体的创新能力和水平，提升国家的文化软实力，能迅速发力，提高整体发展水平。文化旅游的口红效应的出现也让文化旅游的从业者和企业可以利用这一规律，商家充分利用情境来引导消费者、引爆消费欲望，推动文化旅游消费的发展。文化旅游的口红效应刺激人们消费，也促进了经济的发展。文化旅游业界应在出现口红效应时及时调整战略，引进新的技术，更多关注民生和普通人的消费水准，利用口红效应引导消费，提供有效的文旅产品来缓解大众的压力，使人们能够尽快地宣泄内心的郁闷及得到足够的感情慰藉。

中国毕竟还是一个发展中国家，还有相当大的消费群体，文化旅游行业能够更多地迎合大众消费水平，口红效应能产生更大的作用。通过文化旅游这支"口红"，让更多的人享受到发展带来的红利和幸福感。据分析，与住房、汽车等大宗消费比较，买书、去旅游、看演出的支出相对偏小；而对于四五十元的图书定价，一日游、郊区游、城市公园游、博物馆旅游等七八十元的票价，文化消费的绝对值则明显偏高。因此，充分利用文化旅游的口红效应中的价格敏感度，使文化旅游消费回归到合理价格，进一步降低文化旅游消费品的价格成本，刺激更多的消费热情，使得更多的文化旅游"口红"脱颖而出。

美国曾在20世纪20年代大萧条期间，发起"五分钱平民电影运动"，目的就在于用低票价吸引观众走进影院，培养观众的消费习惯。而有关研究也已证实，越是受教育程度高、收入高的人群，越会对消费路径产生依赖，也就是所谓的"上瘾消费"。因此，一旦用价廉物美的产品培养出稳定的消费人群和市场，对产业发展具有

深远意义。在一个城市里，有什么能让人们慷慨解囊，甚至排队争购？答案便是文化旅游消费。文化旅游就是培养消费群体的重要"口红"。满足消费者需求的精品，才能在激烈的市场竞争中立于不败之地。

文旅消费的核心是满足人民日益增长的美好生活需要，文旅产业在市场化机制改革、丰富高品质文旅内容和产业融合等方面加大力度，因此，随着我国新型城镇化的发展，文化消费对于提高人口素质、开发城镇人口的消费潜力具有重要的意义。国人心理需求焦点是"乡愁"，"让居民望得见山、看得见水、记得住乡愁"，从某方面讲就是讲文化、家园、旅游以及一种生活方式和发展模式。在设计文旅产品、做文旅项目时要深刻领会"口红"的作用，就越容易满足人们心理需求。可以进一步增强我国文化和旅游产业的竞争力和总体实力，从根本上提高文化和旅游消费品的质量，进而实现了中国文化旅游产业崛起，建设文化旅游强国。

三、发挥文旅的口红效应，建设消费大国

当前，消费已经成为我国经济增长的第一动力，但技术进步、收入变化等因素也给消费形态带来了巨大改变，并带动了年轻消费群体的崛起，造成了消费观念的变化。数据显示，目前我国有2.5亿的青少年、近4亿的80后和90后，在年轻消费群体中，文旅消费的占比明显提升，服务性、体验型消费的比重也在显著增加，博物馆、演出、体育赛事等是他们最喜欢的文化休闲方式。不仅如此，随之而来的还有消费心理、消费方式等的重大改变，如参与式、体验式消费，与自驾游、休闲度假相适应的租赁式公寓、汽车租赁等服务，商务会展旅游、海洋海岛旅游、自驾车旅居车旅游、体育旅游、森林旅游、康养旅游等。如果能够提升国内供给的品质，则部分溢出国外的文旅消费将回归国内。

旅游演艺是文旅融合的重要载体，成为旅游企业的重要抓手。在文旅实践中，剧院进行多种业务尝试，如交响乐演出、开展教育培训等。随着夜游经济起步，城市"亮化"，旅游企业尝试开放式经营室外乐园，同时通过降低消费门槛，吸引更多游客。文旅还将支付系统完全打通，极大提升消费便利性，推动文旅消费成为国民消费的主力军，从而也使文化产业、旅游业真正登上经济发展"主战场"，为以消费稳增长、惠民生做出新的贡献。

科技将引领旅游发展，而跨界旅游资源的介入，则为旅游带来全新模式。新技术在文旅行业的运用，使得游客游玩的舒适度、便捷度得到快速提高，进一步满足了人民美好生活的需要。以5G和区块链为代表的新数字技术将为旅游业高速发展和高质量发展创造更多技术红利。

随着文旅融合不断深入及新技术等强有力的推动,在我国消费品质提升、消费结构升级情况下,推进旅游消费相关领域与国际一流标准全面接轨,打造旅游消费服务体系。坚持以人民为中心,为人民打造"文旅口红",聚合文旅新力量,推进文化旅游高质量发展。

我国文旅数字经济发展现状、痛点及投资机会

窦文章

数字经济已经深刻融入到我国经济社会的各个领域,成为经济发展的新动力。特别是在文旅领域,数字文旅产业已成为文化和旅游供给以及产业转型升级的重要引擎。

一、我国数字文旅的现状特征

1. 在持续利好政策红利下,我国文旅数字化进程加快

至2021年,数字经济被四次写入政府工作报告:2017年"促进数字经济加快成长",2019年"壮大数字经济",2020年"打造数字经济新优势",2021年"推进数字产业化和产业数字化转型,加快数字社会建设,建设数字中国",而在2018年政府工作报告中首次出现"数字中国",其实算是一脉相承。

2020年,文旅部、国家发改委相继发布《关于推动数字文化产业高质量发展的意见》《关于深化"互联网+旅游"推动旅游业高质量发展的意见》等政策文件,多角度提出推动文化和旅游产业数字化、网络化、智能化转型升级。《中共中央关于制定国民经济和社会发展第十四个五年规划和二〇三五年远景目标的建议》更是单独成篇,提出重点建设数字化应用场景,明确了数字文旅发展的战略方向与定位,为建设数字中国指明了方向。

在相关政策导向下,我国文旅数字化趋势加速。围绕数字新基建、文旅资产数字化、文旅产品数字化供给、产业全链路打通和升级,文旅产业数字化发展会有更多更大空间。尤其在疫情常态化下,这一趋势走强,线上预约、云旅游、智慧景区、智慧目的地,微观与宏观叠加作用,数字文旅建设步伐加快。

2. 互联网或文旅科技巨头企业入局,加剧文旅竞争

腾讯、阿里、美团、抖音等互联网企业入局文旅产业,以及众多中小企业入局

渗透，瓜分市场。这些互联网企业巨头主要是基于"巨量用户+精准算法推荐"，在供给与需求层面实现更高匹配，进而在"既有用户+用户的多重需求"框架下，对自身业务进行跨界扩容。

腾讯早前喊出了"互联网下半场是产业互联网"，推动了"一部手机游云南"的诞生与衍变，文旅业成为腾讯产业互联网的入口之一，而新文创则将这一板块业务推到更高层级，数字化是核心手段方式之一。阿里认为"未来十年，是传统行业推进数字化的最后十年"。阿里云与天猫、高德、飞猪、蚂蚁集团、钉钉、饿了么、友盟+、大文娱（阿里体育、大麦网）等八大阿里巴巴涉文旅业务，既有各自文旅业务，又抱团作战。

除了这两个巨头外，美团在景区、目的地城市加强布局，包括通过对景区智慧化、数字化能力提升来寻求运营与防疫平衡，并通过加强引流等措施，加快对景区的渗透和扩张，加强平台旅游资源拢聚；拼多多在平台上开通了火车票、飞机票入口，去年12月旅游出行业务上线"多多旅行"，产品供应商包括华住、小猪民宿、东呈酒店、春秋旅游等；滴滴关联公司成立旅行社，业务囊括境内游、入境游、票务代理、酒店管理等，同时，滴滴先后与猫途鹰、洲际酒店、Booking、万达酒店及度假村等展开合作，将多元化的出行服务纳入酒店商旅服务链条中；抖音关联公司成立微字节（北京）旅行社有限公司，经营范围包含入境旅游业务、境内旅游业务、旅游信息咨询、票务代理等，想在文旅业务闭环方面有所尝试。

另外，京东、携程、小红书、唯品会等，或主业延展，或跨界进入，投入不一，逻辑异同点都有，在文旅互联网产业中占市场份额不等。随着未来五年数字经济红利的不断释放，入局者会更多，企业之间的竞争将更加剧烈。

3. 技术与文化生产融合愈发深入，加速文旅市场供需变革

"十四五"规划明确指出，"实施文化产业数字化战略，加快发展新型文化企业、文化业态、文化消费模式"。数字文旅的根基在于文化和科技的有机融合。随着数字化市场化进程加快，技术与文化生产整合愈发深入，借助数字新技术，文化生产不断开发新产品、新业态、新模式，大众的文化消费取向和品位不断被技术塑造和改写。

以人工智能、物联网和区块链等为代表的新一代数字化技术，加速了对旅游业的渗透，一方面数字化技术的发展潜移默化地改变着游客的需求、行为与体验，另一方面解构着传统供应链下各类旅游企业的边界，大幅提升着文化旅游的智能基础设施建设和公共服务效能。数字化正在带来规模巨大的下沉市场和新兴消费，并不断突破网络圈层走到线下。

4. 跨界整合释放企业活力，涌现出大批文旅新产品、新模式

借助混合现实、3D异面投影、数字影片新一代数字技术，打造旅游结合共性技术的再造场景应用，提升文旅行业的科技转化能力。如各地依托VR、AR技术，积极促进公共馆藏数字化和艺术展览线上化，促进文化遗产情境再现，推出数字化展览，360度、全方位满足旅游者在线沉浸式体验需求，如数字故宫、云游敦煌；部分景区、酒店借助人工智能和机器人技术，推出智能机器人导览、穿戴式设备、无人智慧酒店（阿里）、无接触支付等智能产品和服务，丰富了旅游的现场交互式、智能化体验；旅游企业大力培育云端游戏、数字娱乐、电子竞技等文旅体验模式，激发游客消费新需求；各级文旅部门积极推动文化产业和旅游产业"上云"，充分发挥互联网平台的赋能作用，鼓励各类互联网平台开发文旅功能和产品，支持有条件的文化和旅游企业平台化拓展。

二、疫情常态下，数字助力文旅产业发展热点

1. 科技+文旅，激发文旅新业态、新模式

以人工智能、物联网、区块链、5G移动通信技术等为代表的新一代数字化技术，会引发社会生活的变革，引发新的产业革命，激发新兴文旅业态出现，出现引领时尚风潮的新型文娱消费方式，推动文旅融合不断发展。如5G与超高清视频、VR/AR等技术的结合，将拓展文旅内容的传播形态，通过网上景区、云端博物馆、在线展会等形态，为游客提供全新的旅游体验。

2. 以智慧化推进景区服务智能化、体验化

（1）智慧文博。结合5G网络、云计算、VR/AR、全息、超高清视频等技术打造新型智慧博物馆，以其广泛渠道和多样化体验方式为广大人民提供文化服务，比如智能检票、游客导航与统计、VR/AR播放、智能讲解、展品安全等，同时实现对馆内文物和设施的智慧化管理。

（2）智慧景区。结合5G、人工智能、VR/AR、超高清视频、无人机、智能客服机器人等技术，提升智慧监控、沉浸式导游、全景直播、智慧酒店等多种服务。

面向政府监管：客流峰值监测、安全应急防控、预警管理、投诉管理、数据统计；

面向景区运营：景点讲解、人脸识别、超高清视频、智慧停车场、智能导航导览、智慧酒店；

面向游客：沉浸式游览、实景游戏、自主线路规划、在线观赏、智能客服机

器人。

3. 运用大数据推进文旅行业精准监管

文旅大数据平台，汇集文旅行业资源、从业人员、视频监控、互联网舆情等全域数据，可实现文旅数据集中采集、存储、处理和应用，提供城市全域资源、旅游产品、行业专题、旅游经济指标等多维度的分析展示，为政府提供旅游行业发展的全景图谱。一方面可以帮助旅游相关部门精准管理，掌握游客数、游客实时热力图、游客评价，能协助制定疫情防控预案、文旅产业规划、业态调整等；另一方面可以帮助相关部门精准决策，掌握区域热门景点、热门小吃、热门文创产品等，能协助决策者统筹制定全域旅游规划和旅游线路。

三、数字文旅发展面临难点或重点

1. 文旅数字价值挖掘：推进文旅数字资产化和数据资产化

产业数字化链接供给市场和需求市场，是连接传统产业与新兴产业、推动传统企业与科技企业融合共生的重要纽带，蕴含着巨大的商业价值。产业数字化正在形成一个庞大的产业数字化市场体系，涉及众多的垂直细分产业价值链条。

目前，文旅产业生产要素的数据化程度低，产业数据有限，文旅的数字价值尚未真正发挥，需要进一步盘活数据要素资源，吸引更多企业参与到产业数字化进程中，形成更加显著的市场效应。要推进文旅数据价值化就是要发挥数据作为核心生产要素的价值和作用，推进文旅数字资产化和数据资产化，在保障数据安全和保护个人信息的前提下，有序推进文旅数字资产和数据资产化交易。

要加强大数据运用，提升数据价值。在信息技术广泛应用和文化旅游融合发展的双背景下，深度解析文化旅游行业需求，精准研判文旅消费特征、结构和习惯，大力培育文旅消费在线平台，推动文旅与相关产业深度融合发展；运用新科技、新手段培育文旅消费形态、拓展消费链条、畅通消费渠道；深度解析文化旅游行业需求，融合运营商、消费、交通、旅游监管、投诉等多源产业数据，经过数据分析处理，将行业动态、产业监测、游客大数据关联海量数据维度进行可视化展示，并形成目的地旅游指数评估体系，为各级文旅管理部门的日常管理、产业监测、应急指挥、营销推广以及文旅服务提供支持。

2. 文旅数字化治理：存在信息孤岛、数据共享机制尚未形成

在疫情新常态化下，游客的安全和有序管控是文旅行业面临的新问题和新挑战，

数字化治理提供了全维度的人、物、场的风险管控和治理体系。在国家生态文明的战略规划中，数字化治理更是在国家战略发展层面统筹人与自然、人与数据、文旅生产要素的全局，进行数字化治理是数字经济社会治理之道。

目前，文旅大数据来源分散，数据标准和指标口径不统一，数据之间难以整合和衔接，限制了大数据的应用和共享。公共文化行业的信息化建设缺乏统一的规划和标准规范，导致信息孤岛严重，数字资源格式多样，非结构化或半结构化情况特别严重。重建设轻运营，导致应用系统和数字资源利用率不高。各部门企业单位之间没有形成长效运营机制，不能保证系统数据更新的及时性，缺乏基于大数据的决策手段，对已有的公共文化数据无法充分利用，造成公共文化服务数据闲置。此外在服务模式上，也存在人性化不足、用户体验不佳等问题。

在数字经济时代，政府构建完善社会治理体系的一大特征，就是以更好服务和管理公众为导向，以效率提升、功能完善为主旨，大量采用以互联网、大数据、人工智能为代表的新一代信息技术，感知社会态势，畅通信息渠道，辅助科学决策，提升治理能力的现代化水平。网络化的架构和理念已在政府事务领域得到深度融合应用，未来文旅行业也将在进一步优化数字化管理流程的同时，重点提升数据服务的便捷性和政府职能部门的综合服务能力。"十四五"着重提出"加强公共数据开放共享"，构建统一、开放、共享的数字文旅数据平台已成全球趋势，数字文旅必将实现跨层级、跨区域、跨行业的协同管理和服务，为精准化、高效化的社会治理提供决策支持。

3. 文旅产业业态：创新不足，缺乏具有引领效应的核心品牌

创新是发展的第一动力，是实现双循环、高质量发展的新引擎。无接触支付、人工智能、区块链等数字技术为文旅行业提供技术支持的同时，也提出了数字文旅创新发展的新要求。数字文旅的市场优势明显，应用场景广泛。但同时，如何运用数字技术推动文旅融合尚未形成定论，数字文旅在应用技术、业态产品、市场营销和管理等方面仍面临创新不足的问题，表现在：文旅产业数字经济占比较低，科技转化能力弱，共性技术瓶颈有待突破；数字技术与市场需求"同频共振"不足，数字文旅产品创新不足，缺乏具有引领效应的数字文旅品牌IP，难以满足旅游者的场景式、交互式体验需求；宣传推广和传播方式创新不足，营销模式有待改进；数据共享机制尚未形成，旅游公共服务信息碎片化严重。

数字科技发展可重构多样化的旅游场景体验，从食、住、行、游、购、娱多方面丰富全场景的旅游智慧空间。以数字创意引领文化旅游产业发展，利用前沿数字化技术推动业态创新，增强消费者的旅游体验，才能更好地推动数字科技时代的文旅产业发展。

此外，融合型人才、技术、产品匮乏也是文旅产业数字化转型亟待解决的难题。

受疫情影响，数字化推动旅游行业发展新功能和新业态，帮助很多目的地和景区实现了数字化管控，为游客提供更多的数字化服务。

受传统旅游业发展束缚，文旅数字化滞后于数字化技术的发展，如何培养兼顾数字化技术和旅游业务融合的复合型人才迫在眉睫。如何利用跨平台将文化、旅游与数字科技、创意更好地融合，形成综合型体验，包括怎样融入绿色环保、乡村振兴、区域发展中去，将面临巨大挑战。

四、文旅产业数字化转型中的投资机会

受新冠疫情影响，2020年文旅行业整体经营不乐观，投资机构对文旅行业的投资总额较去年同期减少约四成，对文旅企业的投资数量减少约八成。在以内循环为主的经济形势下，文旅促消费、扩大内需、出境转内需为文旅行业复苏带来了希望。旅游市场的回暖也让经营投资机构对文旅行业的投资信心倍增，未来文旅融资需求将进一步加大，各路资本对文旅行业投资也会大大增强。

1. 文旅企业资金缺口大，融资需求迫切

2020年调查结果显示，七成以上文旅企业有资金缺口，需要或者急需融资；在需要融资的企业中，约三成企业资金缺口在100万元以内，约六成企业资金缺口在500万元以内。文旅企业融资需求依旧迫切（图1、图2）。

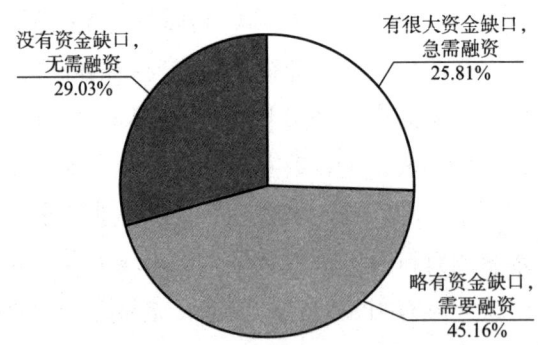

图1　文旅企业当前面临主要困难情况分布图

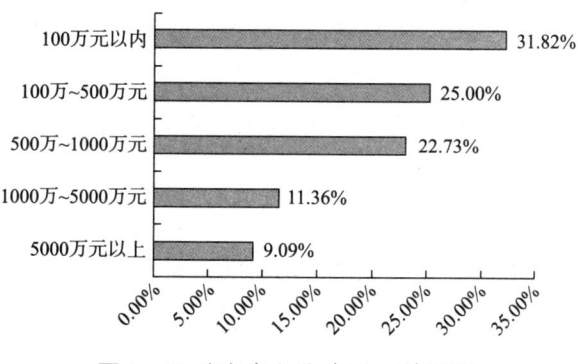

图2　需融资企业资金缺口情况图

《2019文旅行业数字化白皮书》显示，未来20年，旅游业的数字化预计将创造高达3050亿美元的价值。而目前全球市场规模达1300亿美元的目的地旅游领域中，实现数字化体验的不到25%。

2. 相关政策导向下，互联网+、新基建成为新一轮风口

根据调查了解，投资机构投资文旅项目时主要受"市场环境"和"政策环境"影响较大，约七成投资机构受"市场环境"影响，约六成投资机构受"政策条件"的影响（图3）。

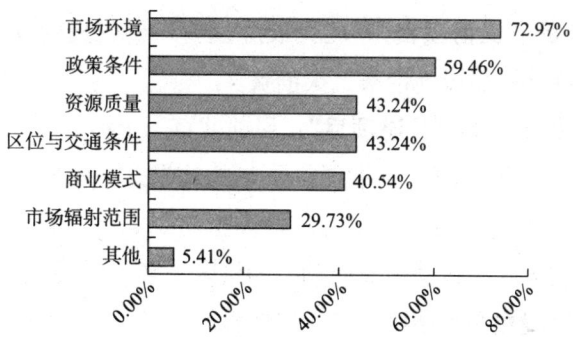

图3　投资机构投资文旅项目时，主要考虑因素分布图

政策引导未来旅游市场发展思路。文旅部、国家发改委等十部门联合印发《关于深化"互联网+旅游"推动旅游业高质量发展的意见》，积极运用互联网推动旅游业产品业态创新、发展模式变革、服务效能提高，促进旅游业转型升级、提质增效，同时"新基建"写入2020年政府工作报告，并列入"既促消费惠民生又调结构增后劲"的范畴。作为未来国家战略发展重点，互联网+、新基建成为新一轮风口，推进数字文旅产业加速建设。

3. 受疫情影响，户外运动、健康养生、休闲度假成投资重点

由于疫情期间，政府出于防疫和人民健康安全的考虑，对大量人流聚集的景区景点及室内场所的管制，预约、错峰、限流成为常态，休闲度假、健康养生和户外运动将会成为未来投资关注的重点。

4. 智慧科技或数字技术类项目获融资的可能性较大

从市场需求和行业发展看，未来的烧钱项目、仿制项目、低端项目等得到融资会越来越难，跨界项目、体验类项目、智慧科技或者是数字技术类项目等获得融资的概率会越来越大。

尤其是2020年以来，随着国家颁布一系列举措鼓励夜间经济和文旅科技的相关政策，夜游项目、文旅科技项目、网红项目成为当前最受欢迎、最受资本青睐的项目。科技赋能文旅，在提升基础设施的同时，促进旅游产品更新，打造亮点、爆点产品，抓取游客大数据，通过互联网传播，吸引更多的游客前来，带动文旅消费，让项目能够快速回笼资金。

基于网络媒体的"网红项目"：针对年轻人，时尚、好玩、有趣；通过互联网传播，抖音、快手、微信等社交媒体推动，为文旅项目引流，带来消费。未来要注意把握细分市场，关注小镇青年和城市青年的流行趋势。

"科技+文化"的"文博项目"：场馆展陈创新，形成基础吸引力，带来固定收入；通过文创、餐饮等产品设计带来二次消费。

"科技+文化+休闲"的"夜游项目"：目前北京、上海、广州、杭州、重庆等各大城市都在挖掘自身夜游经济，并取得了不错的效果。一些旅游城市和文旅景区都大力发展夜游项目，通过科技的力量，打造虚拟与现实结合的独特夜晚景观，令人震撼的演艺演出，浸入式的夜间体验活动，为景区带来"白天+黑夜"的全时段盈利模式，给游客带来沉浸式的个性化、多元化体验。

科技文旅项目：随着智慧景区的建设，游客一部手机就可以游玩所有景点。通过VR、AR技术的运用，沉浸式体验和全息投影等技术为游客带来全新的体验。通过科技赋能文旅，未来的旅游方式更加多元化，旅游体验更加有趣有料。

本文据窦文章于2021年9月15日重庆"中西部科技金融峰会"讲话整理。

休闲农业与乡村旅游进入"全面提质增效"阶段

窦文章

改革开放四十余年农村发生了翻天覆地的变化，2004年至2022年连续19年的"中央一号"文件都聚焦"三农"问题。党和政府强调建设好生态宜居的美丽乡村，让广大农民在乡村振兴中有更多的获得感、幸福感，让城市融入大自然，打造"望得见山、看得见水、记得住乡愁"的美丽乡村。可见发展休闲农业和乡村旅游有利于"三农"问题的解决。当下，休闲农业与乡村旅游全面开启"感受乡村、聆听乡音、留住乡愁"的新格局，进入品质发展阶段：传承农耕文化促升级，挖掘农村文化，讲好自然和人文故事，建设有温度的美丽乡村，书写记得住的动人乡愁，提升休闲农业和乡村旅游的文化软实力和持续竞争力。

一、休闲农业与乡村旅游发展现状与特点

休闲农业和乡村旅游最早起源于19世纪中期的德国山区和法国沿海地区，一些农户凭借优越的农业资源和优美的乡村风景自发开展旅游活动，并形成了一些行业自组织协会，如1865年意大利成立的农业与旅游全国协会。现代意义的休闲农业和乡村旅游以"二战"后欧洲的农场旅馆或民宿农庄为主；进入20世纪80年代，休闲农业和乡村旅游开启休闲度假模式，参与性强、多样形态的特色休闲项目出现，例如美国的度假农场和早餐加住宿的乡村旅馆以及日本的都市农业以及新加坡的农业科技公园，等等。

我国休闲农业和乡村旅游兴起较晚，以1982年贵州石头寨民族风情旅游和1988年深圳"荔枝节"为代表。1998年国家旅游局对首批中国优秀旅游城市进行验收，充分肯定了北京"锦绣大地"和上海孙桥农业旅游的成功做法，拉开了我国休闲农业和乡村旅游快速发展的序幕。随后各地纷纷效仿，开发了多种主题的休闲农业项目，典型的有广东"燕南飞"、苏州"未来农林大世界"、厦门"华夏神农

大观园"、西双版纳"傣族民舍"、四川成都"五朵金花"。经过四十多年发展，乡村旅游和休闲农业现已呈现出"特色小镇+田园综合体+精品民宿+数字农业"综合推进态势，成为农业和农村经济发展的重要引擎和新亮点。具体而言，有以下特点：

1. 休闲农业与乡村旅游经济效益斐然，品牌示范带动效应明显

休闲农业与乡村旅游持续向好，截至2020年底，全国休闲农业与乡村旅游示范县（市/区）389个，国家级休闲农业和乡村旅游示范点641个，乡村旅游重点村998家。据2019年不完全统计，乡村旅游经营主体不断优化升级，休闲农业与乡村旅游经营单位超290万家，休闲农庄/观光农园等各类休闲农业经营主体达到30多万家，农业合作社7300家，全国星级休闲农业与乡村旅游企业（园区）3396家，超过10万个村开展乡村旅游活动。我国休闲农业接待游客32亿人次，占国内旅游总人数的53.28%，营业收入超过8500亿元，占国内旅游营业收入的14.83%，展示了休闲农业与乡村旅游的发展活力与经济效益。

2. 休闲农业与乡村旅游成为脱贫攻坚与乡村振兴的重要支柱产业

在国家脱贫攻坚战役中，旅游业发挥了极其重要的作用，解决贫困户脱贫占整个扶贫总任务的17%~20%。最早在20世纪80年代，一些城市郊区或旅游景区临近乡村地区，发挥旅游资源优势或区位优势，兴办乡村旅游事业。进入新世纪，为探索旅游扶贫开发新模式积累经验，国务院扶贫办设立宁夏六盘山、江西赣州、吉安、河北阜平、内蒙古阿尔山等国家旅游扶贫实验区，旅游扶贫进入国家战略部署阶段。同期，旅游扶贫与西部大开发、新农村建设、新型城镇化、美丽乡村、乡村振兴结合，政府引导、景区/旅游企业及社会公众参与，形成了"旅游+乡村"命运共同体；广大农户也积极参与到农家乐、农家宾馆、特色农产品销售及传统手工艺品制造销售中，并在这个过程中不断地积累经验，并向着"精品民宿、民宿演艺、乡村文创、非遗传承"稳步前行。

3. 乡村旅游成为居民日渐常态化的消遣方式

随着城市居民收入不断增长，乡村旅游成为人们的一种生活方式，周末乡村旅游和农业休闲已经常态化。据中国旅游研究院、中国电信旅游大数据实验室等相关数据，乡村出游已经成为居民周末休闲的主要选择，有65.4%的居民最近一次乡村旅行是在周末。20~45岁的青壮年群体已成为乡村旅游的主要人群，占比达到66%。从住宿比例看，乡村过夜游客占比43%，南方地区占主要份额。"五一"小长假期间，乡村过夜游客达到0.33亿人次，占乡村游总人次的41.2%。其中，南方省市乡村过夜游客人次占比66%，北方省市占比34%，南部城市过夜游客规模更大。

休闲农业与乡村旅游项目开发在促进农村经济发展、满足人们休闲需求的同时，也出现了一些问题。一是绝大多数乡村旅游在开发经营过程中具有明显的随意性，定位不明确，策划不清晰。资源利用方式粗放，产品表现单一，要素服务配套不全，缺乏富有创新性的"乡土气息"产品和具有吸引力的参与型休闲体验旅游项目。二是乡村旅游主体资金缺乏，融资渠道不足。乡村旅游经营户或企业是典型的中小微企业，企业融资存在资产规模、自有资金、经营风险、有效抵押等约束条件。三是大多数旅游经营主体缺乏健全的规章制度，旅游服务水平在低水准层面徘徊，最终表现为"有产品无品牌，有价格无溢价，有收入无盈利"。

二、当前休闲农业与乡村旅游发展的五大模式

1. 农业休闲发展模式

该模式来自农业农村部相关司局推动的休闲农业示范项目。项目依托地方特色经济农业（如猕猴桃、樱桃、褚橙等）或特色牧业（如黄牛、牦牛等）以及与乡村民俗传承有关的手工艺等优势资源，通过"政府＋企业＋农户"模式，推动"特色农牧业"与"旅游"深度融合发展。农业主管部门或地方政府前期作为引导者，后期作为协调者，在制定政策规划、组织协调、资金筹措等方面发挥统筹协调作用。特色农牧业核心经营主体企业，凭借自身的信息、资源、科技优势，推动农村社会经济关系的转型升级。农户作为参与主体，以土地、山林、宅基地、资金、劳动力等参与到"企业＋农户"模式中。

2. 乡村旅游发展模式

乡村旅游的发展以"旅游业"为重心，是由旅游主管部门推动并主导的一种发展模式。依托乡村原有的聚落肌理，融入历史文化气息和民俗风情，保留建筑的原貌，将本土的民居、地形地貌与民俗文化有机地结合起来，达到自然与文化的和谐，古朴与现代的结合，融入小桥、流水、水车、草棚、菜园、鱼塘、农家铺子、打谷场等典型的农村景物，形成形形色色的乡村旅游产品体系。

3. 特色小镇模式

从理论上讲，特色小镇建设要以生产、生活、生态、生命的"四生融合"为灵

魂，以产业为驱动，并植入"生态宜居、生活美好、生命健康"等理念，形成"产－镇－景－人"一体化的特色小镇。特色小镇建设强调山水自然，避免人工打造，不能生搬硬套城市的处理手法，风貌要突出地域风俗、民族生活、时代特征，要注重地域材质、地方文化符号的应用，避免过度的"高大上"。

4. 田园综合体（农业公园）模式

这种模式是顺应农业供给侧服务性改革，以美丽乡村和现代农业为基础，在开发中融入生态环境可持续发展的理念，注重保持乡村的田园景色，实现城乡一体化的社群管理服务，拓展农业的多功能性，实现田园生产、田园生活、田园生态的有机统一和一二三产业的深度融合。该模式以生态田园为基底，以一种或几种特色农业为主体，以现代健康生活为理念，融农业生产、生态观光、农事体验、文化创意、休闲度假、生态旅居等功能于一体，开创一种新生产方式、新生活方式、新消费方式。

5. 精品民宿度假模式

以民宿集群空间运营为核心，村委会、村民合作社与运营商、民宿主、村民、游客等良性互动，形成利益共同体，在社区共生建设中推进乡村文化治理。多个民宿主与村两委共建公共文化空间，主动承担助老职责，以新乡贤的姿态助力村庄建设。实践中，该模式充分整合"乡村文旅+"产业优势资源，基于利益共同体构建"民宿+"价值共同体，探索多业态共融、共享的社区共生空间，满足当地居民、游客的多种需求。

三、休闲农业与乡村旅游高质量发展的六大趋势

1. 业态趋向多元化

休闲农业与乡村旅游发展以"文旅一体化"为龙头，以特色农业产业为核心，依靠农业科技创新＋产业集群形成现代农业产业体系；通过挖掘特色农业，延长产业链，"做大一产、做强二产、做美三产"；对接农业园区、合作社、家庭农场，形成产业化联合体；通过引入文化创意企业促进文旅产业融合，实现产业纵向链接、横向拓展；以涉农经营主体为载体，以特色农业发展为基础，通过农业生产的共享共赢机制，打造农文旅一体化的乡村产业综合体，促进乡村产业发展结构优化、质量提升。在业态上，因为一二三产业共赢共生推动了业态持续创新，开发高效农业、农业休闲、民俗体验、文化演艺等业态，实现乡村观光游、乡村度假、乡村生活综合

融通互补，推动文旅与文化艺术广电体育多元融合发展，在节庆、活动、博览、会奖、巡演、赛事等多方面发力，打造美丽乡村升级版。

2. 乡村建设趋向景区化

所谓"村在景中驻，人在画中游"。乡村景区化成为一种趋势，这也是乡村建设呼应旅游资源开发，乡村村落、田园、农庄农民生活方式、生产功能逐步旅游化，最终形成一个有明显旅游休闲功能的空间地域的过程。

3. 开发模式趋向绿色低碳

由于乡村旅游产品由观光向休闲度假转变，因此要立足乡村生态优势，转变农业生产方式，推广低碳农业发展模式和技术，促进城乡经济融合和产业互动，实现"低碳生活方式走进乡村高品质生活、低碳经济引领现代农业高质量发展"，在增加农民收入、促进乡村文明和加快城乡统筹方面发挥重要作用。

4. 空间趋向城乡连片

乡村旅游空间布局趋向"城－镇－村"联动，"聚核＋延轴＋布团＋连廊"村落连片和大村（镇）整体推进。聚核，强化中心城区和各重点发展镇的空间增长极核，形成等级分明的多心空间体系；延轴，实现从中心城圈层发展到轴向拓展的格局转变，依托城市发展轴线，形成轴向延伸的开发空间发展态势；布团，采取集约复合式发展模式，形成功能多元的空间发展片区；连廊，强化生态廊道和区域基础设施廊道连接与控制，实现资源开发利用和空间品质优化。

5. 参与主体趋向企业＋村民合作社＋农民

由政府、农民、村集体与开发企业四个组织主体参与组织，围绕农民合作社，形成一个有政策、资金、技术优势，村民可参与可受益的合作组织。并以农民合作社为平台展开休闲农业和乡村旅游的建设与运营。从利益相关体到价值共同体，"企业＋村民合作社＋农民"是以农民参与和受益为核心，以农民合作社为主要载体，以农业生产为基础多种资源综合利用，将乡村的在地资源与企业的科技、金融资源结合起来的一种组织方式。

6. 成果趋向协调共享

休闲农业与乡村旅游发展成果强调协调共享，在传统农业中注入现代农业文化，让生态农业、循环农业、创意农业、订单农业、体验农业与乡村共享旅游相得益彰；

增加标识系统、民宿产业和乡村旅游体验产品的文化含金量,加大乡村旅游公共服务供给;挖掘数字经济价值,引入大数据、信息化方式进行游客与旅游产品的常态化管理、淡旺季调控,以共享方式引才引智,提升管理水准,并让文旅发展成果惠及村民,成为提升村民文化素养的推动力。

本文根据窦文章接受《人民日报》三农问题记者采访记录整理而成。

农文旅高质量融合，绘就乡村振兴新画卷

  中国旅游协会休闲农业与乡村旅游分会会长窦文章教授应邀接受人民三农智库第二期"乡振大家谈"栏目访谈，从乡村产业结构升级、农村地区社会经济发展的角度，探讨以农文旅融合发展赋能乡村振兴战略的模式与路径。原文刊载于《人民三农乡村振兴观察报告》第25期（2022年7月）。

  〔编者按〕文化旅游是承接人民美好生活需求的重要产业，是广大乡村地区加速供给侧结构性改革、推动一二三产业融合、促进"共同富裕"的重要支撑。可以预见，在"十四五"期间乃至未来更长的时间里，农文旅融合都将是巩固脱贫攻坚成果、全面实施乡村振兴战略的重要抓手。面对新的时间窗口与机遇，需要站在乡村综合发展的全局高度谋划文旅产业布局，建立可持续的发展机制，在顶层设计、地方实践、市场需求的共同推动下，让广袤的乡村地区成为"诗与远方"的载体，新农业、新农村、新农人在文旅产业的赋能下构建起乡村振兴的新图景。

1. 自党的"十九大"提出乡村振兴战略以来，您认为党中央有哪些顶层设计理念和行之有效的历史经验，是我们必须高度重视和遵循的？

  解决好"三农"问题是党和国家工作的重中之重。"十九大"提出实施乡村振兴战略，将以往农村各项改革措施整合在一起，是当前我国农业农村领域的重大战略。乡村振兴战略是一项长期的发展战略，2018年"中央一号"文件《中共中央　国务院关于实施乡村振兴的意见》，阐述了乡村振兴战略的总体要求和基本原则，并结合决胜全面建成小康社会及实现两个百年奋斗目标的战略，将乡村振兴战略分为三个阶段目标，以2020年、2035年、2050年为时间节点，从2018年起持续32年逐步实现全面乡村振兴。乡村振兴战略是建立在之前农村各项改革成果基础上的集大成者。2018年9月中共中央、国务院印发《乡村振兴战略规划（2018—2022）》，按照"产

业兴旺、生态宜居、乡村文明、治理有效、生活富裕"的总要求,将村庄分为四类,并根据不同村庄的资源禀赋和发展基础分类"振兴农村产业、改善农民生活、保护农村生态、繁荣乡村文化",为开创农村发展新局面指明方向。全面实施乡村振兴战略是新时代做好三农工作的总抓手,十三届全国人民代表大会常务委员会第二十八次会议通过《中华人民共和国乡村振兴促进法》(自2021年6月1日起施行),完善和发展了中国特色三农法律体系,为全面实施乡村振兴战略提供了有力法治保障。脱贫攻坚与乡村振兴有效衔接、平稳过渡,推动乡村振兴取得新进展、农业农村现代化迈出新步伐。2021年1月4日,党的十九届五中全会审议通过的《中共中央关于制定国民经济和社会发展第十四个五年规划和二〇三五年远景目标的建议》,对新发展阶段优先发展农业农村、全面推进乡村振兴作出总体部署,为做好当前和今后一个时期"三农"工作指明了方向。2022年2月22日中共中央、国务院发布《中共中央、国务院关于做好2022年全面推进乡村振兴重点工作的意见》,守住保障国家粮食安全和不发生规模性返贫两条底线,突出年度性任务、针对性举措、实效性导向,充分发挥农村基层党组织领导作用,扎实有序做好乡村发展、乡村建设、乡村治理重点工作,大力推进种源等农业关键核心技术攻关和数字乡村建设,从扩大乡村振兴投入、强化乡村振兴金融服务、加强乡村振兴人才队伍建设、抓好农村改革重点任务落实四方面提出重点任务。

2. 您长期深耕于文化旅游与区域经济发展,您认为在乡村振兴战略实施的过程中,文旅产业对于新时期三农工作的意义有哪些?

文旅产业向农业农村提供服务和商业价值,促进农村农业资源配置的优化,释放农业农村的活力,有利于农业增收、农村增色。

一方面,文旅产业作为国民经济中关联广泛的"泛"产业之一,是农村农业产业结构调整实际的助推器,是农村农业一二三产业融合发展的桥梁和纽带,在农村产业兴旺和生活富裕方面有显著推动作用。发展休闲农业和乡村旅游带动餐饮住宿、农产品加工、交通运输、建筑和文化等产业发展,农民在家门口就业创业,如一些地方把民房变民宿,农家庭院变农家乐,发掘独有的稀缺资源,有效实现农业农村全产业"高质量发展"和农村农民"高品质生活"。

另一方面,文旅产业作为现代服务业的一员,是农村经济不可或缺的重要组成之一。休闲农业和乡村旅游精品工程,顺应城乡居民消费扩展升级趋势,结合地方资源禀赋,丰富并激活农村产业潜力,挖掘农业产业的附加价值,延伸特色产业链,创新"农-文-旅-产业+"融合发展模式,打造品牌、拓展市场、优化环境、改善设施,提升以地方特色产业+文旅/地方优质产业+文旅的核心竞争力,实现农村农业"产业振兴"。此外，文旅对农业农村建立创新人才引进机制，加大公共服务投资力度，推动城乡社会管理一体化，优化社区参与制度，强化旅游管理和数字化赋能乡村治理等方面作用突出。

3. 在您主持或经历的考察调研中，有哪些地区的乡村文旅产业或项目给您留下了深刻的印象？有哪些做法或发展模式对于我国其他农村地区是具有借鉴意义的？

休闲农业和乡村旅游是区域旅游经济发展不可或缺的部分，长期以来，我本人一直聚焦相关理论研究和实践探索，曾主持编制了山西、新疆、浙江、湖南、贵州、四川、广东、广西等地多个乡村旅游规划、美丽乡村规划和田园综合体规划、农业科技园区、农业主题公园建设规划项目等，本人作为专家组成员多次参与农业农村部推动的休闲农业与乡村旅游示范项目调研活动，以及中国旅游协会休闲农业与乡村旅游分会的全国休闲农业与乡村旅游星级企业（园区）认定专家验收等活动。其中印象深刻的有望城、高淳、珠海、余杭大径山、乌村、大同云州以及袁家村、泰山村、竹泉村、三瓜公社。

以下几种模式值得借鉴：

第一，休闲农业推动模式。望城在全域休闲农业园/农庄带动下，凭借众多相关中小微经营主体的蓬勃发展，形成融生产性、休闲性和生态性于一体的都市农业产业集群，并借助"世界休闲农业与乡村旅游发展论坛永久举办地"的平台作用和节会效应，加大农业对外合作，构建外向型现代农村经济体系。

第二，生态环境与都市市场共同作用。高淳依托桠溪得天独厚的生态资源和南京都市圈的区位优势，以国际慢城生活方式为主题，体验恬静、自然、自信的乡村度假生活，形成集观光休闲、娱乐度假、生态农业为一体的农业综合旅游观光目的地。

第三，政府主导乡村改造。珠海以政府为主导在全市209个村居全面开展幸福村居创建活动，推进特色产业发展、环境宜居提升、民生改善保障、特色文化带动、社会治理建设、固本强基六大工程，绘就美丽小康的乡村画卷。

第四，大项目带动产业集聚。余杭大径山以"国家乡村旅游公园"大项目为带动，"聚核+延轴+布团+连廊"村落连片和大村（镇）整体推进，凭借其丰富的生态资源、文化创意及区位优势，形成富有艺术、生态、运动、智慧、浪漫的乡村休闲集群。

第五，借势发展精准定位。乌村凭借乌镇的品牌效应，在强调对乡村肌理保护的基础上，引进国际先进的"农庄度假"理念，形成以精品民宿集群为核心的餐饮、娱乐、景观等一系列适应游客"吃住行游购娱"的配套服务设施，与乌镇东西栅景区联袂互补，是古镇古街古村落的新型旅游度假目的地。

第六，聚焦特色农业做大做强。大同云州以黄花菜产业为核心，做大一产、做强二产、做美三产，发展高效农业休闲、民俗体验、文化演艺等，将乡村游、乡村度假、乡村生活融合发展，推动文旅与文化艺术广电体育多元融合发展，节庆、活动、博览、会奖、巡演、赛事多方面发力，打造美丽乡村升级版。

4. 在全面实施乡村振兴战略的过程中，农村产业兴旺是一个核心目标，您认为乡村文旅产业在发展的过程中，目前还存在哪些现实问题？对此您有什么建议？

乡村旅游资源利用方式普遍粗放，产品单一，"吃住行游购娱"六要素服务项目结构不够合理，缺乏富有乡土气息的旅游购物娱乐和具有吸引力的参与型休闲体验旅游项目。绝大多数乡村旅游经营户是边看边干、边干边看，或者边想边干、边干边想，在整个开发经营过程中缺少策划规划，具有明显的随意性，定位不明确。受限于自身知识能力的不足，农民在参与乡村文旅产业过程中普遍存在注重眼前缺乏远见、跟风重复、千篇一律、缺乏创新等现象。大多数旅游经营户或企业缺乏健全的规章制度、疏于日常管理，使休闲旅游服务只能在低水准层面徘徊。地面污渍、桌布烟洞油渍、餐饮包厢墙角天花板有油污、床上用品有脏污、浴室布草脏旧及服务操作不规范等现象在多数乡村旅游点或多或少存在。在这些问题的影响下，乡村旅游表现为"有产品无品牌，有价格无溢价，有收入无盈利"，即盈利点不明确。乡村旅游经营户或企业是典型的中小微企业，受资产规模、竞争实力、自有资金、经营风险、有效抵押等约束，存在资金严重不足问题。

针对这些问题，我有四点建议：

第一，做好顶层设计，规划优先。乡村振兴是一盘大棋，乡村文化旅游等产业振兴需要沿着正确方向把这盘棋走好、走活。实现乡村文旅产业振兴必须树立城乡融合、一体设计、多规合一的理念，遵照乡村振兴的规律，科学制定规划，合理设置短期目标和长期目标，注重质量，从容建设，忌贪大求快、刮风搞运动，防止走弯路。同时，编制规划要注意在契合实际的基础上适当超前引导未来可持续发展。各地应在《乡村振兴战略规划》的基础上，结合自身实际分层分级分类编制规划。只有科学编制好规划，才能为规划的有序执行提供良好的前提条件。

第二，积极推动休闲农业和乡村旅游的标准化、规范化。从国家层面对休闲农业和乡村旅游的标准进行梳理，制定修订一系列的技术规程、建设规范和服务标准，提升产业的标准化、行业的规范化；并不定期对休闲旅游集聚区、休闲旅游经营主体的设施状态、安全责任、服务水平开展督促检查，保障服务规范、运营安全。

第三，增强村民参与感，建立职业农民制度，鼓励支持新乡贤返乡创新创业。由政府、农民、村集体与开发企业四个组织主体参与，形成一个有政策、资金、技术优势，村民可参与可受益的农民合作组织，并以此为平台展开休闲农业和乡村旅游的建设与运营。全面建立职业农民制度，实施新型职业农民培育工程，加强农村专业人才队伍建设，特别是要扶持培养一批农业职业经理人、经纪人、乡村工匠、文化能人和非遗传承人等；面向高质量发展和高品质生活，发掘培育"新乡贤"，鼓励其返乡创新创业，构筑素质强、善经营的休闲农业和乡村旅游人才体系。

第四，构建多元投资格局。确保财政投入持续增长，加大公共财政向三农的倾斜力度，建立涉农资金统筹整合的长效机制，建立国家乡村振兴融资担保基金，支持地方政府发行一般债券用于乡村建设，支持新型农业经营主体；拓宽资金筹集渠道，调整完善土地出让收入使用范围，改进耕地占补平衡管理办法，将多的收益全部用于乡村振兴；推广"以奖代补"方式，鼓励农民参与基础建设管护，激励"新乡贤"携带资本投入基础建设管护；提高金融服务水平，强化金融服务创新，出台金融服务乡村振兴的指导意见，加大各类银行对乡村振兴的信贷支持，完善大型农业企业推动特色农业供应链金融创新的体制机制，稳步扩大"保险+期货"试点，探索"订单农业+保险+期货（权）"试点。

5. 近年来"田园综合体""休闲农业"等被中央文件点名为农村"新型产业亮点"的模式很受地产、投资机构追捧，也有大量的古村落被"景区化"开发。但概念热度过后，随着时间的检验，很多狂奔入局的企业项目出现了仓皇退场趋势。您认为造成"阵亡"项目的原因有哪些？

可以归纳为五种死法：

一是没有策划。有些人误把规划当策划，找来几家规划公司PK方案。不是规划没有用，而是不能一步到位做规划。规划基本任务是通过确定发展目标，提高吸引力，综合平衡游历体系、支持体系和保障体系的关系，拓展旅游内容的广度与深度，优化旅游产品的结构，保护旅游赖以发展的生态环境，保证旅游地获得良好的效益并促进地方社会经济的发展。策划的基本任务是针对明确而具体的目标，通过各种创造性思维和操作性安排，形成游憩方式、产品内容、主题品牌、商业模式，从而得到独特的旅游产品，或全面提升和延续老旅游产品的生命力，或建构有效的营销促销方案促使旅游产品在近期内获得良好的经济效益和社会效益。先有策划，后有规划，必须以策划指导规划。

二是生搬硬套。有些人山寨惯了，懒得独立思考，克隆成风。听说浙江某小镇很成功，克隆一个。到国外考察发现某小镇不错，克隆一个。完全不考虑是否有落地基础和产业能力。乡村旅游的某些内容是可以复制的，但不能全盘复制。乡村的定位，必须因地制宜，结合特定区域的实际情况。一个好的乡村旅游是在本地生发出来的，而不是生搬硬套上去的。

三是创新过度。"创新"是社会热词，各行各业都在追求"创新"。为了提出特色小镇的"特"，创新过度，过犹不及。最常见的是片面理解差异化，认为差异化就是要做到绝对的唯一性和排他性，这是个可怕的认知误区。有些事情绝对化到一定程度，其实已经不可行了。过度追求标新立异，容易把乡村搞成非主流的微小众项目，走进窄胡同，甚至死胡同。还有一种过度超前的情形是，有些企业做乡村旅游开发时过于理想化，脱离了企业的发展阶段与综合实力。项目要"因时、因地、因人"，人们通常重视"因时"与"因地"，却忽视了"因人"。参与项目各方的人的人力资源结构以及个体创造性、积极性调动的不同，以及项目核心团队的创新思维、领导方式、工作方式，都会对开发项目产生影响，有时候甚至决定成败。

四是只玩概念。休闲农业和乡村旅游的核心是产业，不是房地产，不能本末倒置。有些开发商为了忽悠政府拿地，炮制了一些噱头概念，其实只是换了马甲的房地产。等到原形毕露，政府生厌，开发商可能也拿不到后续的土地。当然也有另外一种情形，企业被政府的"优待"吸引。

五是盲目选址。特色小镇、国家农业园区、美丽乡村等，伴随着鼓励政策出台，快速成为投资风口，热钱的快速流入导致一些人丧失正常的理性判断，在抢地大战中盲目拿下一些其实并不合适的用地。有些地块生态环境的确不错，看上去很美，却是投资陷阱。

6. 近日，文化和旅游部、农业农村部等六部门联合印发了《关于推动文化产业赋能乡村振兴的意见》，农业农村部、国家乡村振兴局也联合印发了《社会资本投资农业农村指引》，您认为从部委政策中，可以看到乡村文化、乡村旅游在未来一段时期有怎样的发展方向？

《意见》指出，到2025年建立文化产业赋能乡村振兴的有效机制，汇聚和培育"一批积极参与文化产业赋能乡村振兴的企业、机构和人才"，推动实施"一批具有较强带动作用的文化产业赋能乡村振兴重点项目"，形成"一批具有市场竞争力的特色文化产业品牌"，建成"一批特色鲜明、优势突出的文化产业特色乡镇、特色村落，推出若干具有国际影响力的文化产业赋能乡村振兴典型范例"，为未来乡村文化、乡村旅游的发展指出了方向，其特点是高质量、品牌化、国际化。

高质量发展强调"文化+创意+旅游+产业"的四位一体，引入文化创意和文旅产业融合，实现产业纵向链接、横向拓展，一二三产业共赢共生，推动业态以涉农经营主体为载体，以特色农业发展为基础持续创新，通过农业生产的共享共赢机制，打造农文旅一体化的乡村产业综合体，促进乡村产业发展结构优化，实现"休闲生活方式走进乡村高品质生活、现代化生活引领现代农业高质量发展",在增加农民收入、促进乡村文明和加快城乡统筹方面发挥重要作用。

品牌化发展强调特色乡村文化原创IP集群的打造,引导各地根据资源禀赋和市场需求,因地制宜,打好特色牌;培育"画家村""摄影村""美食村""康养村"等主题品牌村,用"乡景、乡俗、乡味、乡愁、乡创、乡建、乡情"打造乡村旅游目的地。

国际化发展在高质量发展和品牌化发展的基础上将一批具有典型中华民族特色的乡村推向国际市场,向世界展示中国乡村的美,增强在国际乡村文化交流中的话语权。

"文化产业赋能"纵深推进,重点聚焦文化产业七个细分产业赋能:

一是创意设计赋能,提升特色乡村品牌知名度和农村农业文化附加值,打造一批彰显地方文化特色的产业生态体系和文旅休闲产品体系,创造宜业宜居宜乐宜游的乡居环境。

二是演出产业赋能,依托演出企业、演出团体、艺术院校等机构走进乡村,培养乡村文艺演出队伍,挖掘地方特色资源,发展乡村舞蹈、戏剧、曲艺、杂技等多业态创新,积极开展武术、舞龙等特色民俗表演项目,因地制宜打造武术之乡、太极之乡、豫剧之乡、杂技之乡等。

三是音乐产业赋能,鼓励音乐工作者、音乐企业、音乐院校、音乐行业组织等深入乡村采风、展演和对接帮扶,加强对乡村传统音乐的创编提升,鼓励有条件的地方发展音乐会、音乐节、音乐基地等特色项目,打造音乐主题特色文化乡村。这方面的典型案例有美国乡村音乐之都布兰森。

四是美术产业赋能,发挥美术工作者的带动作用,依托乡土文化传统,突出地方特色,打造乡村美术基地,提升乡村地区美术产业发展水平。

五是手工艺赋能,推动传统工艺的保护传承与现代化应用,鼓励非遗传承人、设计师、艺术家等投身于乡村手工艺创作生产,带动农民结合实际开展工艺创作生产,推动纺染织绣、金属锻造、传统建筑营造等传统工艺实现创造性转化和创新性发展。

六是数字文化赋能,鼓励数字文化企业发挥平台和技术优势,规划开发线下沉浸式体验项目,带动乡村文化传播、展示和消费。充分运用动漫、游戏、数字艺术、知识服务、网络文学、网络表演、网络视频等产业形态,挖掘活化乡村优秀传统文化资源,打造独具当地特色的主题形象,带动地域宣传推广、文创产品开发、农产品品牌形象塑造。推广社交电商、直播卖货等销售模式,促进特色农产品销售。

七是其他文化产业赋能,传承弘扬茶文化、中医药文化、美食文化,开发适合大众康养、健康、休闲、体验的文化和旅游产品,鼓励各地发掘乡村传统节庆、赛事和农事节气,利用节事活动带动产业发展。

7. 2022年是"十四五"开局后，政治、经济、文化、社会、生态等多层次工作任务推进落实的关键之年。您认为乡村文旅产业应遵循哪些路径、做实哪些工作，才能够实现高质量发展、更好地促进农业农村现代化等国家战略的落地实施？

我认为主要可以归纳为五种路径。

路径一：农业休闲产业带动。依赖依托农业特色种植经济（如猕猴桃、樱桃、褚橙等）或特色牧业（如黄牛、牦牛等）以及与乡村民俗传承有关的手工艺，通过"政府＋企业＋农户"模式，推动"特色农牧业"与"旅游"深度融合发展。政府前期作为引导者，后期作为协调者，在制定政策规划、组织协调、资金筹措等方面发挥统筹协调作用。企业是重要的社会力量，是特色农牧业的核心经营主体，凭借自身的信息、资源、科技优势，推动农村社会经济关系的转型升级。农户作为参与主体，以土地、山林、宅基地、资金、劳动力等参与到"企业＋农户"模式中。

路径二：旅游产业带动。旅游产业是乡村的主导产业，政府在其中起到主导作用。依托乡村原有的聚落肌理，融入历史文化气息和民俗风情，保留建筑的原貌，将本土的民居、地形地貌与民俗文化有机地结合起来，达到自然与文化的和谐，古朴与现代的结合，配以小桥、流水、水车、草棚、菜园、鱼塘、农家铺子、打谷场等典型的农村景物，融旅游、运动、观光、休闲于一体。

路径三：特色小镇模式。特色小镇不是圈地盖房，是以生产、生活、生态、生命的"四生融合"为灵魂，以产业为驱动，以产业园区为核心，准确定位产业功能，或推动产业转型升级，或承接产业转移，植入生态宜居、美好生活、生命健康等要素，形成产一镇一景一人一体化的特色小镇。特色小镇建设要注重自然山水，避免人工打造，景观要自然，不能生搬硬套城市的处理手法，风貌要突出地域、民族、时代的特征，要注重地域材质、符号的应用，避免过度"高大上"，要尊重地域文化，找到文化自信。

路径四：建设田园综合体、农业公园。顺应农业供给侧服务性改革，以美丽乡村和现代农业为基础，融入生态环境循环可持续发展的理念，保持乡村的田园景色，通过城乡一体化的社群管理服务，拓展农业的多功能性，实现田园生产、田园生活、田园生态的有机统一和一二三产业的深度融合，形成融农业生产、生态观光、农事体验、文化创意、休闲度假、生态旅居等功能于一体的一种新的生产方式、生活方式、消费方式。

路径五：构建精品民宿度假集群。以民宿运营为核心，通过村委会、村民合作社与运营商、民宿主、村民、游客等良性互动，形成利益共同体，在社区共生建设中推进乡村文化治理；通过民宿主与村两委共建公共文化空间，充分整合"乡村文旅＋"产业优势资源，基于利益共同体构建"民宿＋"价值共同体，探索多业态共融共享的社区共生空间,满足当地居民和游客的多种需求。贯彻科学的发展理念,落实各发展模式下的细节工作,能够高质量地推动乡村文旅发展,赋能乡村振兴战略的全面实施。

黑龙江与吉林冰雪产业一体化发展刍议

李刚

随着2022冬奥会成功举办和"3亿人上冰雪"目标的实施，国内冰雪文化和冰雪经济正以"高铁"般的速度快速发展，大众冰雪旅游和冰雪运动的时代已经到来。冰雪经济已形成以冰雪旅游为核心、冰雪运动为基础、冰雪文创为引领、冰雪制造为支撑、冰雪康养为特色、冰雪度假地产为补充的"1+5"冰雪产业体系，原有的黑龙江、吉林两省独大的格局正在被打破。从2022—2023年冰雪季数据看，新疆、河北冰雪休闲旅游人数实现30%的高速增长，已经远远超过传统的黑吉冰雪大省；而内蒙古、青海、贵州、湖北、浙江等新冰雪市场也紧紧追赶黑吉两省，成为不可小觑的新生力量。根据权威部门预测，到"十四五"规划末期的2025年，我国冰雪旅游人数将超过5亿人次，冰雪旅游收入超过1.1万亿元，冰雪旅游将成为我国冬季旅游和冰雪经济的核心引擎。

面对这样严峻的竞争形势，黑龙江和吉林应该打破常规，在体制和机制上创新，共同建设"白山黑水"冰雪产业集聚区，形成一体化的冰雪产业发展格局，确保在激烈的冰雪产业竞争中稳步发展，并逐步占领全球冰雪产业发展的高地。

一、黑—吉冰雪资源异同

黑龙江与吉林在冰雪资源方面更多的是相同和相似，同时也存在差异性，整体呈现"大同小异"的特点。我们不妨从四个方面简略分析。

1. 地理区位的异同

（1）相同点

①同属"白山黑水"地理文化区。吉林与黑龙江历史上被称为"白山黑水"，像今日的"东北"一样，是一个区域地理概念。该词出自《金史·世纪序》："生女真之地有混同江、长白山。混同江亦号黑龙江，所谓'白山黑水'是也。"与今日"东

北"概念不同的是，它还是一个特定的文化概念，用自然山水的长白山、混同江（今松花江、黑龙江），指代金代女真人生活的地方，这样既包含着生存的自然环境，也有文化的附加含义，即"神山圣水"。

吉林与黑龙江被一座山和三条水系紧紧联系在一起无法分割。这座山就是长白山，是满族的神山，文化发祥地。长白山下分布着吉林市、白山市、延边朝鲜族自治州。山系向西绵延到长春市、辽源市、四平市；向东延伸出张广才岭和老爷岭，分布着哈尔滨市、牡丹江市。三条水一是历史上的混同江，今日的松花江，它发源于长白山天池，途经吉林市、松原市，在吉林与黑龙江交界处与嫩江交汇（混同），之后进入哈尔滨、佳木斯，在同江市汇入黑龙江（混同），最后经今俄罗斯哈巴罗夫斯克流入日本海；二是嫩江，从大兴安岭伊勒呼里山流出进入松嫩平原后即作为黑龙江省与吉林省的界河；三是牡丹江，发源于长白山，经延边敦化市进入黑龙江省牡丹江市，后在哈尔滨依兰县汇入松花江，是渤海文化的主脉、宁古塔文化核心、金源文化重要节点。

②同为黑土地覆盖的区域。形成两大平原，其中共同拥有松嫩平原，因此同为中国重要粮食产区。

③同一气候带。两省同处于温带大陆性季风气候区，冬季漫长，降雪丰富，积雪期可达120天以上。

（2）不同点

①地理位置和面积差异。吉林省地处北纬41°~46°、东经122°~131°，面积18.74万平方千米；黑龙江省介于北纬43°26′~53°33′，东经121°11′~135°05′，南北长约1120千米，面积47.3万平方千米。黑龙江纬度更高（北纬53°33′），跨越纬度更多（跨越10个纬度），更偏远（边境省份），面积更大（较两个半吉林省还要多）。

②相邻国家的差异。吉林省隔鸭绿江与朝鲜相邻，黑龙江省隔黑龙江和乌苏里江与俄罗斯相邻。

③自然山水的差异。除了共同拥有一山（长白山）三水（松花江、嫩江、牡丹江）一平原（松嫩平原）外，黑龙江省有三座山岭（大兴安岭、小兴安岭和完达山）、两条重要河流（黑龙江、乌苏里江）、一个平原（三江平原）、四处重要湖泊（兴凯湖、镜泊湖、五大连池、连环湖）；吉林省有两条重要河流（鸭绿江、图们江）、两处湖泊（松花湖、查干湖）。

④地理极差的差异。吉林尚未处于祖国最边远的地方，黑龙江则是祖国最边远的省份，具有边极化的原始资源，拥有中国的东极和北极。

2. 气候及冰雪资源的异同

气温和积雪期差异。两省气候属温带大陆性季风气候，夏季高温多雨，冬季寒冷干燥。吉林冬季平均气温在 -11℃以下。夏季平原平均气温在 23℃以上。气温年较差在 35~42℃。全年无霜期一般为 100~160 天。黑龙江省年平均气温多在 -5~5℃，由南向北降低，大致以嫩江、伊春一线为 0℃等值线。无霜冻期全省平均介于 100~150 天，南部和东部在 140~150 天。冬季平均气温在 1℃至 -9℃。冬季平均气温最高的牡丹江市为 2℃，冬季平均气温最低的大兴安岭地区为 -17℃。

两省东南部地区因受日本海暖湿气流的影响，降雪丰富，雪后绵软，形成雪乡的景象，包括吉林省延边敦化的大蒲柴河也有类似的雪景。

两省积雪期平均 120 天，积雪深度 30mm 以上。降雪时长 30~50 天左右，其中黑龙江省南部、东部、北部降雪较多，西部和中部较少；黑龙江南部、东部和北部局地和吉林省南部局部深度可达 40~50mm，黑龙江中部、西部和吉林北部、中部降雪较少甚至不足 30mm。

相比之下，黑龙江较吉林省整体气候更加寒冷，积雪期更长。黑龙江最北部北极村是中国纬度最高的地区，纬度高达 53°33′，北极村极端气候可达 -53℃，积雪期可达 270 天。

另外，结冰期黑龙江省较吉林省更长，冰雪旅游、冰雪文化、冰雪艺术的展示体验期也更长些。

可见无论是降雪天数，还是降雪量、积雪深度，黑龙江和吉林两省均居中国前列，在国际冰雪区域也占有重要地位。

3. 地域文化的异同

（1）剪不断的历史联系。不管商周时期的肃慎、汉魏时期的挹娄、高句丽，还是隋唐时期渤海国以及作为政权中心和发祥地的辽金、满清，两省都在其中交错纠缠，有时政权或文化以吉林为中心（高句丽、扶余、伪满），有时又以黑龙江为中心（肃慎、挹娄、渤海国、金）。

（2）浓郁的民俗文化。吉林朝鲜族和满族人口多，也有不少蒙古族。吉林有延边朝鲜族自治州，长白山又是满族的文化发祥地，占据优势；黑龙江也有不少朝鲜族、满族、蒙古族，甚至有杜尔伯特蒙古族自治县，黑龙江还有人口数不多的世居少数民族：鄂伦春、鄂温克、达斡尔、赫哲、锡伯等民族。

（3）中东铁路与南满铁路的贯通交会。黑龙江、吉林两省同属中长铁路（由满洲里至绥芬河）贯通区域。不同的是黑龙江境内先行通车，之后向西南修筑哈尔滨到旅顺线，之后又建设支线。后修建的铁路因被日本掠夺，被称为南满铁路。整个中东铁路和中长铁路、南满铁路形成交通网。

4. 经济发展的异同

黑龙江与吉林同为农业大省，同为装备制造业骄子，同为承担国家生态安全的生态大省，同为冰雪创业强省，同为人口流出大省；不同的是黑龙江农业现代化程度更高，粮食产量占全国首位，以能源为主体的城市更多而吉林汽车工业更有优势。

二、黑—吉冰雪产业一体化发展基础和有利条件

作为中国最大的冰雪资源富集区和曾经的冰雪经济最活跃的地区，两省在冰雪产业的发展上具备先天优势和便利性。

1. 同一政策环境和相同的发展条件

从政策环境看，两省共享东北地区等老工业基地振兴战略的政策、东北及内蒙古东部沿边开发开放战略的政策、两大平原农业现代化综合改革的政策、国家冰雪产业发展政策、中俄合作试验区政策等等，这是冰雪产业一体化发展的重要政策基础。

2. 经济产业易于融合

从经济发展水平看，两省经济发展水平相当，不存在孰优孰劣，谁帮带谁；产业特点相似（农林牧渔业、装备制造、化工、文化产业、食品、医药、旅游产业），便于资源整合。比如装备制造业体系健全，利于发展冰雪装备；文旅产业相似，并有合作基础；营商环境、人文环境相同，便于交流合作。

这样便于形成一致对外、面向国际的整体优势。

3. 交通等基础设施方便互联和共享

从交通设施看，G331国道早已经将两省连接在一起、延边敦化白石山—哈尔滨凤凰山雪乡通道即将打通，高速公路、铁路大动脉早已织成网络，两省之间交通极为便捷，一山三江两平原联系密切。

4. 规划和发展思路类似

从发展方向看，《东北地区全域旅游规划》确定东北地区的冰雪旅游核心圈为哈尔滨—亚布力—雪乡—海林—牡丹江—长白山—延边—通化—丹东—本溪—抚顺—吉林—长春—哈尔滨。以哈尔滨、亚布力、雪乡、长春、长白山、北大湖、松花湖

等冰雪旅游特色IP为核心，依托铁路、高速公路、机场等有效衔接，提升多进出通道点对点直达能力，形成完整的冰雪旅游产品体系。

这个核心圈内有辽宁的丹东、本溪、抚顺三个城市，但这三个城市在东北冰雪旅游市场上地位很弱，主体仍然是黑龙江与吉林。

《哈长城市群旅游领域合作发展专项规划》确定总体目标：建设为"世界知名的文化、冰雪和生态旅游目的地"。

哈长城市群包括黑龙江省的哈尔滨市、大庆市、齐齐哈尔市、绥化市、牡丹江市；吉林省的长春、吉林市、四平市、辽源市、延边自治州。哈长城市群所覆盖的区域正是中国传统冰雪产业的核心区和具有龙头地位的几大冰雪王牌景区：吉林省长白山区域的万达长白山度假区、鲁能度假区、北大湖滑雪场、松花湖的万科滑雪小镇，加上长春净月潭度假区、莲花山冰雪大世界和滑雪场；黑龙江省的哈尔滨冰雪大世界、太阳岛雪雕艺术博览会、兆麟公园冰雕艺术博览会、亚布力滑雪旅游度假区、雪乡、大雪谷、凤凰山冰雪世界、牡丹江雪堡、镜泊湖冰瀑。

《黑龙江省全域旅游发展总体规划（2020—2030年）》的总体定位：巩固黑龙江省作为中国冰雪旅游目的地的领先地位，将黑龙江省打造为国际冰雪旅游度假胜地。

目标：到2030年，力争全省冰雪旅游人数突破2亿人次，冰雪旅游收入突破2000亿元。

——打造5个符合国际游客需求的四季旅游目的地。

——建成5个全年运营的冰雪旅游旗舰景区。

——成为能够向游客提供全谱系冰雪旅游产品的省份。

——具有国际吸引力的冰雪旅游线路覆盖全省全域，形成全省全域冰雪旅游产品。

——全省积极参加冬季体育活动的居民（省内）人数显著增加。

——建设中国冰雪旅游产业中心。

《吉林省冰雪产业高质量发展规划（2021—2035年）》明确定位：把吉林省建设成为品牌鲜明、特色突出、产业强大完善的中国冰雪产业强省、中国冰雪产业高质量发展示范区、世界冰雪产业高质量发展创新区。

目标（到2035年）：

——冰雪产业总产值达5000亿元。

——冰雪场馆数量达到100个。

——长吉和大长白山两大冰雪旅游集聚区发展成熟，全省力争打造1个冰雪主题的世界级旅游度假区、1个世界级休闲旅游城市；发展100个冰雪产业创新业态项目。

——建成1~2个国际化冰雪合作中心，构建"冰雪丝路"的重要载体和"冰雪产业共同体"。

——建设一批高水平冰雪人才培养中心、科技研发中心。

——建设5~8个冰雪装备产业园区，产值超过50亿元。

5. 冰雪城市特点的相似性

黑龙江省著名冰雪城市有哈尔滨、牡丹江、伊春、大兴安岭地区、七台河，吉林省著名冰雪城市有长春市、吉林市、白山市、延边朝鲜族自治州、通化市。哈尔滨、长春同为东北老工业基地，同为省会城市和副省级城市；不同的是哈尔滨欧陆风情特别是俄罗斯风情浓郁，长春则存有日系风情。黑龙江省牡丹江市与吉林省的吉林市风貌相似，黑龙江省的伊春市与吉林省的白山市相差无几，黑龙江的大兴安岭与吉林省延边朝鲜族自治州也相似。

6. 冰雪产品的相似性

"白山黑水间"，相同的资源、条件、设施、文化，构造了相似的甚至相同的冰雪产品。比如，冰雪艺术景观，哈尔滨有个冰雪大世界，长春也模仿于2021年在莲花山搞了冰雪大世界；相同等级的滑雪场黑龙江有亚布力、帽儿山、吉华，吉林有北大湖、松花湖、长白山；雾凇景观吉林有雾凇岛，黑龙江有大平台、松阿察河；冬捕吉林最有名的是查干湖，黑龙江最有名的是长岭湖；冰雪风光方面，黑龙江有雪乡、雪谷、凤凰山，吉林有净月潭、六鼎山、长白山；冰雪赛事，都举办过亚洲冬季运动会、全国冬季运动会、单项国际赛事，黑龙江还举办过世界大学生冬季运动会；冰雪节庆，黑龙江有中国哈尔滨国际冰雪节、黑龙江国际滑雪节、牡丹江冰雪节、北极村冰雪节、雪乡旅游节，吉林有国际瓦萨越野滑雪节、长春冰雪节、吉林雾凇冰雪节、查干湖冬捕节。

7. 冰雪文化的相似性

对自然冰雪的"天人合一"的朴素哲学认知、冰雪的审美情趣、人工冰雪景观和冰雪生态环境的创造、冰雪文学艺术创作、城市和乡村的冰雪生活、冰雪民俗文化的传承和回潮、山地和平原地区对冰雪的综合利用等，都体现出"白山黑水"大文化覆盖下的相同和相似性。

8. 已经具备初级合作基础

两省在农业、机械制造、文化交流方面等均有不俗的表现；旅游合作更加密切，有相应的合作组织（如东北4+1城市）、冰雪营销联盟以及共同运营的冰雪旅游线路。

三、黑—吉冰雪产业一体化发展的必要性和紧迫性

面对东北整体经济的萎缩,两省更应该加强合作,同舟共济,在冰雪经济领域寻求突破,再创辉煌

1. 两省面临共同的冰雪发展制约因素

冰雪发展的制约因素比较多,综合起来主要有:

政策执行不力,缺少创新发展的思维和机制;经济发展水平不高,人口大量外流,省内消费低迷;人才培养陷入困境,传统冰雪文化传承不足,独立竞争力减弱;冰雪产业体系不够健全,均未形成完整的产业链,除了主要的冰雪观光、滑雪之外,尚未形成真正丰富多样的产品体系;冰雪业态(如冰雪赛事、冰雪度假、冰雪研学、冰雪培训、冰雪康养、冰雪文化体验产品)不丰富;在冰雪与其他产业(如农林渔业、文化演艺和文创产品、食品加工、汽车制造、医药等)优势领域融合度不足;冰雪户外产品和装备制造领域尚未形成应有的优势和竞争力;除主要城市外,大部分城乡冰雪文化与冰雪运动尚未真正开展起来,全民参与冰雪活动的热度仍然不够高;大部分冰雪企业新、小、弱,形不成规模经营,缺少自身生存能力和市场竞争力。

2. 冰雪产业的竞争格局

(1)国内竞争态势

综合中国旅游研究院和中商情报网发布的数据,2021—2022年冰雪季我国冰雪休闲旅游人数为3.44亿人次,冰雪休闲旅游收入为4740亿元,分别为上一个冰雪季的2倍多和57%,预计"十四五"末期的冰雪休闲旅游人数有望达到5.2亿人次,收入将达到7200亿元。

冰雪旅游十强城市有哈尔滨、长春、张家口、沈阳市、乌鲁木齐、吉林、呼伦贝尔、牡丹江、阿勒泰地区、伊春。人气传统冰雪旅游目的地有哈尔滨、海林、长春、沈阳、牡丹江、白山、大连、尚志、漠河、延吉。

在冰雪旅游项目投资方面,2018—2022年五年间,我国冰雪旅游重资产项目的总投资规模超过11 100亿元。"三北"地区重资产投资集中度进一步大幅提高,2022年占比达到88%。在冰雪旅游基础设施投资方面,2016—2022年,我国冰雪旅游基建项目投资总额达到2.88万亿元,2022年继续保持年均等量投资规模。冰雪旅游基建投资深耕中西部。

在冰雪市场方面,以冰雪观光休闲为出游目的游客的比例占到73.5%,以滑雪度假为出游目的游客的比例占到26.5%。2022年1~2月出行人数占冰雪季出行人数的

85%，2月达到峰值，南方省份热衷冰雪旅游，客群本地化趋势明显。2022年本省游客占游客总量的86%。

从全国来看，北京、上海、广东、江苏、浙江、山东、河北、四川、辽宁和湖北成为十大冰雪客源省份，西安、成都、武汉、杭州、南京、沈阳、广州、深圳、青岛和苏州成为十大冰雪游客源城市。

截至2022年底，全国共有境内注册冰雪相关企业近9000家。其中，2022年新增注册企业1460家，排名前三甲的省市分别为北京、广东、山东。黑龙江、河北、吉林、新疆等省区高度重视冰雪产业园的集群发展，我国冰雪装备产业园已经接近20个。

黑龙江整合冰雪资源，推出"冰雪之冠"形象，举办中国哈尔滨国际冰雪节、黑龙江国际滑雪节，哈尔滨、七台河荣膺"冬奥之城"称号。黑龙江冰雪旅游优势在于历史悠久、中西合璧的冰雪文化和冰雪艺术，丰富多样的冰雪景观和冰雪项目，成熟的冰雪旅游产品和服务，稳定发展的冰雪经济，融入百姓生活的城市冰雪景象，嵌入灵魂的冰雪精神，声名远播的冰雪品牌和名片及世界冰雪名城的格局和地位。

吉林主打"品质滑雪在吉林""世界雾凇之都""最后的渔猎部落""关东雪村"等品牌，也有"瓦萨滑雪节""长春冰雪节""雾凇冰雪节"等节庆产品。全省现有40余家滑雪场，滑雪人次219万，分别占全国总量的5.19%与10.48%，排名全国第二。吉林省旅游业发展平稳增长，冰雪旅游规模约占40%。吉林省的知名冰雪度假区有北大湖滑雪度假区、万科松花湖度假区和长白山国际度假区名列其中。另外，长白山鲁能胜地旅游度假区也已建设完成，吉林省目前已建成大中型滑雪度假区4个，在建大型滑雪度假区3个，分别为延边长白山·仙峰滑雪场、通化冰雪产业示范新城万峰滑雪场、中国·通化MVR世博村，是中国当之无愧的品质滑雪胜地和冰雪度假强省。

（2）国际竞争态势

从全球范围来看，滑雪行业的增长陷入了停滞甚至缓慢下滑，整体呈现北美市场强者恒强，欧洲市场稳中有降，日韩市场明显下滑的趋势，中国市场成为全球唯一快速增长的市场。

从世界十大冰雪旅游目的地强国滑雪人次排名看——美国（5400万）、法国（5300万）、奥地利（5100万）、日本（3100万）、意大利（2700万）、瑞士（2250万）、加拿大（1800万）、中国（1500万）、德国（900万）、瑞典（880万）。十强国家除瑞典外都举办过冬奥会。

从排名可见，欧美仍处于强国的前列，中国与强国的差距仍很大。

全球共有67个国家提供配备齐全的室外滑雪场，约有1.3亿滑雪爱好者。在过去十年间，每年的滑雪人数稳定在4亿人次。滑雪人数保持稳定的背后，是传统滑雪市场的缓慢下滑和新兴滑雪市场的逐步增长互相冲抵的结果。

与国际对比，吉林、黑龙江冰雪主要产业门类相对落后。国际上阿尔卑斯区域，是全球冰雪产业发展最先进的地区，是世界上最大的滑雪胜地，该区域内的法国、奥地利、意大利、瑞士均为世界冰雪强国，滑雪接待量占全球44%。

3. 综合比较分析

尽管中国滑雪市场呈现快速增长态势，欧美日韩等传统冰雪优势区域呈下降趋势，但中国与冰雪目的地强国还有相当的差距。主要表现在：第一，主要冰雪旅游目的地（三北地区）尤其是西北、东北的大部分冰雪景区、滑雪场的通达便利性不够，市场与景区和滑雪场的距离太远；第二，现代化的冰雪装备、雪地运输设施及为冰雪运动、冰雪度假和休闲娱乐所配套的硬件设施尚有差距；第三，与欧美和日韩冰雪旅游地相比，我国利用冰雪的氛围不够，冰雪休闲文化尚未形成；第四，参与冰雪活动的人群比例不高，滑雪发烧友和乐于传播冰雪文化、积极推进冰雪休闲运动的活跃度不足；第五，为冰雪主要产品配套的项目和文创产品不足，与其他产业的融合度不足；第六，冰雪度假地的运营管理水平和服务品质还有相当大的提升空间。

四、黑—吉冰雪产业一体化发展的主要措施

黑龙江和吉林要实现冰雪产业一体化发展，要突破的条条框框很多，面临的困难和挑战不言而喻，笔者尝试提出几点措施：

1. 建立统一协调的冰雪产业一体化发展机制

坚持全面深化改革，破除制约一体化发展的体制机制障碍，包括建立统一的协调机构，建立规范的制度体系，形成冰雪产业自由开放的市场，为冰雪经济高质量协同发展提供强劲内生动力。

2. 进行科学权威的顶层设计

文旅部门做冰雪旅游，体育部门做冰雪运动，双方方向不一致。黑龙江和吉林各做各的，重复建设同质化竞争，严重内卷。建议两省政府层面与国家文旅部、国家体育总局共商，编制《黑龙江—吉林冰雪产业一体化发展规划》，做好顶层设计。

3. 争取和制定冰雪发展新政策

促进冰雪产业发展的积极政策（土地、林地、财政金融、市场开放、边境开放）着眼点诸如：融入"一带一路"政策；冰雪丝路政策、"上合组织"冰雪产业合作发

展政策；冰雪产业助力乡村振兴政策；冰雪人才培养保护政策；促进居民消费的鼓励政策；建立"白山黑水"冰雪产业发展综合试验区。

4. 确立明确的战略格局和发展定位

要有国际视野和大的冰雪发展战略格局，明确增强国际竞争力。未来要打造成中国冰雪产业发展引擎和核心区，东北亚最具竞争力和影响力的冰雪产业集合区，世界冰雪产业新发展极。树立"白山黑水"冰雪产业总体形象和中国的达沃斯形象。

5. 树立创新的思维

创新是多方面、多维度的创新。既有体制机制的创新，也要有文化的创新；既要有冰雪产品的创新，也要有冰雪产业服务的创新；既要有科技上的创新，也要有运营管理方式上的创新。在创新的基础上，发挥各自特色优势，做好差异化产品的丰富和完善。这样才能在竞争中搞好合作，在合作中有序竞争。做到资源合理有效利用、优势互补、产品优化、客源互换、政策互用、基础设施共享、品牌共建、城乡互动、融合发展，减少内耗，联手并进，形成产业合力，避免同质化开发对资源的破坏和浪费，使产业链更加优化，进而建立起完整的冰雪产业体系。

实施"白山黑水"冰雪产业一体化发展，不仅仅在营销方面建立联盟，形成合力，在冰雪整体产品供给、冰雪文化建设、冰雪与其他产业融合方面都有积极作用，对开展集约与规模化经营，实现产业链拓展，推进可持续发展与参与国际竞争意义重大。

五、黑—吉冰雪产业一体化发展重点产品

以创新为动力，打造出差异化的新冰雪产品。创新是冰雪文化和冰雪产品长盛不衰的动力源。两省都需要在一体化发展总体思路指导下，创新思维、创意产品，分别打造新品牌、新名片，实现差异化、精品化、标准化、国际化发展。

1. 合力建设高品质冰雪目的地

发挥两省共有的醉美 G331 边境旅游公路作用，合力开发"白山黑水"醉美冰雪风光和文化体验线；发挥两省共有的国家虎豹公园的优势，开发充满惊险刺激的"林海雪原"野生动物观光产品；充分利用双方共有的凤凰山（白石山）高山冰雪资源，打通双方节点交通，建立新的冰雪产业集合区（敦化—五常）；合作建立冰雪产品体系，如冰雪运动、冰雪风光、冰雪研学、冰雪装备、户外冰雪与自驾、冰雪民宿、G331醉美冰雪线、冰雪康养、雪国之约、雪国假期、"白山黑水"游等系列产品；

做好同质化产品的调整和整合，包括滑雪运动和滑雪旅游度假、山地冰雪观光、冬捕、冰雪艺术观光等产品，形成合力，提升产品竞争力。

2. 倾力打造差异化产品

吉林从冰雪创意入手，做出新的冰雪产品；从滑雪度假服务入手做好冰雪旅游服务，以品质取胜；从现代科技与互联网入手的平台建设，做出科技冰雪；从产业链发展着眼，打好冰雪户外运动装备和冰雪大型设施翻身仗。

黑龙江则应在保持传统冰雪文化优势基础上，向"两极"加快开发，注重更加原始自然的"野性"冰雪、边关（边塞）冰雪、极限冰雪，开发更加具有原始生活味道的、文化体验性强的冰雪民俗、冰雪民宿、冰雪自驾、冰雪营地、冰雪赛事。

从"冰"和"雪"的关系方面，黑龙江应更多注重"冰"的文章，这也是黑龙江的优势（水资源丰富、结冰期长、冰层厚）；吉林则应主打"雪"的品牌。

从冰雪产品特点看，黑龙江还是要主攻冰雪艺术（冰雕、雪塑）、都市冰雪文化（文学艺术和影视作品及创意产品）和冰雪节庆（中国·哈尔滨国际冰雪节、黑龙江国际滑雪节等等）；吉林则应强化原始神秘的冰雪文化、冰雪度假、冰雪养生（长白山温泉、人参之乡、吉菜）。

3. 促进冰雪产业稳步高质量发展

冰雪是形象特征非常明显的文化，国际范突出，黑龙江与吉林冰雪文化深厚，具有互补性，可以更好诠释中国式冰雪产业现代化的意义。中国式的冰雪产业现代化需要稳步发展，不能操之过急，不能将冰雪旅游产品作为少数人的福利，而要面向大众，考虑人口规模和发展阶段，过度强调高端度假是背离国情的。

就物质文明与精神文明相协调和人与自然和谐共生的现代化需求而言，旅游与文化融合正是"两个文明"相协调的典范，而充分利用大自然给予我们厚赠的冰雪资源，有计划科学开发正是"天人合一"发展理念和冰雪精神——礼赞和敬畏冰雪，视冰雪为圣洁的神灵、生活的陪伴——文化精髓的最好体现。

目前中国的冰雪产业发展有失盲目、激进，不管做什么项目都要求大手笔投入，动辄则几个亿、十几个亿甚至上百亿，脱离了大众旅游消费需求的实际，脱离了观光时代逐步向度假时代过渡的客观现实。就黑龙江与吉林的冰雪项目而言，同质化现象太严重，许多产品不是面向大众的，加之区域经济的不平衡，本地域居民的消费达不到那么高的水准，自然就形不成市场规模，反而不利于发展。

归根结底合作发展、一体化发展、规模化经营，实现黑龙江和吉林冰雪产业一体化，才是科学和可持续发展的必由之路。

借势旅发大会，推进地区文旅高质量发展
——以邵阳为例

梁建军

"五岳归来不看山，黄山归来不看岳，崀山归来不看峰"。邵阳拥有世界一流的旅游资源，"绿水青山就是金山银山"令人心驰神往的生态环境，享誉世界的花瑶文化，底蕴深厚的历史文化，原汁原味的乡村聚落，敢为人先、走遍世界百万邵商的人脉资源。借着党的"二十大"的东风，围绕"举旗帜、聚民心、育新人、兴文化、展形象"的历史使命，推进文化自信自强，铸就社会主义文化新辉煌，邵阳完全有条件发展成为世界级山地度假和生态文化旅游目的地。

文化旅游业是绿色产业、富民产业、幸福产业。党的"二十大"明确提出：以文塑旅，以旅彰文，推进文化和旅游深度融合发展，这是新时代以中国式现代化全面推进中华民族伟大复兴的战略构想。

中国式现代化需要中国式旅游的现代化。中国式旅游现代化是在大众旅游时代、生态文明背景下文旅深度融合的产物，是共同富裕的必由之路。第一，从精神层面看，中国式旅游现代化是将"丰富人民精神世界"作为中国式现代化的本质要求之一，强调物质富足、精神富有是社会主义现代化的根本要求，将推进人的全面发展和精神层面的共同富裕作为新时代旅游业的发展目标；不仅要强调经济属性，也要突出文化内涵；不仅要体现产业功能，也要凸显事业功能；不仅要服务市场大众，也要提升公共服务水平。换句话说，中国式旅游现代化是聚焦物质文明和精神文明相协调的现代化，就是要更好发挥旅游业在满足人民文化需求、增强人民精神力量、促进社会文明程度提升等方面的重要作用。不仅要实现游客对旅游生活的向往，也要实现本地居民的利益共享和积极参与。要确保旅游业发展惠及本地居民，推动形成全员的文明旅游和好客文化。第二，从文化层面看，中国式旅游现代化更加突出文化自信自强，突出发挥好文化铸魂、文化赋能的作用，把旅游作为传播中国文化、展示中国改革开放现代化建设成就的重要载体，推动中华优秀传统文化、革命文化

和社会主义先进文化广泛传播的重要方式，在文化和旅游深度融合上探索创新、先行先试，实现旅游为民、旅游带动作用。第三，从生态层面看，中国式旅游现代化是聚焦人与自然和谐共生的现代化，要突出生态优先、绿色发展，把旅游作为践行"绿水青山就是金山银山"理念的重要领域，坚定走绿色旅游发展道路。第四，从社会层面看，中国式旅游现代化是聚焦全体人民共同富裕的现代化，要突出旅游为民、旅游惠民，以旅游高质量发展创造高品质生活，推动旅游业真正成为满足人民精神文化新需求的幸福产业，努力实现更高质量、更有效益、更可持续的发展。

党的"二十大"报告提出高质量发展是全面建设社会主义现代化国家的首要任务，着力提升产业链供应链韧性和安全水平，着力推进城乡融合和区域协调发展，推进经济实现质的有效提升和量的合理增长。这是新时代中国旅游业转型发展的方向，也是中国式旅游现代化的重要突破口。

湖南省委提出"办好全省旅游发展大会，让湖南旅游唱响全国、走向世界"，"办一次会，兴一座城"的理念，借势湖南省首届旅发大会，抢抓历史机遇，以大会为综合平台和龙头抓手，整合资源探索打造高质量发展标杆。借鉴贵州、河北、四川做法，结合湖南省实际，研究、创新全省旅游发展大会举办方式，探索建立各市州竞争申办机制，充分调动全省各部门和各地区的积极性，以"项目为王"撬动地方高质量发展，制定出台支持大会承办地的政策措施，在项目资金投入、重大项目铺排等方面对承办地给予重点支持，搭建一个政府有为、市场有效的投资平台，把大会搭建成推动地区经济社会发展的重要平台。邵阳市借势旅发大会，加快文化旅游业高质量发展，奋力实现邵阳旅游强势崛起。

一、聚焦康养度假，做强山地旅游，打造世界一流生态文化旅游目的地

近三年来，受新冠疫情冲击，旅游业经历了前所未有的挑战，加快推动旅游业全面复苏和高质量发展，在危机中育新机、于变局中开新局，可以说时不我待。后疫情时代，游客消费观念更倾向于安全、自然、绿色和健康，康养旅游成发展方向，自驾游、短途游、乡村、家庭亲子游出现明显增长，房车露营引领新时尚。大众出游呈现"近距离、短时长、高频次"的新特征，周边游持续火热，山地户外旅游数据上涨163%，人们的出行方式从观光旅游向体验旅游转变，山地旅游也由小众转向大众普及发展。登山、徒步、骑行、滑雪、滑翔、热气球、探险等多种户外运动，成为山地旅游的新亮点。据估算，未来十年全国养老人口将增加2亿，中产阶级将新增4亿，人们对高品质健康旅游的追求，为邵阳旅游业发展带来了巨大机遇。目前邵

阳市共有世界自然遗产1处、国家级地质公园2个、国家级自然保护区3个、国家级风景名胜区4个、国家森林公园5个、国家建设试点湿地公园7个，基本建立了生态旅游为统领，以国家公园、自然保护区、风景名胜区、森林公园、湿地公园、地质公园等为载体的多类型旅游目的地体系。2021年，全市接待国内游客2969万余人次，实现旅游收入343亿元，比上年分别增长19.90%、24.39%。放在全国看，邵阳最大的优势是生态，而绿水青山、清新的空气、干净的水、广阔的高山台地、茂密的森林和草原、丰富的物产是最适宜发展避暑度假、养生养老、房车露营、户外运动的度假天堂，是城市年轻人最向往的奢侈品。因此邵阳可以依托崀山、南山、虎形山、黄桑、云山、舜皇山等山地资源，充分发挥山地资源优势，大力发展康养旅游，抢机遇、树龙头、强基础、补短板、建机制、聚合力，对标世界一流标准，全力打造崀山、南山、雪峰山三张世界级旅游品牌，抢占山地旅游制高点和金字招牌，打造体育旅游示范基地、森林康养基地、中医药健康旅游示范基地，加快建成颜值更高、气质更佳、品质更优的世界一流生态与文化旅游目的地。

二、让邵阳文化"醒"过来、"活"起来、"火"起来

文化是旅游的"根"和"魂"，旅游是文化的"形"和"体"，文化的家国情怀和旅游的人间烟火是诗与远方的协奏曲。当前，文化和旅游深度融合已经成为国家重大战略，文化兴则城市兴，文化强则城市强。从某种意义上讲，未来城市旅游发展将"以文化论输赢、凭文明定高低"。邵阳是湖湘文化重要发祥地、邵阳的山水文化、红色文化、宝庆文化、湘军文化、名人文化、花瑶文化、邵商文化、非遗文化博大精深，邵阳厚重的文化基因加上人口密集、交通便利、人杰地灵、产业基础好、邵商人脉广，有条件发展近距离、高频次、多场景、微度假的民俗旅游、工业旅游、购物旅游、城市休闲旅游。着力培育"抗战文化""民族文化""红色文化""稻作文化""茶文化""非遗文化""三古（古城古镇古村）文化"等一批有影响力、代表性的雪峰山文化品牌，扩大雪峰山文化产业的知名度和影响力，抢占"雪峰之魂""雪峰之路""雪峰之城""雪峰之巅""雪峰之韵""雪峰之歌""雪峰之塔""雪峰之子"等雪峰山文化地标符号，建成一批"雪峰记忆"文化景观标志打卡地，提高邵阳在雪峰山文化标识度，成为中华文化的重要标识。在更广范围、更深层次、更高水平上推动文旅融合，激发新动能、形成新优势。加快培育创建国家级文化产业示范园区（基地）、国家文化产业和旅游产业融合发展示范区。培育引进一批文旅领域龙头企业、上市企业和"专精特新"企业，大力发展文化旅游新业态。让陈列在三湘大地上的遗产、收藏在湖湘特色博物馆里的文物都活起来。推动非遗走进现代生

活，积极开展非遗进景区、进街区、进文旅综合体行动。让人们来到神秘的瑶山，喝"拦门酒"、看花瑶挑花、听情歌对唱、吃长龙宴、欣赏花瑶服饰、花瑶挑花、花瑶山歌、八音锣鼓、开台锣鼓等瑶族古朴独特的传统歌舞曲艺表演。感受花瑶"讨僚饭"在促进民族团结、展示民族文化、发展民族经济的盛会效应。打通资江、邵水"任督二脉"，丰富传奇宝庆文化谱系，加快宝庆古城—邵东商贸城—武冈古城文化传承和昌盛，营造"奇美邵阳""醉美邵阳"独特的城市精神、气质和底蕴，与时俱进、推陈出新、坚持创造性转化、创新性发展，坚持讲好邵阳故事，主动融入湘桂大旅游圈，不断建设中华民族共有的精神家园，不断增强中华民族伟大复兴的精神力量，不断提升邵阳文化软实力和国际影响力。把邵阳建设成为令人向往的文化之城、创新之城、活力之城、休闲之城。

三、发展乡村旅游，助力乡村振兴，实现共同富裕

"特色农业"（稻田、茶园、油茶、中草药等）是邵阳市全域旅游的重要依托产业，加快"旅游+农业"的融合，立足特色村产业优势和资源优势，大力发展民俗村寨游、休闲游、主题农庄游、田园游、花卉游、采摘游、温泉游、购物游、精品民宿游等，开发不同特色的主题活动，大力发展多元化休闲产业，促进农业产业链条的延伸，丰富农业旅游产品体系，改善乡村基础设施和公共服务水平，美化乡村环境，把好风景变成好光景，升级乡村休闲度假产品。依托新宁县脐橙、邵东中药材、洞口县蜜橘等特色农业基础，将蜜橘、脐橙、油茶、中草药、花瑶挑花、蓝印花布、花卉苗木等特色农产品和非遗文化开发成具有文化IP的知名品牌。深度开发绥宁四八姑娘节、城步六月六、崀山脐橙节，让武冈卤菜、邵阳美食名扬天下，丰富人民精神生活，增强人民精神力量，培育更多类似雪峰山的星空云舍、太阳城堡、枫香瑶寨等休闲度假业态，成为山地度假消费和文旅体验名片。深化"互联网+旅游"，着力扩大新技术场景应用，鼓励文旅消费新模式发展，打造沉浸式博物馆、沉浸式艺术馆、沉浸式餐厅、高科技主题公园、旅游演艺等旅游体验新场景。推动旅游景区及度假区积极引进包括文旅演艺、文创产品、网红打卡场景、光影秀、剧本杀、元宇宙、VR、AR等，探索出台系列支持新业态创意、研发、转化落地、市场培育的针对性扶持政策。以旅游产业"强起来"、旅游经济"火起来"，带动乡村"兴起来"。

四、发展夜间经济，促进消费升级

夜间经济是现代城市经济的重要组成部分，是促消费、稳就业的重要载体。热气腾腾的夜间消费，激发商业活力，促进消费回补和潜力释放。"宝庆古城"和"武冈古城"是不可多得的国家宝藏，抓住宝贵的"黄金6小时"，"夜间旅游正当时"，就是要围绕"夜景、夜宴、夜游、夜购、夜娱、夜秀、夜读、夜展、夜宿"主题，推动夜间经济产业补链延链强链，不断提升夜经济影响力和贡献度。促进"传统文化"与"年轻潮流"、"老字号"与"新网红"互动融合，聚力打造夜间消费网红城市，创新推出非遗集市、汉服巡游、国潮文创、街头快闪、街头表演、魔法森林、夜间巡游、水幕电影、实景剧本杀等沉浸式"夜游"项目。重点打造邵阳古城、武冈王城等一批高品质、地标性夜间文化和旅游消费集聚区，积极推动创建一批国家级和省级夜间文化和旅游消费集聚区，推动邵阳文旅消费实现"网红"向"长红"转变，"过路"向"过夜"转变，"打卡"向"刷卡"转变，努力实现从单一的白天经济向夜间经济延伸。沿资江、邵水"两江四岸"打造生态廊道，建设亲水栈道、空中栈道、景观台，打造最美城市滨水夜景休闲体验地。通过科技赋能、业态升级、产品创新、跨界融合，不断增强城市消费能级，释放消费活力，创新"夜经济"旅游业态，做强旅游"夜经济"，拓展邵阳旅游新时空，努力实现从单一的白天经济向夜间经济延伸。巩固提升传统消费，促进湘菜、湘茶、湘酒、湘瓷、湘绣品牌化发展。积极培育消费新业态、新场景，推动新型消费，发展共享消费、定制消费、体验消费和"智能+"服务消费等新模式，最终把邵阳打造成流光溢彩不夜城。

五、加强区域合作，构建命运共同体，推进湘中旅游崛起

如果说崀山申遗成功，让湖南形成了"北有张家界、南有崀山"的旅游新格局的话，借着本次首届旅游发展大会东风，邵阳首先要千方百计提升产品品质，当务之急要对标立杆，把崀山、以虎形山为代表的雪峰山、南山打造成为世界级旅游景区或者世界级旅游度假区，发挥好龙头品牌带动效应；其次要解决好"酒香也怕巷子深"的问题，重塑并擦亮城市品牌形象，千方百计扩大宣传，扩大朋友圈。展现可信、可爱、可敬的中国形象，推动中华文化更好走向世界，助力人类命运共同体理念在全球形成共识。再次要千方百计"不拘一格降人才"，要坚持科技是第一生产力、人才是第一资源、创新是第一动力，深入实施科教兴国战略、人才强国战略、创新驱动发展战略，开辟旅游业发展新领域新赛道，不断塑造发展新动能新优势。最后要加快旅游大通道建设，加强与长株潭、大湘西、雪峰山、张崀桂、大桂

林、粤港澳大湾区、"一带一路"沿线等区域旅游合作，构建更加畅通、高效、便捷的区域旅游线路。只有这样，才能为中国旅游业应对各种挑战贡献"邵阳智慧""邵阳模式"，进而把邵阳旅游打造成投资的重点、消费的热点、开放的亮点。相信邵阳旅游业的优势一定可以得到充分彰显，邵阳旅游业的发展潜力一定可以得到充分释放，"醉美邵阳"必将成为美丽中国乃至世界旅游版图上一幅美丽的画卷。

用"互联网+"思维提升旅游品牌影响力

褚慧斌

当前,互联网技术的快速发展构筑了新的时间与空间载体,使个体成为信息的生产者、传播者与接受者、消费者,"互联网+"更是成为创新2.0下互联网发展的新形态、新业态。

一、旅游业快步迈入"互联网+"时代

随着旅游业快步迈入"互联网+"时代,开启了"数字中国"建设的新征程,疫情常态化防控期间,云旅游、无接触服务等数字文旅新业态不断涌现,打破了旅游原有的发展模式,并将引领旅游实现创新发展,使文化旅游焕发新的生机。

相关数据显示,"互联网+旅游"孕育着一个新的庞大旅游市场,旅游新业态、高端旅游都会展现广阔的发展空间。我们切实需要以"互联网+"的思维实现旅游业的创新发展,加快文旅行业的转型步伐,充分发挥互联网的优化和集成作用,重点促进以5G、大数据、人工智能、虚拟现实、元宇宙为代表的新一代信息技术创新成果与文化和旅游业实现融合创新,打造新的旅游经济发展动力,为旅游品牌推广插上腾飞翅膀,强力提升旅游品牌的创新力和竞争力。

二、"互联网+"背景下旅游品牌营销的优势

1. 交互性广

"互联网+"有跨时空的特点,直接面向终端的旅游消费群体,把数字时代的消费群体变成了新旅游的主导消费力量。在互联网平台上,具备了更多的时间、空间服务,从而进行旅游品牌营销,通过技术上的双向沟通,可以提供更加灵活的线上线下交互式推广活动组合,改变了旅游供给要素和旅游方式。

2. 开放性高

"互联网+"推动旅游要素供给独立化、平台化。互联网不仅是信息的提供平台，更成为链接旅游者活动和行为的空间，并进而推动旅游供给从传统旅游六要素串联式、一体化的生产方式，转向分工更为精细、要素更加独立化的互联网平台运作模式。官方网站、微博、微信公众号、直播社区等新媒体兴起，以及多媒体合作、融媒体中心运作，使得互联网平台更具开放性，以"共享"引领旅游宣传"共赢"发展。

3. 时效性强

"互联网+"以5G时代信息技术为基础架构，通过可视化管理、精准化服务、舆情监测等，即时掌握旅游大数据，同时融入新媒体的营销理念和方式，利用主流网络媒体、社交媒体的线上推广，与旅游在线服务平台紧密合作，实现"人人都是亲历者、传播者与受众"，推动旅游品牌营销和推广的"实时更新、信息直达、直播全程"。

4. 体验性新

"互联网+"推动了旅游的场景革命。从"互联网+餐饮""互联网+民宿""互联网+演艺""互联网+博物馆"等新兴业态的创新演变，实现了旅游供给场景的产品、服务和消费升级。同时通过VR虚拟体验技术、智能讲解服务系统的应用，为游客提供及时丰富的旅游形象，增强了旅游者体验度，营造沉浸式体验，满足了人们日益场景化、体验化的旅游消费需求。

5. 话题性热

"互联网+"不断推动旅游市场细分化，开始走向IP化、定制化，更加注重文化认同和消费认同的内涵挖掘。在"互联网+旅游"情境下，信任关系得以扩展。人们从对亲朋好友的信任拓展到对于其他网民的信任，网络点评成为重要的决策依据。旅游话题在互联网上一旦爆发，将成为全网关注的热点，可以改变人们的旅游决策，同时影响旅游产品结构与业态。

三、"互联网+旅游"深入融合创新，全面提升品牌的影响力

在"互联网+"时代，旅游品牌营销与推广更应利用好互联网技术和平台，以网络化、智能化科技成果，把握文化旅游超级IP的挖掘和转化，建立完善旅游宣传渠

道体系，推进五大融合与创新，实现旅游品牌营销朝着数智化、个性化、体验化等方向发展，落实八大提升措施（见后文），不断增强旅游品牌的影响力。

1. 五大融合与创新

（1）融内容，创新宣传营销精品。融合历史文化与旅游休闲元素，联动时代精神与内涵价值，整合形成区域文旅IP（包含一本收藏画册、一本自驾路书、一部宣传片、一部微电影/视频、一款手机APP、一款手游、一套伴手礼、一组表情包、一首主题歌、一档综艺节目），形成精品内容。

（2）融媒体，创新旅游宣传方式。融合多元化媒体宣传渠道，构建以融媒体中心为核心的融媒体平台体系，联动直播、短视频、网络社区等形式，推动旅游品牌宣传和推广，营造相应的旅游话题，实现营销内容的精准投放。

（3）融体验，创新互动共享氛围。融合线下线上多种体验方式，推进景区景观打造和场馆展陈设计，重点推进文化演艺项目、情境体验项目的开发建设，增强与游客的互动性、参与性，整体形成旅游氛围，让游客沉浸式体验得到升华。

（4）融服务，创新智慧管理支撑。融合智慧旅游服务体系建设，带动交通、购物、娱乐、住宿等要素服务，植入文化灵魂，体现文景交融的场景，创新智慧化景区和园区的管理，满足游客的资讯需要，提供导航、导购、导览、导游等全方面服务。

（5）融区域，创新品牌协同创建。融合区域旅游资源，形成区域性旅游品牌，构建统一的旅游营销平台和对外宣传联盟，引领不同主体实现品牌协同创建和共享。

2. 八大提升措施

（1）常态化推进旅游在线经营。在疫情常态化防控的当前，贯彻落实《在线旅游经营服务管理暂行规定》，进一步推动线上预订与线上旅游。通过线上预订使人们无需亲临景区就可实现购买决策，并通过预约解决景区人流不确定性引发的问题；通过各路网红不断"种草"，"旅游+直播"作为一种新的旅游方式，通过观看他人的旅游经历获得体验，同样可以满足人们线上旅游需求，吸引了众多的客源群体，成为旅游品牌传播的一大稳定渠道。

（2）立体化完善旅游宣传媒介。在互联网背景下的旅游品牌营销和推广过程中，通过多元化媒体的整合，实现旅游营销媒介的立体化。一方面要利用好传统媒体，发挥影视媒体的高传递性、杂志媒体的高保留性、广播媒体的特定受众、图书和纪录片的特定影响力；另一方面要利用好互联网平台，包括搜索引擎传播、即时通信软件传播、微博微信传播、网络论坛传播、数字地图传播、虚拟形象传播等新兴的互联网工具。

（3）场景化建设文旅体验项目。随着元宇宙、5G时代的到来，AR、VR等数字技术的广泛应用，旅游产品更加突出体验性、互动性、参与性，要以历史文化为基础，挖掘其商业价值和思想性、艺术性、市场性价值，拓展其在城市综合体、文化场馆、景区街区等场景的应用，构建情境体验式场所与场景，如VR主题公园、虚拟现实乐园、VR展会、VR演艺直播……形成标志性的文旅体验项目，创造真实的故事情境与场景的实景体验，实现全景互动，让游客穿越时空、获得如临实境的沉浸感和现场感。

（4）口碑化推广产品营销信息。以社交媒体和大数据应用为载体，以产品口碑为引导，不断推进品牌营销、市场推广、用户反馈等工作实施，准确界定合适的信息传播者和潜在游客，分析游客的兴趣意愿和消费倾向，整理并创造出富有特色的旅游产品信息，降低游客预期和实际体验中的差距，降低旅游消费中的风险，增强游客的参与感，总体实现与受众情感的"共鸣"。

（5）精准化投放旅游品牌广告。挖掘文化与时代精神内涵，充实文化旅游产品的精品内容，利用大数据对游客进行筛选，经过对游客的年龄结构、出游目的、客源区域分析，确定最重要的目标客群，通过网络平台投放更多主题突出、形式多样、构思新颖的高质量、高品位、高水平的文化旅游精品。积极利用抖音、快手、西瓜、火山等相对成熟的短视频平台，结合当前的社会发展实际，以短视频的直播宣传模式，精准有效推送文化与旅游内容，增强旅游产品的鲜活度、关注度和知名度。

（6）焦点化引爆旅游宣传话题。互联网时代营销传播的主要载体，往往不是传统的广告，而是通过有意无意产生的一些事件和话题带动传播。要抓住当前具有话题性的热点事件，掌握正面宣传的方向，以更加生活化、人性化、亲情化等特点燃爆网络和朋友圈，提升客源群体对文化旅游活动参与的积极性与主动性，引爆人气、获得极大关注。

（7）名片化创新旅游文创商品。旅游文创产品已成为当前"出圈"的一种新思路，要依托区域特色文化和时代精神内涵，深入构建产品开发生态链，梳理和拓展旅游商品开发的四要素——产业链、资本、推广渠道、设计，搭乘高颜值、极具创意的网红属性，创新旅游文创商品，形成各大旅游目的地和景区的"名片"。如《上新了，故宫》瞬间引起了全民关注，而故宫博物院推出的文化创意产品更是大受青睐，从故宫国风胶带、千里江山图，到紫禁太平有象书签、脊兽钥匙扣等等，各种独特的故宫文创扎根于中华五千年历史的脉络，在设计出更多带有"故宫文化"元素的文创产品时又起到了文化传播的作用，成为故宫旅游名片之一。

（8）平台化协调营销合作联盟。加快互联网平台的建设和应用，通过线上线下

用"互联网+"思维提升旅游品牌影响力

整合，依托智慧旅游与营销系统平台，从网民和游客的需求出发，以旅游目的地和经典旅游线路为核心，整合旅行社、酒店、饭店、购物店、娱乐场所、休闲街区等，联动本地化的文旅休闲与服务资源，构建区域内网络营销联盟、旅行出游网络营销联盟和网上营销中心联盟等合作模式，满足游客的资讯以及导航、导购、导览、导游等全方面需要。如"一部手机游云南"依托腾讯云，汇聚交通、气象、机场、银联、景区和腾讯位置大数据等数据中心，着力打造旅游"综合服务+综合管理"平台，以游客出行需求为导向，打造旅游综合服务平台"游云南"，为游客提供游前资讯查询获取和产品预订购买、游中导览导游导航和安全应急疏导、游后投诉评价分享等"全面、权威、便捷、实惠"的智慧旅游服务，全面提升了文旅单位的管理效率和文旅企业的服务品质，为游客在旅行中提供全方位的权益保障。

文旅产业讲稿（三）：心旅游——泛户外产业、健康休闲与中国式现代化

长江国家文化公园
——地理空间向文化空间的蜕变

李雪

长江作为整体性的空间区域，自古以来便是我国重要的经济、文化聚合空间。2016年，《长江经济带发展规划纲要》正式印发，确立了长江经济带"一轴、两翼、三极、多点"的发展新格局。长江经济带作为空间区域整体，更多侧重沿线省市的经济发展，以带动我国整体的经济发展。2017年初，《关于实施中华优秀传统文化传承发展工程的意见》首次提出"规划建设一批国家文化公园，成为中华文化重要标识"。2019年，《长城、大运河、长征国家文化公园建设方案》对国家文化公园的功能和建设内容进行了明确规定，成为国家文化公园建设的重要遵循。2020年，党的十九届五中全会将黄河国家文化公园建设纳入"十四五"规划文化建设之中，自此形成四大国家文化公园的建设布局。2022年1月，为保护好长江文物和文化遗产，大力传承弘扬长江文化，推动优秀传统文化创造性转化、创新性发展，国家文化公园建设工作领导小组印发通知，部署启动长江国家文化公园建设，要求各相关部门和地区结合实际抓好贯彻落实。由此可见，长江作为整体性空间区域，在发挥经济带动的功能作用外，未来还将以长江国家文化公园的形式，发挥文化与生态融合全面发展的示范作用。

一、长江国家文化公园的概念及其特征

长江国家文化公园的建设范围综合考虑长江干流区域和长江经济带区域，涉及上海、江苏、浙江、安徽、江西、湖北、湖南、重庆、四川、贵州、云南、西藏、青海13个省区市。我们通过对长江国家文化公园的关键词解构，认为其具备四大基本属性：

第一是"长江"的线状性。以长江流域作为地理区域，从青海源头自西向东，

横跨13个省区市；沿长江线状性分布着诸多文化、生态资源。第二是"国家"的整体性。以往国内关于长江文化的表述，多以长江流域某一段的区域性文化为主，伴随我国经济、文化的繁荣发展，以及长江经济带的快速建设，"长江"将以中国人整体的文化符号向世界表达。第三是"文化"的多元性。长江流域，以地理区段划分，孕育出了多元的区域文化，如源头的游牧文化，上游的巴蜀文化、夜郎文化、古滇文化，中游的荆楚文化、湖湘文化、赣鄱文化，下游的吴越文化、徽派文化、海派文化。第四是"公园"的效益性。长江国家文化公园的建设，首先要注重生态效益，以保护生态环境、生物多样性为首要前提；其次要注重经济效益，以文化旅游产业的发展优化产业结构；再次要注重文化效益，传承发扬长江沿线优秀的传统文化；最后要注重社会效益，通过诸多长江国家文化公园重点项目的建设，形成诸多文化、生态游憩空间，提升人民生活的幸福感。

二、长江国家文化公园建设过程中需要平衡的三大关系

我们认为在未来长江国家文化公园的建设中，应当处理好三个关系。

1. 长江文化区域特色和整体统一的关系

长江沿线丰富多元的区域性文化要进行保护、传承与创新，彰显区域性文化特色；丰富多元的区域文化要为长江文化的整体性提供支撑，彰显中华优秀传统文化魅力，形成民族整体文化标志。

自古以来，长江沿线区域各地区的自然、文化、经济便呈多元化发展，其自身便有着较强的差异性和丰富性。但长江作为整体性的民族文化符号，其与沿线各区域的衔接，应是长江国家文化公园未来建设过程中关注的重点。首先，在法律法规、顶层设计、管理机制等层面，要设置合理高效的机制模式，由国家层面进行整体性、统一性的掌控和引导，在此基础上，给予沿线各省、市、县等充分的自由度，建设地方文化特色浓郁的系列组成项目。其次，在运营层面，要加强国家层面整体性的长江文化符号锻造，在长江沿线梳理整合出系列的主题性文化景区，强化区域联动发展，宣传推广系列长江文化旅游线路，锻造世界级的长江文化IP，通过旅游的消费，对内强化民族认同感与凝聚力，对外宣传推广中华民族文化标识。

2. 长江文化历史遗存和现代创新的关系

未来的长江国家文化公园建设，一方面要通过对历史文化资源进行标准化规范化的梳理，分级、分类进行保护、传承与利用；另一方面应充分发挥现代科技优势，

对历史文化遗存进行重塑、重现和活化开发利用。

长江沿线区域文物古迹、人文名胜众多，非物质文化遗产资源丰富。在文化资源的保护、开发与利用层面，适合采用以旅游形式引入人流、以文创形式输出文化的双向发展模式。以旅游形式引入人流，重点依托历史遗迹、人文古迹打造系列文化遗址公园、文化展馆，面向游客提供文化游览、科普研学为主的公益性、服务性消费内容；重点依托民俗文化资源，开展特色美食、节事活动、文化演出等体验性消费内容。以文创形式输出文化，则是依托特色文化资源，开发诸多文创产品，如手工艺品、文创纪念品等，将文化资源转变为文化商品在市场上流通，进而能够更大范围地实现文化品牌输出。在文化资源利用方面，未来应更广泛地运用数字科学技术，建设一批数字展馆，强化对文化遗产的保护，同时创新性开发系列长江文化数字藏品、游戏等，实现长江文化的数字经济发展。

3. 生态环境保护和人民生活受益的关系

建设长江国家文化公园的初衷就是通过改善生态环境，传承弘扬长江文化，为人民营造更好的生活空间、生产空间和游憩空间，实现人与自然的和谐共处，最终提升人民的幸福感。

长江作为横跨我国东西的重要地理空间，是我国一条重要的生态廊道与经济廊道。未来长江国家公园的建设，仍然要面对生态保护与产业发展的平衡问题。圈层保护开发模式，普遍适用于长江沿线诸多生态脆弱区域。国家层面对长江国家文化公园的顶层设计，必然会对生态保护、文化保护区域进行普查与划分，针对这些重点核心区域，进行核心保护区、中间缓冲区与外围建设区的划分，根据不同层级的区域进行相应的保护、开发与建设。关于核心保护区，严格进行生态修复、生态涵养，严格限制相应的开发建设；中间缓冲区，根据实际的资源承载能力，划定项目准入清单，允许适量建设游览性、环境干扰度低、公益性的项目进入；外围建设区则提供相应产业发展、生活服务的配套建设，开展文化旅游、生活配套、产业设施建设等。

三、长江国家文化公园建设的五大侧重方向

从文化旅游的视野，未来长江国家文化公园的建设应着力于以下五个方面进行重点建设。

1. 生态保护方向

长江流域自然资源丰富，气候类型多样，发达的河网水系支撑了由多种多样的物种构成的和谐的水生态系统。长江是世界上七大水生生物多样性最丰富的河流之一，长江流域分布的水生生物多达4300多种，国家重点保护的水生生物11种，长江特有的鱼类达170多种。但由于过度捕捞、拦河筑坝、航道整治、岸坡硬化、挖沙采石、湖泊围垦、水域污染等人为因素，经济发展的同时也付出了巨大的生态代价。白鱀豚和白鲟已功能性灭绝，江豚也危在旦夕。

因此，长江国家文化公园未来的建设，应充分发挥国家文化公园公共服务的功能，合理规划、设计和建设管控保护区，以生态修复等手段维持长江流域的生物多样性，维持山水林田湖草生态系统的平衡。在此基础上，加强国家文化公园及周边地区的基础设施建设和环境优化，提升公共文化和生态空间品质。

2. 文化保护方向

根据第三次文物普查资料，长江沿线省（直辖市）共有全国不可移动文物30.6万余处，约占全国不可移动文物总量的39.8%。截至目前，长江沿线省（直辖市）共有全国重点文物保护单位1872处，省（直辖市）级文物保护单位7320处，市县级文物保护单位45 252处；共有852项国家级非物质文化遗产代表性项目，1293名国家级非物质文化遗产代表性传承人，11个国家级文化生态保护（实验）区。此外，还有20多项世界遗产以及大量的农业遗产、工业遗产、文化景观类遗产、水利遗产、老字号、地名遗产、宗教遗产以及数以百万计的可移动文物，数以千计的不同类型的博物馆等。它们共同构成了博大精深的长江文化，展现了长江流域中华优秀传统文化、革命文化、社会主义现代文化的恢宏体系，成为中华民族走向伟大复兴的坚实支撑力量。

高质量建设国家文化公园的基础是对中华民族文化基因的深刻理解和挖掘，应突出"文化"的首位性，强化核心引领作用，坚持保护优先、强化传承和文化引领、彰显特色。国家文化公园建设应严格落实保护为主、抢救第一、合理利用、加强管理的方针，加快统计、分类、评估与定级，编制文化遗产资源保护利用名录，建立权威、统一、动态的国家文化公园文化遗产数据库。

3. 乡村振兴方向

距今约一万年前后，农耕文明早期发端的标志则是长江流域的江西万年县栽培稻的出现。在新石器晚期阶段及后期，长江流域产生农耕文明的条件已基本具备，逐步实现了向农耕文明的过渡。黄河流域以旱作为主，长江流域以稻作为主。

长江流域的农业复种指数和单产水平较高，粮食产量约占全国的36%，水稻产量约占全国的70%。流域内的成都平原、江汉平原、洞庭湖地区、鄱阳湖地区、巢湖地区和太湖地区都是我国重要的商品粮基地。

长江流域遍布着乡村，长江国家文化公园的建设，是实现乡村振兴的重要契机。在建设过程中，通过对生态环境的整治、对长江文化的挖掘、对旅游功能的植入，进而提升农业生产环境、乡村文化氛围、产业结构优化和乡村城镇建设，改善农民的生活环境、美化乡村的居住环境、提升农民的附加收入，实现乡村的生态、文化和产业的全面振兴。

未来长江国家文化公园的建设，应大力建设一批特色农业小镇、田园综合体、乡村主题民宿、旅游示范村等项目，通过美丽乡村建设，实现对长江流域的传统文化弘扬传承。

4. 城市建设方向

长江经济带对全国经济增长的贡献率达到51.1%，在全国GDP排名前十的城市中，上海、重庆、苏州、成都、杭州、武汉和南京7个城市来自长江经济带沿线，以上海为龙头的群龙共舞发展格局已初步形成。在这样一个充满经济活力的区域，建设一个具有战略性、典型性和特色性的国家文化公园，无疑能够使长江流域焕发出更大的时代价值。

长江流域有国家历史文化名城52座，省级历史文化名城78座，中国历史文化名镇160个，中国历史文化名村142个，中国传统村落2954个，划定历史文化街区571片，确定历史建筑约3万处。

长江国家文化公园的建设，为沿线诸多的城市发展提供了文化建设的方向性指引。伴随我国新型城镇化的推进，城市更新中对历史文化的表达、开拓文化游憩空间将是必然趋势。长江沿线未来的城市发展，应深挖区域文化特色，以对长江国家文化的整体性表达为核心，创建一批国家文化和旅游消费示范城市、历史文化街区等。

5. 文旅融合方向

长江国家文化公园承担着坚定文化自信，彰显中华优秀文化持久影响力、感召力的使命，其开发涉及地域广、地域环境迥异、文物与文化资源丰富，面临沿线配套设施缺乏、文化资源保护问题多样、跨区管理建设等难题。文旅融合基于资源开发与保护的文化产业与旅游业的互动与共生，可促进区域文化资源整合、文旅产品创新、配套系统提升、文物与文化遗产保护，以及区域一体化开发运营及管理。因此，文旅融合是有效推进长江国家文化公园精细化、系统化和品质化开发的一种重要手段。为此：

第一，推进长江国家文化公园内现有文物与文化遗产资源的系统整合、历史文化脉络的梳理，以及相关历史文化的深入研究发掘，促进文化遗产资源分类与保护标准建立。

第二，推进旅游服务体系完善，促进长江沿线道路交通等基础设施与配套服务设施建设，构建完整的长江国家文化公园线性连接体系与服务体系。

第三，推进关键性历史文化区域或节点的建设，塑造文旅独特品牌，使其成为长江国家文化公园展示历史记忆、传承文化精神、坚定文化自信的核心载体，广泛以"科技+""旅游+"等形式，对文化进行集成化、场景化的表达。

第四，推进国家文化公园跨区域整体建设、整体保护、整体开发与管理，建议以全域旅游示范市（县）、文旅融合示范区等的创建为抓手进行推动。

参考文献

[1] 曹根榕,顾朝林,张乔扬.基于POI数据的中心城区"三生空间"识别及格局分析——以上海市中心城区为例[J].城市规划学刊,2019(02):44-53.

[2] 吴潜涛.十八大报告理论亮点解析[C]//.思想政治教育研究论丛(第二辑),2012:27-34.

[3] 程婷,赵荣,梁勇.国土"三生空间"分类及其功能评价[J].遥感信息,2018,33(02):114-121.

[4] 窦旺胜,王成新,薛明月,王召汉.基于POI数据的城市用地功能识别与评价研究——以济南市内五区为例[J].世界地理研究,2020,29(04):804-813.

[5] 贺志海.浅论江南丘陵城市环境特色的传承与发扬——以吉安市中心城市为例[J].井冈山学院学报,2009,30(02):60-65.

[6] 吴超,任福,杜清运,胡玮.基于形式本体的POI数据分类方法[J].地理与地理信息科学,2014,30(06):13-16.

[7] 姜佳怡.基于大数据的上海市功能区识别与绿地评价及优化策略研究[D].华中科技大学,2018.

[8] 王思雨,林高瑞.商洛市中心城区"三生空间"识别及格局分析[C]//.面向高质量发展的空间治理——2020中国城市规划年会论文集(总体规划),2021:527-538.DOI:10.26914/c.cnkihy.2021.030471.

[9] 韩朗逸.基于POI大数据的天津市城市功能分区识别研究[C]//.持续发展 理性规划——2017中国城市规划年会论文集(05城市规划新技术应用).[出版者不详],2017:124-132.

[10] 冯然,董先敏,梁婷,王路遥.基于logistic回归模型的城市功能区识别[J].测绘与空间地理信息,2018,41(04):109-112.

[11] 邱洪钢,张青莲,熊友谊.ArcGIS Engine地理信息系统开发从入门到精通[M].人民邮电出版社,2013(04):280.

[12] 徐冬,黄震方,吕龙,陈晓艳,曹芳东.基于POI挖掘的城市休闲旅游空间特征研究——以南京为例[J].地理与地理信息科学,2018,34(01):59-64+70+3.

[13] 杨强.体育旅游产业融合发展的动力与路径机制[J].体育学刊,2016,23

（04）:55-62.

[14] 臧彤，王海坤.体育、文化、旅游产业融合发展的困境与思考[J].长春大学学报，2019,29（12）:82-85.

[15] 方永恒，周家羽.体育旅游产业与文化创意产业融合发展模式研究[J].体育文化导刊，2018（02）:93-98.

[16] 王石峰，夏江涛.体育赛事旅游:动力机制、运行机制及推进路径[J].体育文化导刊，2022（04）:75-82.

[17] 金媛媛，杨越，朱亚成.我国体育产业与旅游产业融合发展研究[J].体育文化导刊，2019（06）:82-87.

[18] 李燕领.体育产业链、集群与融合式发展路径研究[J].劳动保障世界，2018（26）:67-68.

[19] 辛欣.文化产业与旅游产业融合研究:机理、路径与模式[D].河南大学，2013.

[20] 汪逢生，王凯，李冉冉.体育产业与文旅产业融合发展机制、模式及路径[J].体育文化导刊，2022（01）:85-91.

[21] 杨强.体育与相关产业融合发展的路径机制与重构模式研究[J].体育科学，2015,35（07）:3-9+17.

[22] 张和平.体育产业与旅游业融合发展机制研究[J].南京体育学院学报，2021,20（03）:27-37.

[23] 王章郡，温碧燕，梁明珠.徒步旅游者的行为模式演化及群体特征分异——基于"方法－目的链"理论的解释.旅游学刊，2018（03）.

[24] 宿亮.新西兰政府拨款改善旅游基础设施.新华网.2017-05-15.

[25] 曹彧，冯蕾.《2017年中国徒步旅游分析报告》发布.中国体育报，2018-03-29.

[26] 肖玮，薛晨.急补政策短板 各地陆续出台徒步游新规.北京商报，2018-01-23.

[27] 李萍，周彬，Chris RYAN，文俊.基于模糊综合评价的徒步休闲满意度研究:以浙江省宁波市为例.旅游学刊，2018（05）.

[28] 关子辰.京城十大健走步道.高端旅游周刊，2014-05-08.

[29] 陈晨.青海天峻借赛事推广户外旅游资源.中国旅游报，2019-05-30.

[30] 王冰.云南迪庆旅游产业全域升级.中国产经新闻，2019-04-10.

[31] 王桀，章琴，贾晨昕."跨境游道"建设的国际经验与启示.西部论坛，2020（03）.

[32] 北京入秋啦！这22条休闲步道可欣赏到北京最美秋色.北京晚报，2022-09-09.

[33] 黄志阳."徒步 走进美好生活"首届北京国际徒步论坛举行.北京日报，2016-05-10.

[34] 张皓,高慧.五岳联盟:联动发展再谱时代新篇.中国旅游报,2018-12-10.

[35] 韦夏怡.出行目的地"新风向"亲子游预订量激增.经济参考报,2019-07-05.

[36] STEPHEN LEAHY.全球首座国家公园城市诞生,伦敦将变得更绿色、更健康、更具野性.国家地理中文网,2019(07):23.

[37] 太美!伦敦获评全球首个国家公园城市!.文旅地产洞察,2019-07-27.

[38] 国务院参事刘秀晨:树立园林自信,建设国家公园城市.http://www.chla.com.cn,2019-09-02.

[39] ICUN发布:多个城市推出以公园为基础的计划——以实现更多健康、生物多样性与财政增收.sohu网,2019-09-21.

[40] 生态文明新思路:保护与开创城市中的自然|王福义到访绿会.搜狐网,2019-09-16.

[41] 崔蕊满.城市空间转型的多重维度思考——记"比较视野下的城市空间转型跨学科工作坊".中国社会科学网,2017-11-09.

[42] 王德刚.坚持共享理念让城市公园回归本位.中国旅游报,2016-02-24.

[43] 张宜平.基于环境保护探讨城市公园设计研究,2017-11-29.

[44] 高科.美国公园建设运动何以兴起.中国社会科学网,2018-07-16.

[45] 张梦佳,王开,刘建军.体力活动需求导向的美国城市公园分类体系解析与启示.规划师,2018(04).

[46] 张宜平.基于环境保护探讨城市公园设计研究.环境科学与管理,2017(06).

[47] 国务院关于印发全民健身计划(2016—2020年)的通知[EB/OL].http://www.gov.cn/zhengce/content/2016-06/23/content_5084564.htm,2016-06-15.

[48] "健康中国2030"规划纲要[EB/OL].http://ww.gov.cn/zhengce/2016-10/25/content_5124174.htm,2016-10-25.

[49] 张卫良.英国近代城市公园的创新与特色.光明日报,2018-06-04(14).

[50] 尹向东,刘敏.促进实物消费和服务消费回补,人民日报,2020-03-18.

[51] 王洋.文化和旅游部多措并举促进消费回补潜力释放.中国旅游报,2020-03-19.

[52] 熊丰,温竞华,田晓航.疫情之下,住宿餐饮、文化旅游、体育赛事等领域如何应对?.新华网,2020-02-26.

[53] 李凤.阿里云智能文旅行业总监陈宁:新文旅 新融合 新消费.中国旅游报,2020-03-09.

[54] 王新兵.扩容提质促消费 景区创新出"实招".中国旅游报,2020-03-20.

[55] 邓昭明."危"中有"机",三个旅游业态值得关注.中国旅游报,2020-02-28.

[56] "宅经济"释放新潜能 面临新一轮规模化竞争.中国宏观经济信息网,2020-

03-16.

[57] 促消费回补全方位发力 更多政策利好将出.中国宏观经济信息网，2020-03-19.

[58] 国研网行业研究部.新型冠状病毒肺炎疫情对旅游业的影响.国研网，2020-02-14.

[59] 国研网行业研究部.新型冠状病毒肺炎疫情对文创行业的影响.国研网，2020-03-19.

[60] 蒋梦惟.补助3.45亿 北京13条政策重振旅游业.北京商报网，2020-03-11.

[61] 韦夏怡，段菁菁，崔力."云春游"赋能旅游业变革新动力.经济参考报，2020-03-19.

[62] 涂圣伟.让消费扩容提质成为扩大内需的持续动力.光明日报，2020-03-19.

[63] 王珂.消费连续六年成第一拉动力.人民日报，2020-01-22.

[64] 夯实经济压舱石 促消费再迎重磅新政.中国宏观经济信息网，2020-03-16.

[65] 北京博雅方略旅游景观规划设计院.雪峰山文化和旅游发展规划，2022.

[66] 北京博雅方略旅游景观规划设计院.邵阳市"十四五"旅游业发展规划，2021.

[67] 中国旅游研究院.中国旅游评论:2021第一辑文化和旅游融合发展.中国旅游出版社，2021.

[68] 中国旅游研究院.中国旅游评论:2021第二辑红色旅游和高质量发展.中国旅游出版社，2021.

[69] 中国旅游研究院.中国旅游评论:2020第三辑科技支撑与旅游业高质量发展.中国旅游出版社，2020.

[69] 王成平.公路交通与旅游融合发展的理性思考[J].科学咨询（科技·管理），2017（09）:6-7.

[70] 汪场.交通+旅游:融合发展才是正道[J].交通建设与管理，2017（Z1）:116-117.

[71] 易大卫，耿合仓.交旅融合背景下旅游公路的发展探究[J].旅游纵览，2020（22）:21-23.

[72] 汤铭.交旅融合背景下旅游公路概念规划探析——以铜锣坝旅游公路为例[J].安徽建筑，2020，27（10）:160-170.

[73] 王姣娥，李涛.交通强国背景下中国交旅融合研究进展与展望[J].中国生态旅游，2022（01）:1-15.

[74] 范延贺，杨世玲，夏程意，等.交旅融合下旅游型服务区建设研究[J].合作经济与科技，2020（08）:40-41.

跋
POSTSCRIPT

这是一本我和我的团队在疫情三年期间对文旅韧性发展、户外产业以及休闲健康等方面的探索与思考的书籍。它是《文旅产业讲稿（一）：行向远方》和《文旅产业讲稿（二）：品质生活》的接续，收录了疫情三年来本人十数次主旨演讲和文旅转型研究、业界专家文旅新发展的研究与实践以及博雅团队就"新文旅、新发展"的研讨和探索，是一册充满智慧思想性和实践性极高的专著。

新时期，文化和旅游产业发展的重点是贯彻落实党的"二十大"精神，以中国式现代化为方向指引，围绕中心、服务大局，正确处理经济社会发展和生态环境保护的关系，推动文化和旅游融合发展，让诗与远方在"高质量发展与高品质生活"中不断"创新、创意、创造"，通过"新产品、新模式、新业态"推动中华优秀传统文化"活"起来。"以文塑旅，以旅彰文"，文化和旅游产业已经成为经济增长的新动力、新引擎、新蓝图，在促进国民经济转型升级、提质增效、满足人民美好生活需要方面发挥重要作用。

在本书中，以中国式现代化的文旅产业发展为大前提，围绕"心旅游"的核心话题，从泛户外、健康休闲与韧性发展三个方面展开探讨。在这本书中，我们从理论研究与实践案例结合的多个不同角度，探寻和体味以"心旅游"为代表的旅游4.0的新模式、新发展。本书的最大特点在于"大胆创新、小心求证"，瞄准文旅产业韧性发展的新实践、新模式、新发展，既有专家学者对文旅产业发展规律的理论探索与研究，又有博雅团队和同行专家在文旅项目上的创新实践案例，是团队理论与实践精华的凝聚。

疫情三年以来，文旅产业从业仁人志士不断创新，从不同角度探索文旅产业韧性发展新格局，在元宇宙、泛户外、微度假等新理念推动下，文旅产业在"破局突围"中趋向品质化和高质量化发展。在这样的背景下，我编撰出版此书，不仅仅是对于自己、博雅团队及志同道合者在疫情背景下聚焦"心旅游、泛户外、健康生活

跋

与户外休闲、中国式文旅现代化与韧性发展"四大主题的思考、实践与总结,更是表达了对于文旅产业未来发展的信心。本书最后列举了编著本书稿所参考的部分文献,在此向作者深表谢意。由于精力及疏忽所致,或会有部分文献遗漏,敬请补阙。不管怎样,著此拙作,以期抛砖引玉,希望能够给业内同行一些启示和启发,共勉之。

2023年5月8日于北大燕园

图书在版编目（CIP）数据

文旅产业讲稿. 三，心旅游：泛户外产业、健康休闲与中国式现代化 / 窦文章等著. -- 北京：旅游教育出版社，2023.11

ISBN 978-7-5637-4595-1

Ⅰ.①文… Ⅱ.①窦… Ⅲ.①文化产业－产业发展－研究－中国 ②旅游业－产业发展－研究－中国 Ⅳ.①G124 ②F592.3

中国国家版本馆CIP数据核字（2023）第177065号

文旅产业讲稿（三）
心旅游——泛户外产业、健康休闲与中国式现代化

窦文章等 著

策　　划	赖春梅
责任编辑	赖春梅
出版单位	北京旅游教育出版社有限责任公司
地　　址	北京市朝阳区定福庄南里1号
邮　　编	100024
发行电话	（010）65778403　65728372　65767462（传真）
本社网址	www.tepcb.com
E-mail	tepfx@163.com
排版单位	北京卡古鸟艺术设计有限责任公司
印刷单位	天津雅泽印刷有限公司
经销单位	新华书店
开　　本	787毫米×1092毫米　1/16
印　　张	17.25
字　　数	273千字
版　　次	2023年11月第1版
印　　次	2023年11月第1次印刷
定　　价	76.00元

（图书如有装订差错请与发行部联系）